영혼을 살리는 말, 영혼을 죽이는 말

WAR OF WORDS

PAUL DAVID TRIPP

Copyright ⓒ 2000 by Paul David Tripp
Originally published in English under the title

War of Words

by P & R Publishing Company
1102 Marble Road, Phillipsburg, New Jersey, 08865, U. S. A.
All rights reserved.

Korean translation copyright ⓒ 2002 by Timothy Publishing House
Kwan-Ak P.O.Box 16, Seoul, Korea

이 책의 한국어판 저작권은 P&R Publishing Company와의 독점판권 계약에 의해
도서출판 디모데에 있습니다. 저작권법에 의하여 한국 내에서 보호를 받는 저작물이므로
무단 전재와 무단 복제를 금합니다.

성숙한 크리스천의 언어 습관

영혼을 살리는
영혼을 죽이는 말

●

폴 트립 지음 | 윤홍식 옮김

사랑스런 우리 아이들
저스틴, 에단, 니콜 그리고 다네이에게

예수님께서는 너희들을 통해
내가 하나님의 뜻대로 말하는 삶을 살도록 가르쳐주셨단다.
사랑하는 너희들에게
주님의 마음을 담아 고마운 마음을 전한다.

영혼을 살리는
영혼을 죽이는 말

서문 ·· 8

1부 말의 중요성 ·· 11
1장 하나님의 말씀 ——————————————— 13
2장 사탄의 말 ——————————————————— 31
3장 인간의 말 ——————————————————— 51
4장 우상 숭배의 말 ————————————————— 73

2부 말에 대한 새로운 계획 ·· 91
5장 하나님은 왕이시다 ————————————————— 93
6장 잘못된 목적으로 하나님을 따르는 사람들 ——————— 117
7장 왕의 영광을 위해서 말하라 ————————————— 139
8장 올바른 방향으로 나아가라 ————————————— 161
9장 도움이 필요한 백성들 ——————————————— 177
10장 왕되신 주님의 명령에 따라 ————————————— 205

3부 말의 영적 전쟁에서 승리하기 ·· 229
11장 가장 먼저 해야 할 일들 —————————————— 231
12장 말의 영적 전쟁에서 승리하기 ———————————— 259
13장 당신이 할 말을 선택하라 —————————————— 287

서문 prologue

사람들이 책을 쓰는 이유가 무엇일까? 어떤 저자들은 자신만의 전문적인 분야에 대한 정보를 나누기 위해 글을 쓴다. 그들은 배운 것과 경험한 것을 토대로 전문 분야에 대한 특별한 지식과 이해가 있는 사람들이다. 그들의 저술은 독자들로 하여금 전문적인 교육을 받거나 특별한 경험이 없어도 동일한 영역에 대한 지식과 이해를 제공하여 독자의 성장을 돕는다.

그런데 어떤 저자는 절망(切望)적으로 글을 쓰기도 한다. 저자의 가슴에는 삶에서 드러날 수밖에 없는 연약함이나 심적인 갈등이 있다. 그는 자신을 점검하고, 연구하며, 심사숙고하여, 스스로 배운 것들을 실생활에 적용해본다. 그리고 그 노력의 열매를 통해 다른 사람들이 도움받기를 기대하며 종이 위에 자신의 심정을 풀어나간다. 내 경우가 바로 여기에 해당한다.

나는 이 책을 전문적인 지식의 관점으로 쓰지 않았다. 절망적인 심정으로 썼다. 이 책을 쓰면서 주변 사람들에게 내가 책을 쓰는 것이 아니라, 책이 나를 썼다고 토로했다.

나는 열여섯 살 때, 전국 웅변대회에 나간 적이 있다. 그 대회를 위해서 나는 아침 일찍부터 연습을 했었다. 어머니는 나의 웅변 연습 소리를 들으시고는 내 방으로 와서 말씀하셨다. "잠깐 들어가도 되겠니?" 나는 잠시 연습을 멈추고 어머니를 바라보았다. 내게 다가오신 어머니는 아주 귀한 교훈을 말씀해주셨다.

"폴(Paul), 하나님께서는 너에게 말에 대한 특별한 재능을 주셨단다. 그렇지만 이 한 가지는 꼭 기억하렴. 그 재능은 또한 너의 가장 큰 약점이 될 수도 있단다."

어머니의 말씀은 그날 아침보다도, 지금 현재 내 삶에 훨씬 더 중요한 의미를 가진다.

　우리의 강점이 곧 약점이 될 수 있다. 나는 나의 연약함을 가슴 깊이 깨달으면서 이 책을 썼다. 하지만 그 연약함은 하나님의 놀랍고 은혜로운 간섭과 성경의 강권적인 말씀에 의해 다듬어졌다.

　이 책에서 우리는 창조 후의 평안한 안식으로부터 우리를 멀어지게 하는 것들이 무엇인지 살펴볼 것이다. 그것은 매일 반복적으로 행하고 있는 '말하는 것'이다. 이 책은 말이라는 주제에 대한 다른 책들과는 구별된다. 효과적인 의사 소통에 관한 기술이나 요령에 관한 것이 아니다. 말에서 비롯되는 삶의 모든 문제와 갈등의 근원인 마음속의 치열한 영적 전쟁에 대한 이야기다. 우리는 말에 대한 하나님의 계획을 살펴볼텐데, 그로 인해 역사하시는 하나님의 은혜를 깨닫고 찬양하게 될 것이다.

　하나님께서 내 마음과 말을 변화시키시는 데 사용하신 모든 분들의 조언에 진심으로 감사드린다. 이 책을 읽는 동안 하나님께서 당신의 마음과 말에 놀라운 은혜를 부어주시기를 기도한다. 이 책이 더욱 빛을 발할 수 있도록 도움을 아끼지 않았던 수 루츠(Sue Luts)에게도 깊은 감사를 전한다.

"죽고 사는 것이 **혀**의 권세에 달렸나니
　　혀를 쓰기 좋아하는 자는 그 **열매**를 먹으리라" (잠 18:21).

1부

말의 중요성

내 어리석은 분노여!
      주여, 저를 용서하옵소서.
      저는 또다시 이성을 잃고 말았습니다.
이야기가 끝날 때까지 다 듣는 것을,
      그리스도께서 보이신
      지극한 인내를 나타내는 것을,
      선으로 악을 이기는 것을,
      저는 언제쯤에나 배울 수 있겠습니까?
주여, 저는 자라고 있습니다.
      하지만 저의 성장은 너무나도 더딥니다.
제 삶의
      일말의 자존심마저 다 무너질 때까지,
      이기심을 뿌리까지 다 뽑아버릴 때까지,
      강퍅한 모든 흔적들을 다 갈아엎을 때까지,
저를 경작하시고,
      성령의 열매를 맺게 하는 씨앗을
      풍성히 심어주옵소서.
필요하다면, 비를 내리시고
      폭풍도 몰아치게 하신 뒤에는
      제 영혼에 밝은 햇살이 비치게 하소서.
그런 후에 저는
      인내와 친절과 사랑과 절제의 열매를
      풍성히 맺을 것입니다.
그리고 저의 혀는
      돕는 것과 회복시키는 것과
      주님의 이름을 찬양하는 것을
      배우게 될 것입니다.

        예수님의 이름으로 기도드립니다. 아멘.

1장 하나님의 말씀

> "하나님이 그들에게
> 복을 주시며
> 그들에게 이르시되"
> (창 1:28)

당신이 살고 있는 곳이 어디든지, 매일 하는 일이 무엇이든지 당신이 하루 종일 하는 일이 한 가지 있다. 그것은 바로 말하는 것이다. "이제 일어나세요"라는 말을 들으면서 하루를 시작하고 "안녕히 주무세요"라고 말하면서 하루를 마친다. 당신은 침실에서, 욕실에서, 마루에서, 부엌에서, 차 안에서, 상점에서, 직장에서 그리고 회의실에서 말을 한다. 당신의 아내나 남편에게, 자녀들에게, 친구들에게, 친척에게, 이웃에게 그리고 동료에게 말을 한다. 이것은 인간이라면 누구나 하는 일이다. 대개 어떤 방해도 받지 않고, 때로는 말이 인간의 삶에 얼마나 중요한지 느끼지 못한 채 일상 가운데 매일 말을 반복한다. 의사 소통의 능력은 인간으로 하여금 창조적인 일을 하게 만든다. 우리는 말을 하기 때문에 인간이다. 그러므로 우리의 삶이 실제로 얼마나 '언어적'인지를 아는 일은 매우 중요하다.

그렇지만 말 자체가 단지 전달하는 역할만 하는 것은 아닌 것 같다. '대화하는 것' 자체는 아주 자연스럽고, 평범하며, 별로 중요하지 않을 만큼 사소하고, 아무런 해가 없는 것처럼 보인다. 그러나 사실 인간의 행위 가운데 말보다 더 중요한 것은 없다. 그리고 대화의 일상 이면에는 커다란 갈등과 우리가 매일 싸워야 하는 말의 영적 전쟁이 존재한다. 아래의 사례들은 말로 인해 빚어지는 갈등의 단면들을 매우 잘 보여준다.

"예전에는, 앞으로 결혼해서 함께 살면 우리가 이런 식으로 말하리라고는 생각도 못했어요!"
"내 아들이 그렇게 말하다니, 나는 내 귀를 의심할 수밖에 없었어요."
"그녀는 말하는 중간에 전화를 끊어버려요."
"내가 문제를 일으킬 때마다, 부모님은 내게 정말 심하게 말씀하세요."
"그이는 뭔가를 원할 때만 내게 자상하게 말해요."
"남편은 다른 사람들과 이야기를 나누는 일이 힘들다고 해요."
"아내가 다른 사람들에 대해 말하는 태도가 정말 귀에 거슬립니다."
"우리는 전혀 충분한 대화를 해보지 못한 사람들이라는 생각이 들어요."
"그는 많은 말을 해요. 하지만 그가 뭘 말하려고 하는지 짐작도 못하겠어요."
"왜 우리는 항상 말다툼으로 대화를 끝내는지 모르겠어요."
"어떻게 된 걸까요? 우리는 아주 좋은 사이였다고 생각했는데, 지금은 거의 말을 안 해요."
"저는 아이들의 말다툼을 말리느라 시간을 다 허비해요."
"남편은 제게 용서를 빌었어요. 하지만 저는 지금도 그것 때문에 힘들어요. 남편의 말이 너무 충격적이었거든요."
"저는 우리 가족이 단 하루만이라도 아무도 소리지르지 않고 지냈으면 좋겠어요."
"내가 왜 말하는 데 시간을 다 허비하는지 모르겠어요. 별로 달라지는 것은 없는 것 같은데 말입니다."
"사람들이 서로 자기 말만 한다면, 결코 회의가 진행될 수 없습니다."

"아내는 항상 자신이 이겨야만 한다고 생각합니다."
"그이는 다른 사람들 앞에서만 제게 아주 다정하게 이야기해요."
"우리 모두가 아예 말을 안 하고 사는 것이 더 낫겠다고 생각합니다."

이런 말들은 내게 상담받는 사람들이 했던 말들이다. 이 모든 것을 종합해볼 때, 그들은 모두 문제가 되는 말 때문에 생기는 갈등을 겪고 있다. 우리 가운데 다른 사람의 말 때문에 상처받지 않은 사람이 누가 있겠는가? 스스로 했던 말에 대해서 후회해보지 않은 사람이 누가 있겠는가? 격렬한 말싸움에 휘말리지 않아본 사람이 누가 있겠는가? 또한 사랑하는 사람과 밀어를 나누고 싶지 않은 사람이 누가 있겠는가? "내가 하는 말은 항상 모든 상황에 매우 적절했고 늘 완벽했다"라고 말할 수 있는 사람이 과연 있을까?

우리가 소망하는 안전하고 온화한 대화의 이면에 존재하는 이러한 의문이 바로 이 책에서 말하고자 하는 내용이다. 만약 당신이 '나의 말에는 전혀 문제가 없어'라고 생각한다면, 사실 이 책을 읽을 필요가 전혀 없다. 하지만, 만약 당신이 나처럼 삶에서 여전히 말 때문에 갈등이 생긴다는 것을 깨닫는다면, 또는 적절한 위로의 말이나 사랑의 말을 해주는 것이 어렵다면, 아니면 자신의 언어 습관에 있어서 좀더 성장해야 할 필요를 느낀다면, 이 책은 바로 당신을 위한 책이다.

이 책의 목적은, 단지 우리를 위해 마련하신 하나님의 크고 높은 윤리적 기준을 다시 한번 강조하면서 우리가 얼마나 부족한 존재인지를 깨닫고자 하는 것이 아니다. 사실, 대부분의 사람들은 현재 자신의 모습과 하나님께서 원하시는 모습 사이의 커다란 격차를 뼈저리게 느끼며 살고 있다. 이 책은 바로 그런 사람들에게 위로와 소망을 주기 위한 것이다. 이 책은 변화에 관한 책이다. 변화는 개인의 인격적인 노력과 주 예수 그리스도의 역사하심으로 가능하다. 예수님께서는 말의 유일한 모범이 되는 하나님의 말씀을 보인 분이시며, 또한 하나님의 말씀 그 자체이시다. 예수님 안에서만 우리는 진실로 말의 영적 전쟁에서 승리할 수 있다.

또한 많은 사람들이 복음이 말과 관련된 문제들을 획기적으로 해결할 수 있는 열쇠라는 사실에 대해 잘 이해하지 못하고 있기에 이 책을 쓰게 되었다. 우리는 자신의 언어 습관의 문제에 대해 낙심할 필요가 없다. 또한 체념할 필요도 없다. 험하고 패역한 세대에서 냉소적이고 자괴적인 유혹들에 빠질 필요도 없다.

이 책은 언어 습관을 바꾸는 다음의 네 가지 근본적인 원리들에 근거한 희망의 책이다.

- 하나님께서는 언어 습관에 대해서 우리가 세울 수 있는 어떤 계획보다도 훨씬 더 훌륭한 계획이 있으시다.
- 죄는 인간의 언어 생활의 방향을 급격하게 바꿔놓아버렸고, 그 결과 많은 아픔과 혼란이 찾아오게 되었다.
- 우리는 예수 그리스도 안에서 하나님께서 말씀하시는 대로 순종하려 할 때 필요한 하나님의 은혜를 받을 수 있다.
- 성경은 우리 각자가 처해 있는 위치에서 어떻게 하나님께서 원하시는 위치까지 이를 수 있는지를 간명하게 가르쳐준다.

이 책에서 우리는 하나님의 계획과 우리의 죄, 하나님의 은혜와 성경이 제시하는 방향을 살펴볼 것이다. 내가 기도하며 바라는 것은, 이 책을 통해 하나님의 자녀인 우리를 위해 예비하신 그분의 계획을 새롭게 깨닫는 것이다. 또한 죄에 대항하는 영적 싸움에 대한 새로운 통찰력과 하나님의 풍성하신 은혜에 대해 더 깊이 신뢰하기를 소망한다. 무엇보다 하나님께 영광을 돌리는 실제적인 성경적 지혜가 더 깊어지기를 바란다. 그리고 그 결과 하나님을 더 경외하며, 사람들을 유익하게 하는 언어 생활을 하기를 기도한다.

현실 세계에서 우리의 말

나는 아무 말 없이 운전만 했고 아내도 침묵했다. 드디어 우리 둘만의 밤을 보내게 되었지만, 우리 중 누구도 먼저 말을 꺼내지 않았다. 전혀 예기치 못한 상황이었다. 침묵은 아무런 소리도 듣지 못하게 만들었고 실제로는 단지 몇 분에 불과했지만, 한 네 시간쯤 지속되는 것처럼 느껴졌다. 머릿속에선 내 잘못이 아니라고 마음을 다잡으면서, 조금 전에 있었던 상황이 주마등처럼 스쳐지나갔다. 다행히도, 그리 오래지 않아 침묵은 깨어졌다. 용서해달라는 말이 있었고, 그 용서는 받아들여졌다. 그러자 오랜만에 함께하는 우리의 귀한 시간이 다시 즐거운 시간으로 회복되었다.

모든 일은 악의 없이 그리고 사소한 일로부터 시작되었다. 우리는 한 주의 마지막인 금요일 저녁 시간을 함께하고 있었다. 우리에게는 각자 나름대로의 계획이 있었고, 서로에 대한 기대가 있었다. 그래서 우리는 서로를 배려해주기보다는 서로에게 더 많은 것을 요구했고, 자신의 소원에 대해 상대방이 거부하면 쉽게 상처를 받았다. 또 상대방의 이야기를 듣기보다는 자신의 요구를 주장했고 서로를 용납하기보다는 힐난했다. 그리고 마침내 서로에 대해 포기했고, 분노와 상처 입은 마음이 우리를 침묵으로 일관하게 했다.

당신은 아마 이렇게 말할지도 모른다. "여보세요, 작가 양반! 희망으로 가득 찬 책이라더니 왜 이렇게 우울한 이야기로 시작하지요?" 하지만 내가 그날 밤에 경험한 우울한 사건이 바로 이 책에서 말하고자 하는 모든 것이다. 이 책은 우리의 말에 대한 하나님의 놀라운 계획에 관한 것이다. 이 계획은 고통스럽고 견디기 어려운 순간으로부터 우리를 보호해준다. 갈등의 순간은 우리의 죄 때문에 발생하는데, 그 죄는 우리를 악한 방향으로 인도하고,

우리의 말을 왜곡시켜서 서로 사랑하는 대신 자신의 욕구에 더욱 집착하게 만든다. 이 책은 하나님의 목적 안으로 우리를 다시 돌아오게 하는 주님의 놀라운 은혜로 가득하다. 그 목적이란 바로 우리를 구원하시고, 회복하시며, 용서하시고, 건져내시는 것이다. 이 책은 명백한 회개와 변화의 성경적 단계들에 대한 것이다. 또한 결점 많은 우리의 언어 습관을 변화시켜 사랑이 동기가 되고 그 결과가 평화로 이어지도록 하게 하며, 그렇게 일하시는 은혜로우신 주님의 역사하심에 대한 것이다. 하나님께서는 이미 그 일을 시작하셨다. 그분은 자신의 욕구와 본능에 따라 말하는 사람들을 택하셔서 은혜롭게 말하는 사람들로 변화시키신다.

그날 밤, 아내와 나는 잠시 동안 하나님의 계획에서 벗어나 있었다. 하지만 우리는 그분의 은혜가 충만하시다는 것을 배웠다. 하나님의 강하심이 오히려 우리의 약함 속에서 더욱 완전해졌다(고후 12:9). 우리는 그 힘든 상황에서 벗어날 수 있는 한 가지 방법을 발견했다. 그것은 자신의 잘못을 솔직히 고백하는 것이었다. 이로써 우리들은 하나님의 은혜로 말의 전쟁에서 승리할 수 있었다. 이것이 바로 이 책에서 말하고자 하는 내용이다.

말은 중요하다

말은 중요하며 큰 의미가 있다. 우리는 말을 할 때 하나님께서 우리의 말에 큰 의미를 부여하셨음을 반드시 깨달아야 한다. 하나님께서는 말이 중요한 의미를 갖도록 만드셨다. 인류 역사 가운데 말은 창조시부터 큰 의미가 있었고, 타락시에도 마찬가지다. 구속 사역에서도 말이 중요한 것은 하나님께서 말에 커다란 의미를 부여하셨기 때문이다.

하나님께는 우리의 말에 대한 분명한 계획이 있으시다. 그것은 그리스도의 몸된 성도들의 대화에 관한 특별한 계획이며 목적이다. 나는 말의 목적을 이해하는 데 있어서 철저히 성경에 기반을 두고자 한다. 따라서 세상이 창조되었을 때에 인간이 가장 먼저 들은 것이 하나님의 말씀이었다는 사실로부터 시작해서, 세계를 죄악으로 오염시킨 첫 범죄의 순간에 나타난 잘못된 인간의 말을 살펴보고, 구속사적 관점에서 말을 어떻게 바라보는가를 살펴보려고 한다. 세계 안에서 존재하는 모든 말은 이러한 최초의 사건들과 관련되어 있다. 이것을 통해 우리는 말의 중요한 의미를 깨닫고, 일상에서 우리가 말 때문에 왜 그토록 갈등을 겪는지 그 이유를 알게 되며, 당신의 백성들을 향하신 하나님의 뜻이 무엇인지 알 수 있을 것이다.

말의 문제에 관한 대부분의 책들은 말에서 비롯되는 갈등이 생각보다 훨씬 더 심각하다는 것을 전혀 인식하지 못한 채 단순히 말의 기술이나 기교에만 초점을 맞추고 있다. 사실 인간의 말로 인한 갈등은 에덴 동산에 그 기원을 두고 있다. 우리는 어떻게 태초의 순간들이 현재 우리의 실제적인 대화의 세계를 형성하는가를 살펴보면서 말로 인해 파생되는 갈등의 원인을 이해하고, 또한 하나님께서 가르쳐주시는 피할 길도 발견할 것이다. 이 책은 말과 연관된 문제에 대한 참된 관점을 제시함으로써 일시적이며 미봉적인 대책 이상의 변화를 가져다줄 것이다. 만약 자신의 말과 관련된 문제의 근원을 이해한다면, 그에 뒤따르는 놀랍고도 새로운 변화를 경험할 수 있을 것이다.

말씀하시는 하나님

태초의 인간이 처음 들었던 말은 다른 인간의 말이 아닌 하나님의 말씀이었다는 것을 깨닫기 전에는 말의 중요성을 확실히 이해하지 못할 것이다. 모든 인간의 말의 의미는 하나님께서 말씀하셨다는 사실에 기초한다. 새롭게 창조된 세계에 하나님의 음성이 울려 퍼졌다. 그것은 인간의 언어로 아담과 하와에게 주시는 말씀이었다. 하나님께서는 진리로 자신을 나타내실 때 가장 큰 의미가 있는 말씀을 주셨다. 우리는 언어를 통해 생명을 주신 하나님의 존재와 영광과 진리에 대해 아는 것이다. 우리가 인간의 대화 세계를 이해하려고 노력할 때도 창세기 1장의 관점을 먼저 이해하는 것이 효과적이다. 태초는 인간 역사상 말로 인한 갈등이 없었던 유일한 시간이었다.

창세기 1장에서 나타나는 대화의 세계는 평화와 진실과 생명의 세계였다. 말은 결코 무기로 사용되지 않았고, 진실은 다른 사람을 해롭게 하는 데 사용되지 않았다. 말은 항상 사랑 안에서 이루어졌고 인간의 대화는 평화로 굳게 맨 줄을 끊지 않았다.

말에 대한 중요한 의미를 가르쳐주는 것은 바로 이 세계였다. 하나님께서는 말로써 자신을 나타내시고, 그분의 계획과 원하시는 바를 드러내셨다. 인간의 언어를 통해 아담과 하와에게 정체성을 부여하시고, 자신의 뜻을 전하시기로 결정하셨다. 하나님께서는 인간의 언어를 통해 계시를 시도하셨고, 구체적으로 나타내셨다.

창조자이시며 전능자이신 하나님께서는 아담과 하와가 이해할 수 있는 언어로 말씀하셨다. 이런 놀라운 사실은 우리를 사로잡는다. 무한하시며 전지전능하신 하나님께서 어떻게 유한한 인간의 언어를 통해 당신을 알게 하시며 이해할 수 있게 하셨단 말인가! 창조의 순간부터 하나님께서는 인간 가까이에 계셨으며 침묵 속에서 스스로를 감추지도 않으셨다. 그분은 가까이 다가오셔서 인간의 언어로써 자신을 나타내셨고 모든 것들을 설명해주셨다. 하나님께서는 단순히 역사하시는 하나님이 아니셨다. 강력하고 세밀하게, 혹은 끊임없이, 당신의 백성들이 이해할 수 있도록 말씀하시는 하나님이셨다. 하나님의 역사하시는 일들은 말로써 표현되었다. 그리하여 당신의 백성들을 하나님의 일하심에 대한 증인으로 만드셨던 것이다.

하나님께서 인간과 나누신 대화는 이해할 수 있는 단순한 말로써 그때그때의 필요를 말하도록 은혜롭게 준비된 것이었다. 일 하시기에 앞서 하나님께서는 하시고자 하는 일을 미리 나타내신다. 뿐만 아니라 일하는 중에도 지금 하시는 일에 대해 보여주신다. 그리고 일이 성취되었을 때는, 그분이 이루신 일의 의미를 밝히신다. 하나님께서는 말씀하시는 분이기 때문에 본질적으로 인간에게 분명히 알려지신다. 성경은 하나님을 모든 대화의 위대한 기준으로 제시한다.

하나님께서는 말씀을 통해 당신의 위격과 뜻과 계획과 목적과 그리고 진실을 드러내신다. 바위, 태양, 성, 피난처, 목자, 아버지, 재판관, 어린 양, 문, 주인, 물 그리고 빵과 같은 단어들은 하나님께서 누구시며, 무슨 일을 하시는지를 설명한다. 우리는 이러한 단어들에 너무나 익숙해져서 그 의미의 중요성을 간과할 때가 많다. 그러나 이 단어들은 우리가 왕 중의 왕이시며 만군의 주되신 분을 알아가는 데 사용되는 중요한 말이다. 바로 이런 이유 때문에 하나님의 영광과 그분 자신을 우리에게 이해할 수 있는 말로 나타내시는 놀라운 은혜를 이해하지 않고서는 결코 인간의 대화를 올바로 이해할 수 없다. 이것을 깨닫는다면, 이전에 가졌던 대화에 대한 당신의 생각은 완전히 변할 것이다.

이사야 40장 9절에서 31절의 말씀은 이와 같은 하나님의 은혜를 잘 나타낸다.

"아름다운 소식을 시온에 전하는 자여 너는 높은 산에 오르라
아름다운 소식을 예루살렘에 전하는 자여 너는 힘써 소리를 높이라
두려워 말고 소리를 높여 유다의 성읍들에 이르기를
너희 하나님을 보라 하라
보라 주 여호와께서 장차 강한 자로 임하실 것이요
친히 그 팔로 다스리실 것이라
보라 상급이 그에게 있고 보응이 그 앞에 있으며
그는 목자같이 양 무리를 먹이시며 어린 양을 그 팔로 모아 품에 안으시며

젖 먹이는 암컷들을 온순히 인도하시리로다

누가 손바닥으로 바닷물을 헤아렸으며
뼘으로 하늘을 재었으며
땅의 티끌을 되에 담아 보았으며
명칭으로 산들을, 간칭으로 작은 산들을 달아 보았으랴
누가 여호와의 신을 지도하였으며
그의 모사가 되어 그를 가르쳤으랴
그가 누구로 더불어 의논하셨으며
누가 그를 교훈하였으며
그에게 공평의 도로 가르쳤으며
지식을 가르쳤으며
통달의 도를 보여주었느뇨

보라 그에게는 열방은 통의 한 방울 물 같고
저울의 적은 티끌 같으며
섬들은 떠오르는 먼지 같으니
레바논 짐승들은 번제 소용에도 부족하겠고
그 삼림은 그 화목 소용에도 부족할 것이라
그 앞에는 모든 열방이 아무것도 아니라
그는 그들을 없는 것같이, 빈 것같이 여기시느니라

그런즉 너희가 하나님을 누구와 같다 하겠으며 무슨 형상에 비기겠느냐
우상은 장인이 부어 만들었고 장색이 금으로 입혔고
또 위하여 은사슬을 만든 것이니라
궁핍하여 이런 것을 드리지 못하는 자는
썩지 않는 나무를 택하고 공교한 장인을 구하여
우상을 만들어서 흔들리지 않도록 세우느니라

너희가 알지 못하였느냐 너희가 듣지 못하였느냐
태초부터 너희에게 전하지 아니하였느냐
땅의 기초가 창조될 때부터 너희가 깨닫지 못하였느냐
그는 땅 위 궁창에 앉으시나니 땅의 거민들은 메뚜기 같으니라
그가 하늘을 차일같이 펴셨으며 거할 천막같이 베푸셨고
귀인들을 폐하시며 세상의 사사들을 헛되게 하시나니
그들은 겨우 심기웠고 겨우 뿌리웠고
그 줄기가 겨우 땅에 뿌리를 박자 곧 하나님의 부심을 받고 말라
회리바람에 불려가는 초개(草芥) 같도다

거룩하신 자가 가라사대
그런즉 너희가 나를 누구에게 비기며
나로 그와 동등이 되게 하겠느냐 하시느니라
너희는 눈을 높이 들어 누가 이 모든 것을 창조하였나 보라
주께서는 수효대로 만상을 이끌어 내시고
각각 그 이름을 부르시나니
그의 권세가 크고 그의 능력이 강하므로 하나도 빠짐이 없느니라

야곱아 네가 어찌하여 말하며
이스라엘아 네가 어찌하여 이르기를
내 사정은 여호와께 숨겨졌으며
원통한 것은 내 하나님에게서 수리하심을 받지 못한다 하느냐
너는 알지 못하였느냐 듣지 못하였느냐
영원하신 하나님 여호와, 땅 끝까지 창조하신 자는 피곤치 아니하시며
곤비치 아니하시며 명철이 한이 없으시며
피곤한 자에게는 능력을 주시며 무능한 자에게는 힘을 더하시나니
소년이라도 피곤하며 곤비하며 장정이라도 넘어지며 자빠지되
오직 여호와를 앙망하는 자는 새 힘을 얻으리니

독수리의 날개 치며 올라감 같을 것이요
달음박질하여도 곤비치 아니하겠고 걸어가도 피곤치 아니하리로다."

이 말씀은 하나님께서 누구신지를 볼 수 있는 창문과 같은 기능을 하는 가장 고결한 인간의 언어다. 하나님의 말씀은 단지 자신을 나타내기만 하는 것이 아니라, 또한 그분의 창조물들을 나타내신다. 그 말씀은 하나님께서 창조하신 모든 것들에 정체성과 의미와 목적을 부여한다. 우리는 하나님께서 우리에 대해 하신 말씀을 들을 때에 비로소 자신에 대해 알 수 있다. 하나님께서는 우리 자신이 누구인지를 말씀해주신다. 그리고 우리가 해야 할 일이 무엇인지 또 그것을 어떤 방법으로 해야 하는지를 분명하게 나타내신다. 이 모든 것 중에서 우리 스스로의 힘으로 알 수 있는 것은 아무것도 없다. 아담과 하와의 유일한 소망은 하나님께서 말씀해주시고, 자신의 정체성과 목적을 부여하시며, 창조 세계 속에 존재하는 자신들의 의미를 깨닫게 해주시는 것이었다.

하나님의 말씀은 영역을 설정하시고 자유를 부여하신다. 그분의 말씀은 생명을 창조하기도 하시고 죽음을 가져오기도 하신다. 하나님께서는 대화를 창조하시고, 아담과 하와에게 주신 첫번째 말씀을 통해 대화의 중요성을 보여주신다. 말이란 아무렇게나 해도 되는 무의미한 것이 아니다. 말은 나타나면서 의미를 드러내고, 그 의미를 해석하며 형성된다.

말하는 사람들

우리는 창조의 관점에서 아담과 하와의 대화를 눈여겨볼 필요가 있다. 우리는 아담과 하와가 서로 대화했다는 사실을 간과해서는 안 된다. 아담과 하와가 서로 대화를 나누었다는 것은 그들이 모든 피조물 중에서 독특한 존재임을 드러내는 것이다. 그들은 자신들의 생각과 소원과 감정을 가질 수 있었고 그것을 서로 나눌 수 있었다. 이런 면에서 그들은 하나님과 같았다. 말을 할 수 있었던 것이다. 하나님께서는 그들에게 말의 능력을 부여하시고 그들의 삶의 모습을 이루어가셨다.

인간 사회에서 우리가 가장 의지하는 것은 의사 소통의 능력이다. 차를 마시면서 조용히 나누는 대화, 바쁜 출퇴근길에 나누는 짤막한 대화, 약속 시간을 지키지 못한 이유를 변명하는 대화 그리고 제때에 일을 끝마치지 못한 이유를 말하는 대화 속에서 우리는 분명히 말을 한다. 자녀들을 가르칠 때나 회의 중에 논쟁할 때 그리고 친구들과 열정적인 토론을 벌일 때 사람들은 말을 한다. 잠자기 전 부드럽게 인사하면서, 시합장에서 승리를 응원하면서, 낭만적인 사랑의 대화를 나누면서, 훈계하고 잘못을 꾸중하면서, 분노와 초조함을 표현하면서 사람들은 말을 한다. 전철역의 복잡한 노선표를 보면서, 하교길에 친구들끼리 재잘거리면서도 사람들은 말을 한다.

말이란 우리의 존재와 관계성을 이끈다. 그것은 우리의 관점을 형성하고, 경험을 규정한다. 사실, 우리는 대화를 통해서 다른 사람을 알게 된다. 우리는 너무나 많은 말들 속에서 혼란을 느낄 때는 잠시 혼자 있고 싶어하고, 아무도 우리에게 말을 거는 사람이 없을 때는 외로움을 느낀다.

하나님께서는 우리에게 말하는 능력을 부여하시면서 다른 피조물들과는 구별되게 만들어주셨다. 뿐만 아니라, 우리의 삶과 인간 관계의 성격을 규정해주셨다. 배우기를 원하는가? 듣고 말하라. 다른 사람들과 관계를 맺고 싶은가? 듣고 말하라. 직장을 얻고 싶은가? 듣고 말하라. 예배드리기를 원하는가? 듣고 말하라. 자녀들을 잘 양육하고 싶은가? 듣고 말하라. 그리스도의 몸된 교회에 헌신하기를 원하는가? 듣고 말하라. 사람들은 대화를 주고받는다. 왜냐하면 그것은 인간 존재의 특성이기 때문이다. 말은 우리가 하는 일에 관계된 모든 다른 사람들에게 영향을 미친다. 하나님께서는 우리의 말을 창조하셨고 가치를 부여하셨다.

창세기 1장에는 인간의 대화의 세계에 대한 단순성과 아름다움이 나타나 있다. 그곳에는 의사 소통의 오해가 존재하지 않는다. 말로 인한 갈등도 없다. 드러난 모든 말은 하나님의 영광을 나타낸다. 분쟁, 거짓말, 미워하는 말, 분노의 말, 남을 괴롭게 만드는 말은 존재하지 않는다. 욕이나 저주나 비난의 말도 존재하지 않는다. 자존심을 앞세우는 말이나, 속이는 말이나, 꾸며낸 말이나, 이기적인 말도 없다. 오직 진실하고 온화하며 사랑스러운 말만 있을 뿐이다. 그래서 지금 당신이 읽고 있는 말에 대한 이런 책도 있을 필요가 없었다. 인간이 타락하기 전 에덴 동산에서의 모든 말은 하나님의 기준과 그 뜻하신 바에 정확히 일치했다.

슬프게도, 창세기 1장의 세계는 오래 전에 사라져버렸다. 말이라는 놀라운 하나님의 선물이 죄와 고통의 근원이 되어버렸다. 인간은 타락 이후 점점 많은 말을 하면서 하나님의 계획을 무시하고, 하나님의 창조 세계를 파괴하고 있다. 우리가 현재 겪고 있는 말로 인한 갈등이 끝나는 날을 간절히 고대하며 창세기 1장을 경이로움을 가지고 다시 살펴보자. 우리가 하나님과 함께 살면서 그분을 닮아감으로 하나님께서 원하시는 방식대로 영원토록 말하게 될 날을 바라보자.

말은 그 의미를 해석한다

'말은 의미를 규정하고 설명하며 해석한다' 는 것을 우리는 창세기 1장에서 배울 수 있다. 아담과 하와는 하나님과 온전한 관계 속에서 온전한 세계 안에 살았던 온전한 사람들이었음에도 불구하고, 여전히 하나님께서는 그들에게 말씀하셔야만 했다. 그들의 세계에도 설명이 필요했던 것이다. 그들은 자신을 이해하고 자신의 삶을 이해해야만 했다. 모든 일에는 해석이 필요했다. 이것은 아담과 하와가 하나님께 의존하는 존재이기 때문이다. 그들은 자신들의 힘으로는 결코 모든 것을 깨달을 수 없었다. 그들이 자신들의 세계와 삶에 대해 발견한 것이 무엇이었든지, 그것들은 반드시 하나님의 말씀을 통한 설명과 해석이 뒤따라야만 했다. 그러므로 말은 그 의미를 해석한다. 하나님의 말씀과 같은 맥락에서 볼 때 인간의 말은 주변의 세계를 조직하고 그 의미를 해석하며 설명하는 것에 관한 모든 것이다.

"엄마, 풍선이 어떻게 커지는지 알았어요"라는 아이들의 간단한 깨달음의 말에서부터 "결혼 전의 순결을 지키는 일이 왜 그렇게 중요한가요?"라는 청소년들의 끊임없는 탐구의 질문이나 "나는 성실하게 일해왔는데도 불구하고 왜 아직도 많은 돈을 벌지 못했을까?"라는 어른들의 탄식 섞인 의문에 이르기까지 사람들은 사물에 부여한 의미를 주고받기 위해 말을 사용한다.

어린 자녀들은 하루에도 수십 번이나 '왜'라는 질문을 하며 부모를 녹초로 만든다. 어린 자녀들이 그렇게 하는 이유는 자신의 세계를 이해하고 싶기 때문이다. 청소년들은 하루 동안 일어난 일을 친구와 전화 통화하느라 시간을 보낸다. 나이든 사람들은 어떤가? 햇볕이 내리쬐는 공원에 앉아 친한 사람들과 지난날의 세세한 사건들을 일일이 끄집어내어 회상하며 큰 소리로 자랑스레 이야기한다. 이렇듯 우리는 알고 싶기 때문에 말을 한다. 또한 알기 위해서 말을 한다. 말은 아무 의미 없는 것이 아니다. 우리의 삶을 해석하는 방법은 우리가 그 삶에 어떻게 대응할 것인지를 결정짓는다.

창세기 1장과 우리의 대화

창세기 1장의 대화를 살펴보면서 우리는 무엇을 얻을 수 있는가? 첫번째, 우리의 말은 주님께 속해 있다는 사실이다. 주님은 가장 훌륭한 대화자이시다. 인간의 대화에 있어서 놀라움이나 의미심장함이나 영광스러움은 모두 우리와 말씀하기 원하시고, 우리가 하나님과 다른 사람들에게 말할 수 있도록 하신 그분의 은혜에 근거를 두고 있다. 하나님께서는 자신의 말씀을 열쇠로 사용하셔서 우리에게 진리의 문을 열어주셨다. 우리가 어떤 것을 이해할 수 있는 유일한 이유는 그분이 말씀해주시기 때문이다. 말은 하나님께 속한 것이고 하나님께서는 우리에게 말을 주셨다. 그래서 우리는 말로써 하나님을 알 수 있으며, 말을 통해 하나님께 쓰임받는다.

이것은 말이 우리에게 속해 있는 것이 아니라는 것을 의미한다. 우리가 하는 모든 말은 하나님의 기준에 합당해야 하고 그분의 계획하심을 따라야 한다. 말은 위대한 대화자이신 주님을 나타내야 하며 그분의 영광을 드러내야 한다. 이것을 간과하면 우리를 타락하지 않도록 만드는 유일한 안전장치를 잃어버리게 된다. 말은 하나님께서 자신의 목적을 위해 만드신 것이다. 우리의 말은 모두 하나님께 속해 있다.

Getting Personal — 더 깊은 묵상을 위하여

의사 소통에 대한 자기 평가

아래는 성령의 열매들 가운데 일부다(갈 5:22-23). 당신 자신을 평가해 보라.

1. 당신이 다른 사람들과 나누는 대화는 성경적인 문제 해결로 나아가는가?

2. 당신의 대화는 '서로 세워주는 것'인가, 아니면 '서로 대립하게 만드는 것'인가?

3. 당신의 대화는 사람들로 하여금 자신의 생각과 감정에 대해 상대방에게 개방하게 하고 솔직해지도록 돕고 있는가?

4. 당신은 다른 사람과 이야기를 나눌 때, 우호적이며 친근한가, 아니면 적대적이며 방어적인가?

5. 당신의 대화는 주요한 인간 관계 속에서 아무런 문제가 없는가?
   - 부모와 자식의 관계에서
   - 남편과 아내의 관계에서
   - 친척들과의 관계에서
   - 형제 자매와의 관계에서
   - 고용주와 고용인의 관계에서
   - 친구와의 관계에서
   - 그리스도의 몸을 이루는 지체들과의 관계에서
   - 이웃과의 관계에서

6. 당신의 말은 위와 같은 인간 관계 속에서 개개인의 믿음과 영적 성장을 독려하고 있는가?

7. 당신은 다른 사람들과의 관계를 더욱 증진시키기 위해서 대화를 나누고 있는가, 아니면 오직 문제가 있을 때만 그 문제를 해결하기 위해서 대화를 나누는가?

8. 당신은 죄를 지었을 때, 겸손하고 진실한 회개의 고백을 하는가? 또한 다른 사람이 당신에게 죄를 지었을 때 진정한 용서의 말을 하는가?

9. 당신의 말은 다른 사람을 기꺼이 도와줄 준비가 되어 있는가, 아니면 다른 사람들이 당신을 도와주기만을 요구하는가?

10. 말로 인한 분쟁이나 갈등에 직면했을 때, 당신은 하나님의 용서하심과 한없는 은혜 그리고 성령의 성결케 하시는 사역을 의미하는 복음을 인식하면서 그러한 문제를 해결하는가?

나는 당신이 솔직하게 반성하면서 이 책을 읽어나가기를 바란다. 당신의 죄를 하나님과 다른 사람들 앞에서 고백하기를 바란다. 그리고 당신이 책을 읽어나가면서 말에 대한 변화의 흐름에 스스로를 내어 맡기기를 간절히 바란다.

2장 사탄의 말

> "뱀이 여자에게 물어 가로되"
> (창 3:1).

상쾌한 아침이었다. 마침내 모두가 기다리던 가족 나들이를 떠나게 되었다. 나는 오래 전부터 이 날을 기다려왔다. 두 시간 정도 후에 출발할 예정이었고, 나는 그동안 책을 읽고 있었다. 그런데 사춘기에 막 들어선 맏딸과 막내 꼬마 아들이 전에 없이 심하게 서로 다투기 시작했다. 아이들이 다투는 소리는 점점 더 치열해지고 있었다. 나는 꾹 참으면서 아이들의 싸움을 모른 척했다. 끼어들고 싶지 않았다. 나는 속으로 '오늘은 저런 일에 휘말리고 싶지 않아. 오늘은 좀 쉬고 싶어'라고 생각했다. 그리고 '왜 아내는 아이들의 싸움을 말리지 않는가'라는 생각이 들자 갑자기 짜증이 났다. 도대체 아내는 무슨 일이 일어나고 있는지 알기나 하는 건가?

아들은 뒤쫓아오는 누나를 피해 욕실로 도망갔다. 둘은 문을 사이에 두고 있는 힘을 다해서 서로 밀고 당기며 싸웠다. 나는 부모로서 성령의 도우심을 구하는 것이 아니라, 분노와 스스로의 감정 폭발 때문에 인내심의 한계를 느꼈다. 아이들은 내가 원하는 생활이 어떤 것인지 아직도 모른단 말인가? 내가 그들을 위해 얼마나 열심히 일하는지 모른단 말인가? 오늘이 내게 얼마나 중요한 날인지 모른단 말인가? 이 아이들은 열심히 책을 읽고 있는 나를 보지 못했단 말인가? 도대체 이런 일조차 스스로 해결하지 못해서 하루 기분을 망친단 말인가? 큰 애는 작은 애보다 나이가 훨씬 많은데, 왜 동생 하나 제대로 다루지 못한단 말인가? 큰 애는 왜 그렇게 너그럽지 못하고 동생한테 잘 대해 주지 못하는가?

그런 생각에 사로잡힌 나는 벌떡 일어섰다. 그리고 아이들을 향해 달려갔다. 나는 화난 얼굴로 먼저 딸아이를 쳐다보았다. 그리고는 아빠가 얼마나 마음이 상했는지, 아빠의 소중한 하루가 얼마나 망가지고 있는지, 왜 전혀 아빠의 기분을 생각하지 않는지 등 내 마음을 이야기했다. 나는 딸아이에게 "나는 정말로 너를 위해서 성실하게 일해왔는데 이것이 네가 갚는 은혜냐, 왜 이렇게 아직도 철이 없느냐?"는 식으로 말했다. 내 말은 책망의 어투였으며 거칠었다. 딸아이를 사랑하는 마음에서 나온 것이 아니라, 나 자신을 사랑하는 이기적인 마음에서 나오는 말이었다. 나는 하나님께서 원하시는 말을 하지 않고 내가 원하는 말만 했다. 내가 이런 말을 쏟아내는 동안, 딸아이는 이렇게 대꾸했다. "하지만 아빠, 아빠는 저를 이해 못하세요." 그렇다. 나는 딸을 이해하기 위해 그 자리에 있는 것이 아니었다. 단지 내 분노를 표출하기 위해서 있을 뿐이었다.

나는 딸아이의 방을 나온 후 다시 독서를 하기 위해 소파 위에 털썩 앉았다. 하지만 도저히 집중할 수가 없었다. 내 양심은 방금 전 딸아이에게 한 일로 인해 심하게 요동치고 있었다. 스스로를 정당화시키려고 애써 보았지만, 정죄하는 양심의 무게를 견딜 수가 없었다. 그것은 곧 깊은 후회와 자책으로 변했다. '언제쯤 나는 실수하지 않을 수 있을까? 어떻게 해야 잘못된 대화를 하지 않게 될까?' 나는 용서와 도움을 구하는 회개 기도를 드리면서 눈물을 흘렸다. 정말로 어리석은 것은 바로 나였다. 기도를 마치고 나는 딸아이의 방으로 가서 용서를 빌었다.

잃어버린 낙원

솔직히 말하면 우리 인간은 더 이상 창세기 1장의 그 놀라운 세계에 살고 있지 않다. 그곳에서는 모든 말이 하나님의 기준과 계획에 일치했다. 이것이 바로 당신이 창세기를 읽는 이유이며, 내가 이 책을 쓴 이유다. 에덴 동산에서는 말로 인한 죄는 존재하지 않았다. 그런데 무슨 일이 일어난 것일까? 왜 순전한 인간의 대화가 죄와 다툼의 원인이 되었을까? 오늘날 우리가 하나님께서 계획하신 대로 말하는 것이 왜 그토록 어려운 것이 되고 말았는가?

대화에 대한 이해를 성경적으로 더 발전시키기 위해서는 창세기 1장의 아름다운 광경에만 멈춰 있을 수는 없다. 하나님께서 말씀하셨다는 사실과 인간이 말한 모든 것이 그분의 말씀에 근거하고 있다는 것이 분명한 사실이지만, 에덴 동산 안에는 또 다른 음성이 있었다. 그 음성은 오늘날 우리가 매일 싸우고 있는 말의 영적 전쟁 중에서 가장 격렬한 싸움을 촉발시켰다.

"여호와 하나님의 지으신 들짐승 중에 뱀이 가장 간교하더라 뱀이 여자에게 물어 가로되 하나님이 참으로 너희더러 동산 모든 나무의 실과를 먹지 말라 하시더냐

　여자가 뱀에게 말하되 동산 나무의 실과를 우리가 먹을 수 있으나
　동산 중앙에 있는 나무의 실과는 하나님의 말씀에 너희는 먹지도 말고 만지지도 말라 너희가 죽을까 하노라 하셨느니라
　뱀이 여자에게 이르되 너희가 결코 죽지 아니하리라 너희가 그것을 먹는 날에는 너희 눈이 밝아 하나님과 같이 되어 선악을 알 줄을 하나님이 아심이니라
　여자가 그 나무를 본즉 먹음직도 하고 보암직도 하고 지혜롭게 할 만큼 탐스럽기도 한 나무인지라 여자가 그 실과를 따먹고 자기와 함께한 남편에게도 주매 그도 먹은지라 이에 그들의 눈이 밝아 자기들의 몸이

벗은 줄을 알고 무화과나무 잎을 엮어 치마를 하였더라
　그들이 날이 서늘할 때에 동산에 거니시는 여호와 하나님의 음성을 듣고 아담과 그 아내가 여호와 하나님의 낯을 피하여 동산 나무 사이에 숨은지라 여호와 하나님이 아담을 부르시며 그에게 이르시되
　네가 어디 있느냐
　가로되 내가 동산에서 하나님의 소리를 듣고 내가 벗었으므로 두려워하여 숨었나이다
　가라사대 누가 너의 벗었음을 네게 고하였느냐 내가 너더러 먹지 말라 명한 그 나무 실과를 네가 먹었느냐
　아담이 가로되 하나님이 주셔서 나와 함께하게 하신 여자 그가 그 나무 실과를 내게 주므로 내가 먹었나이다
　여호와 하나님이 여자에게 이르시되 네가 어찌하여 이렇게 하였느냐
　여자가 가로되 뱀이 나를 꾀므로 내가 먹었나이다"(창 3:1-11).

에덴 동산의 완벽한 세계 속으로 사탄의 음성이 들어온 것이다. 최초로 하나님의 말씀의 권위가 도전받았다. 그리고 최초로 인간의 말은 하나님의 기준과 계획에서 벗어났다. 사탄의 말로 인해 순전했던 인간의 언어는 죄와 다툼의 혼란스러운 각축장으로 변했다. 말로 인한 모든 갈등과 다툼은 여기에 그 뿌리를 두고 있다. 이 때가 에덴 동산의 가장 비극적인 순간이다. 인간의 언어 생활 속에 존재하는 많은 다툼의 요소들이 '가장 먼저' 여기에서 나타나게 되었다.

비극적인 변화, 지속되는 갈등

지구상에 하나님의 권위에 대적하는 말이란 존재하지 않았다. 하나님께서 만드신 세계는 그분의 권위와 뜻에 완전히 복종하는 상태로 존재했다. 아담과 하와는 하나님의 형상을 가진 특별한 피조물로서 그리고 하나님께

로부터 세상에 보냄받은 관리자로서의 정체성을 가지고 순종하며 살아왔다. 하나님께 대한 그들의 모든 반응과 서로의 대화는 하나님을 향한 변함없는 충성을 보였다. 하지만 뱀이 말하기 시작한 순간에 일어난 일은 너무나 비극적이며 전혀 예상치 못했던 것이었다. 뱀의 입에서 나온 말은 하나님의 권위에 도전하는 내용이었다. 이제 세계는 결코 이전과 동일한 충성스러운 모습을 찾아볼 수 없게 되었다.

만약 우리의 모든 말이 하나님께 대한 완전한 순종에서 나온다면 우리의 삶이 어떨지 생각해보라. 우리의 삶이 얼마나 순전해지겠는가! 대화를 나눌 때 경험하는 많은 문제들은 우리가 하나님의 권위를 전혀 존중하지 않는 모습에서부터 일어난다. 다시 말하면, 우리는 우리가 말하고 싶은 것을, 말하고 싶은 때에, 말하고 싶은 방법대로 말한다. 마치 그것을 당연한 것처럼 여기며, 그런 말을 할 권리가 있는 사람처럼 말하고, 그저 자신을 행복하게 만들어줄 수 있는 무엇인가를 얻기 위해 말한다. 또한 아무리 사소한 말에서도 하나님의 권위에 복종하도록 부르심을 받은 피조물이라기보다는 자신이 하나님인 것처럼 생각하며 말한다. 내가 딸에게 말했던 방법에서 드러난 문제점은 마치 하나님처럼 딸아이의 방에 들어갔다는 것이다. 내 모습은 전혀 하나님의 권위 아래 있지 않았고, 내 삶과 딸의 삶에 임하시는 하나님의 뜻을 나타내는 진심어린 마음에서 우러나온 말의 태도가 아니었다.

많은 음성들, 많은 해석들

에덴 동산에서 뱀의 음성이 들려진 순간에 인간은 최초로 하나님의 음성과 다른 삶의 해석을 듣는다. 여기서 사탄이 하는 일이 무엇인지를 깨달으라. 사탄은 아담과 하와를 위해 하나님께서 해석해주신 진실들과 유사해 보이지만 완전히 반대되는 것을 말함으로써 심각한 혼란을 야기시켰다. 만약 사탄의 해석이 받아들여진다면, 그것을 따르는 자들은 더 이상 하나님께 순종하는 것이 선하거나 옳은 일이 아니며, 꼭 그럴 필요가 없는 일이라고 생각하게 될 것이다. 실제로, 하와는 만약 뱀의 말이 맞다면, 하나님께 계속 순종하는 것은 너무나 어리석은 일이라고 생각했다. 이전에 지구상에는 하나님의 말씀과 배치되는 삶의 해석이란 전혀 존재하지 않았다. 아담과 하와가 자신의 세계에 대해서 이해했던 모든 것은 오직 하나님의 해석에 기반하고 있었다.

우리는 삶에 대한 해석이 복잡한 세상을 살고 있다. 그 중의 대부분은 하나님의 권위를 인정하지 않으며, 오히려 하나님의 말씀과 배치되는 방식으로 삶을 바라보려고 한다. 이것은 매우 중요한 의미가 있는데 우리가 순수한 사실에만 근거해서 삶의 환경들이나 사람들에게 반응하지 않는다는 것이다. 우리의 반응들은 우리가 그러한 사실들을 어떻게 해석하는지에 달려 있다. 내가 딸아이에게 언성을 높였던 때에 나는 단순히 눈앞에 일어난 일 때문에 그렇게 반응한 것은 아니었다. 그 일에 대한 내 나름대로의 해석에 따라 반응했던 것이다. 불행하게도 나의 해석은 이기적이었고, 나 자신의 의를 드러내기 위한 것이었다. 나는 딸아이의 잘못된 행동은 오직 내가 원하는 일들과 일에 대한 방해라는 나 자신의 관점에서만 보았다. 결코 그 상황에 대한 하나님의 관점을 염두에 두지 않았다. 그래서 언성을 높이고 딸아이를 윽박지르고 났을 때, 죄책감과 후회만 남게 되었던 것이다.

말로 인해 일어나는 문제들 가운데 대부분은 우선 그 상황을 잠깐 중지하고 하나님께서는 어떻게 평가하시며 뭐라고 말씀하시는지 스스로에게 물어보는 것으로 해결할 수 있다. 그런데 우리는 이런 방법을 아예 외면하고 죄를 짓도록 스스로를 방임한다. 만약 일에 대한 우리의 해석이 잘못되었다면, 우리의 말도 역시 잘못된다.

이것이 바로 우리가 놓치지 말아야 할 중요한 원리다. 말의 문제는 종종 잘못된 상황 해석에서 비롯된다는 것이다. 우리가 선한 것을 마음에 받아들이지 않는다면, 선한 것을 말로 표현할 수도 없다. 이것이 에덴 동산에서 일어났던 일이다. 그 모든 문제를 일으켰던 판도라의 상자가 처음으로 열린 것이다. 아담과 하와는 하나님의 말씀과 정면으로 배치되는 새로운 해석을 듣고 그것을 믿었다. 사탄의 음성은 하나님의 말씀에 정면으로 도전하는 수천 가지의 음성들 가운데 가장 첫번째였다.

분노한 아버지가 청소년기에 접어든 아들을 앉혀놓고 이렇게 말했다. "만약 네가 나를 존경할 수 있게만 된다면, 무엇이든 가리지 않고 할 작정이다." 이 아버지는 자신에게 영적인 아버지로서 말씀하시는 하나님의 말씀과는 정반대로 말한 것이다. 어떤 아내가 남편에게 이렇게 말했다. "난 다른 사람들과는 아무런 문제가 없어요. 하지만 당신은 나를 너무나 화나게 해요!" 아내의 말은 하나님의 말씀과는 정면으로 대치되며, 자신의 분노로 가득 차 있다. 어떤 남자 노동자가 이렇게 말했다. "만약 여자들이 직업 전선에 나오는 일이 없었더라면, 내가 할 수 있는 일이 더 많았을 거야." 그의 문제는 단지 자신의 말에 있는 것이 아니라 그 이면에 있는 현실에 대한 잘못된 태도에 있다. 이들의 경우에서 말의 문제는 단지 부적절한 단어 사용이나 크고 높은 목소리 때문이 아니라 하나님께서 말씀하신 것이 옳고 참되다는 것에 동의하지 않는 삶에 대한 태도 때문에 생겨난다. 우리는 말의 문제는 구체적으로 해석의 문제라는 것을 창세기 3장을 통해 알 수 있다.

거짓말을 믿고 따름

에덴 동산에서 뱀이 말하는 순간 새로운 문제가 생겨났다. 최초로 거짓말이 행해졌다. 그전까지 모든 대화는 완전히, 그리고 절대적으로 진실했다. 하나님의 말씀은 가장 신뢰할 만한 것이었고, 삶은 말씀의 바탕 위에서 성립될 수 있었다. 지금까지 아담과 하와가 서로에게 한 말들은 하나님의 말씀과 일치했기 때문에 전적으로 신뢰할 수 있었다. 그러나 뱀은 자신의 목적을 이루기 위해서 의도적으로 거짓말을 한다. 뱀은 실수하고 있는 것이 아니었다. 무엇이 진실인지 잊어버린 것도 아니었다. 뱀은 이해가 빠르고 간교한 동물이다. 뱀은 자신이 말하는 것이 거짓임을 알고 있었다. 뱀은 아담과 하와가 진리의 빛 안에서 하나님께 순종하면서 사는 것이 싫었다. 뱀은 그들을 거짓말로 속이려 했고, 자신의 거짓말을 믿도록 했다.

다시 말하지만, 뱀의 거짓말은 매우 비극적인 변화의 순간이었다. 선하고 신령한 대화는 항상 진리에 근거한다. 거짓말과 오류와 속임수는 항상 진리를 파괴한다. 또한 거짓말은 진실을 왜곡할 뿐만 아니라 서로 대화를 나누는 사람들에게 가장 필수적인 신뢰성을 무너뜨린다. 우리가 하는 모든 말은 진실에 기초하든지 아니면 거짓말이든지 둘 중 하나다. 대화에서 생기는 대부분의 문제들은 우리가 말을 속이고 왜곡하며 마음대로 전용(轉用)하기 때문에 생겨난다. 우리는 자신의 이익에 따라 진실을 마음대로 바꾸어버린다. 또한 일을 마음대로 조작하고, 때로는 자신의 주장이 진실이라고 스스로를 속이기까지 한다. 그래서 내가 딸아이의 방에 들어갔던 날 아침, 나는 내가 하려는 일이 완전히 옳은 일이라고 굳게 확신했다.

변명과 비난

에덴 동산에서 뱀이 한 말은 또 다른 최초의 사건을 만들었다. 최초로, 사람들은 서로를 헐뜯기 시작했다. 이전까지는 비판적인 말이나 서로 헐뜯는 말 혹은 분노에 찬 말이란 존재하지 않았다. 변명이나 억압이 없었고, 자신이 한 말이나 행동이, 자신을 공격하는 수단으로 돌아오는 일도 없었다. 아담과 하와는 죄에서 자유로웠던 것처럼 서로 헐뜯는 갈등 관계에서도 완전히 자유로웠다. 그러나 선악과를 따먹은 이후에는 하나님과의 관계에 있어서 비극적인 변화가 일어났을 뿐만 아니라 서로의 관계에서도 참담한 변화가 일어났다. 하나님께서 아담에게 왜 금지된 선악과를 따먹었느냐고 물으셨을 때, 아담은 아무 거리낌 없이 하와에게 죄를 덮어씌웠다. 그는 하와를 두둔하지 않았고, 보호하지도 않았다. 아담은 하와의 죄를 용서해달라고 간구하는 중재자나 변호자로 나서지도 않았다. 오히려 거리를 두고 손가락질을 하며 필사적으로 외쳤다. "저 여자를 벌하십시오. 하나님. 저 여자는 나를 이 모든 죄악으로 끌어들인 장본인입니다."

우리의 대화 가운데 다른 사람에게 죄의 책임을 돌리는 것이 얼마나 많던가! "당신이 나를 화나게 만들잖아요!", "당신이 이렇게 하지 않았다면 내가 그렇게 하지 않았을 거야!", "당신을 만나기 전에는 한 번도 이런 적이 없었어!", "당신이 이럴 때마다 나는 나 자신을 자제할 수가 없어!", "애들 때문에 난 아무것도 할 수가 없어!", "당신이 음식을 맛있게 하지 않았다면, 난 체중 때문에 고민하지 않았을 거야!"

책임감의 문제가 제기되었을 때 다른 사람을 비난하거나 잘못을 돌리고 싶은 충동을 느끼지 않는 사람이 있겠는가? 어려운 때일수록, 궁지에 몰릴수록 차분히 문제를 해결하려고 하기보다는 오히려 잘못을 다른 사람 탓으로 돌리려고 한다. 우리는 거의 매일 다른 사람들에게 잘못을 돌리는 말을 하거나, 그런 말을 듣는다.

또한 우리는 에덴 동산에서 일어난 책임 전가 가운데 또 다른 비난의 대상이 있었다는 사실에 주목해야 한다. 가장 처음으로 하나님께 비난의 말이 돌아갔다. 하나님이 선악과를 따먹은 아담을 찾아오셨을 때, 아담의 손가락이 하와만을 가리킨 것은 아니었다. 하나님도 가리키고 있었다. 그러면서 아담은 이렇게 말했다. "하나님이 여자를 제게 주지 않으셨다면 이 모든 일은 절대 일어나지 않았을 것입니다. 하나님, 이것은 모두 당신의 잘못입니다. 하나님께서 만드신 여자가 제게 무슨 일을 저질렀는지 보십시오." 이처럼 우리가 자신의 문제 때문에 다른 사람과 환경을 비난하는 것은 하나님을 향해서도 비난을 퍼붓고 있는 것이다.

어떤 남편이 "아내가 나를 화나게 만듭니다"라고 말한다면, 그의 손가락은 단지 자신의 아내만을 가리키는 것이 아니라 그 관계를 허락하신 하나님을 가리키는 것이다. 어떤 사람이 "제게 너무 과중한 업무가 주어지지 않았다면 교회 사역을 더 효과적으로 할 수 있었을 것입니다"라고 말한다면, 그는 사실 이렇게 말하는 것이다. "하나님, 당신의 실수이십니다. 만약 하나님께서 제게 더 좋은 교회 자리를 주셨다면, 저는 제가 원하는 방식대로 주님을 섬길 수 있었습니다." 또한 "자녀들이 생기기 전에는 더 여유롭고 평온한 삶을 살았었는데…"라고 말하는 부모들은 사실은 부모로서의 부담감을 주신 하나님을 비난하는 것이다. 오늘날 우리는 수많은 대화에서 하나님을 향해 비난을 퍼붓는 목소리를 들을 수 있다.

하나님의 권위에 도전하는 말들과 거짓말, 잘못된 인생에 대한 해석들 그리고 하나님과 인간에 대한 비난과 비판의 말들은 모두 이러한 아담의 비극적인 변화의 순간에서 생겨났다는 동일한 뿌리를 가지고 있다. 사탄이 말했을 때, 아담과 하와가 그 사탄의 말을 따랐기 때문에 대화의 세계는 다툼의 세계가 되고 말았다. 그래서 우리는 더 이상 대화 속에서 하나님의 형상을 나타내지 않을 뿐만 아니라, 오히려 뱀의 형상으로 추락한 말을 하게 되었다. 우리의 말은 더 이상 하나님께서 계획하셨던 신실한 모습이 없으며 그 정반대로 사탄의 속임수를 나타내는 것으로 전락했다. 대화는 더 이상 편안하거나 안전하지 않게 되었다. 이제 우리는 거짓말이 판을 치고, 분노의 말로 상처를 주며, 불의가 마음을 상하게 하고, 욕설이 난무하며, 비난과 조롱으로 눈물을 흘리게 만드는 세계에 살게 되었다. 상대방을 존중하지 않는 말은 자기 형상대로 우리 인간을 창조하신 하나님의 권위에 도전하는 것이다.

우리 가운데 과연 부모로서, 배우자로서, 친구로서, 이웃으로서 혹은 직장인으로서 앞에서 언급한 잘못된 말 때문에 후회해보지 않은 사람이 누가 있겠는가? 우리 가운데 자신의 후회스러운 말을 다시 주워 담아서 마치 녹음 테이프를 지우듯이 지우고 싶지 않은 사람은 누가 있겠는가? 도대체 우리 가운데 말이나 태도에 대해서 용서를 구하기 위해 반복적으로 자신의 자녀나, 배우자나 혹은 친구들에게 다가갈 필요가 없는 사람이 누가 있겠는가?

끝없는 죄악

야고보는 비유적인 언어로 이러한 갈등의 세계를 잘 표현해내고 있다. 그는 우리에게 말로 인해 생길 수 있는 상처의 심각성에 대해 경고한다.

> "우리가 말을 순종케 하려고 그 입에 재갈 먹여 온몸을 어거(禦拒)하며 또 배를 보라 그렇게 크고 광풍에 밀려가는 것들을 지극히 작은 키로 사공의 뜻대로 운전하나니 이와 같이 혀도 작은 지체로되 큰 것을 자랑하도다
>
> 보라 어떻게 작은 불이 어떻게 많은 나무를 태우는가 혀는 곧 불이요 불의의 세계라 혀는 우리 지체 중에서 온몸을 더럽히고 생의 바퀴를 불사르나니 그 사르는 것이 지옥 불에서 나느니라 여러 종류의 짐승과 새며 벌레와 해물은 다 길들므로 사람에게 길들었거니와 혀는 능히 길들일 사람이 없나니 쉬지 아니하는 악이요 죽이는 독이 가득한 것이라
>
> 이것으로 우리가 주 아버지를 찬송하고 또 이것으로 하나님의 형상대로 지음을 받은 사람을 저주하나니 한 입으로 찬송과 저주가 나는도다 내 형제들아 이것이 마땅치 아니하니라 샘이 한 구멍으로 어찌 단 물과 쓴 물을 내겠느뇨 내 형제들아 어찌 무화과나무가 감람 열매를 포도나무가 무화과를 맺겠느뇨 이와 같이 짠 물이 단 물을 내지 못하느니라"(약 3:3-12).

야고보에게 있어서, 혀는 '불의의 세계'요, '온몸을 더럽히는 것'이며, '생의 바퀴를 불사르는 것'이었다. 그는 말하기를 혀는 지극히 작은 키이

고, 불씨이며, 길들이지 못하는 동물과 같은 것이라고 했다. 우리의 말은 창조주이시며 주님이신 하나님의 형상을 반영하지 않으면 뱀인 사탄을 반영한다. 우리의 말은 서로를 세우고 회복시키든지. 아니면 찢고 파괴시킨다. 그래서 말은 정말로 중요하다.

말의 영적 전쟁(The War of Words)

잠언에서는 타락한 세계의 삶에서 말의 영적 전쟁을 다음과 같이 묘사한다.

"명철이 너를 보호하여 악한 자의 길과
패역을 말하는 자에게서 건져내리라"(11-12).

"지혜가 또 너를 음녀에게서
말로 호리는 이방 계집에게서 구원하리니"(2:16).

"네 입의 말로 네가 얽혔으며
네 입의 말로 인하여 잡히게 되었느니라
내 아들아 네가 네 이웃의 손에 빠졌은즉 이같이 하라
너는 곧 가서 겸손히 네 이웃에게 간구하여 스스로 구원하되"(6:2-3).

"여호와의 미워하시는 것
곧 그 마음에 싫어하시는 것이 육칠 가지니
    곧 교만한 눈과
    거짓된 혀와
    무죄한 자의 피를 흘리는 손과
    악한 계교를 꾀하는 마음과
    빨리 악으로 달려가는 발과

거짓을 말하는 망령된 증인과 및 형제 사이를 이간하는 자니라"
(6:16-19).

"여러 가지 고운 말로 혹하게 하며
입술의 호리는 말로 꾀므로"(7:21).

"말이 많으면 허물을 면키 어려우나
그 입술을 제어하는 자는 지혜가 있느니라"(10:19).

"악인의 말은 사람을 엿보아 피를 흘리자 하는 것이어니와
정직한 자의 입은 사람을 구원하느니라"(12:6).

"진리를 말하는 자는 의를 나타내어도
거짓 증인은 궤휼을 말하느니라
혹은 칼로 찌름같이 함부로 말하거니와
지혜로운 자의 혀는 양약 같으니라
진실한 입술은 영원히 보존되거니와
거짓 혀는 눈 깜짝일 동안만 있을 뿐이니라"(12:17-19).

"패려(悖戾)한 자는 다툼을 일으키고
말장이는 친한 벗을 이간하느니라"(16:28).

"악을 행하는 자는 궤사한 입술을 잘 듣고
거짓말을 하는 자는 악한 혀에 귀를 기울이느니라"(17:4).

분외의 말을 하는 것도 미련한 자에게 합당치 아니하거든
하물며 거짓말을 하는 것이 존귀한 자에게 합당하겠느냐"(17:7).

"다투는 시작은 방축에서 물이 새는 것 같은즉
싸움이 일어나기 전에 시비를 그칠 것이니라"(17:14).

"다툼을 좋아하는 자는 죄과를 좋아하는 자요
자기 문을 높이는 자는 파괴를 구하는 자니라"(17:19).

"미련한 자는 명철을 기뻐하지 아니하고
자기의 의사를 드러내기만 기뻐하느니라"(18:2).

"남의 말하기를 좋아하는 자의 말은 별식과 같아서
뱃속 깊은 데로 내려가느니라"(18:8).

"죽고 사는 것이 혀의 권세에 달렸나니
혀를 쓰기 좋아하는 자는 그 열매를 먹으리라"(18:21).

"망령된 증인은 공의를 업신여기고
악인의 입은 죄악을 삼키느니라
심판은 거만한 자를 위하여 예비된 것이요
채찍은 어리석은 자의 등을 위하여 예비된 것이니라"(19:28-29).

"다투는 여인과 함께 큰 집에서 사는 것보다
움막에서 혼자 사는 것이 나으니라"(21:9).

"거만한 자를 쫓아내면
다툼이 쉬고 싸움과 수욕이 그치느니라"(22:10).

"너는 이웃과 다투거든 변론만 하고
남의 은밀한 일을 누설하지 말라

듣는 자가 너를 꾸짖을 터이요
또 수욕이 네게서 떠나지 아니할까 두려우니라"(25:9-10).

"나무가 다하면 불이 꺼지고
말장이가 없어지면 다툼이 쉬느니라
숯불 위에 숯을 더하는 것과 타는 불에 나무를 더하는 것같이
다툼을 좋아하는 자는 시비(是非)를 일으키느니라"(26:20-21).

"다투는 부녀는
비 오는 날에 이어 떨어지는 물방울이라
그를 제어하기가 바람을 제어하는 것 같고
오른손으로 기름을 움키는 것 같으니라"(27:15-16).

"사람을 경책하는 자는
혀로 아첨하는 자보다 나중에 더욱 사랑을 받느니라"(28:23).

"이웃에게 아첨하는 것은
그의 발 앞에 그물을 치는 것이니라"(29:5).

"모만(侮慢)한 자는 성읍을 요란케 하여도
슬기로운 자는 노를 그치게 하느니라"(29:8).

"네가 언어에 조급한 사람을 보느냐
그보다 미련한 자에게 오히려 바랄 것이 있느니라"(29:20).

이 말씀들은 성경 본문 가운데 일부분이다. 그러나 잠언은 특히 불의의 세계(world of evil)의 원인은 바로 '혀' 임을 강조한다. 이러한 불의의 세계는 성경의 모든 각권에서 나타난다. 우리는 겸손하게 우리의 말에 그 원인

이 있음을 인정해야 한다. 야고보서와 잠언의 말씀들은 우리에게 그 점을 보여준다. 우리는 하나님의 기준과 계획에 합당하게 말하지 못한다. 오히려 종종 거짓말의 아비요, 속이고 나누며 멸망시키는 사탄의 뜻을 따르는 데까지 낮아지고 말았다.

우리는 각자 입에 함정을 스스로 두어왔다. 자기 말로 인해 속아왔던 것이다. 우리의 말은 늘 분쟁에 휘말렸다. 또 그럴 때마다 늘 너무 많은 말을 하고, 너무나 성급하게 말했다. 너무나 무모했다. 여러 가지 입소문들에 지나치게 민감했고, 악한 말이 튀어나올 수 있는 분노에 쉽게 동조했다. 그래서 자주 충돌했다. 우리는 때때로 대중 앞에서 소신을 밝힐 때도 남을 비웃는 유머를 거침없이 사용한다. 다른 사람들을 존중하는 대신 말로써 무시해 버린다.

창세기 3장과 우리의 말

창세기 3장에 나타난 대화에서 반드시 깨달아야 하는 교훈은 무엇일까? 우리는 우리의 말이 주님의 말씀(창 1장)에 근거하고 있을 뿐만 아니라, 사탄의 말(창 3장)에도 근거하고 있다는 사실을 겸손히 인정하는 데서 출발해야 한다. 이것을 인정하면, 우리의 대화에서 나타나는 다툼들은 단지 대화의 기술 문제가 아니라 마음의 문제임을 고백하게 된다. 우리가 겪는 말로 인한 다툼은 다른 사람들과의 문제가 아니라 바로 자신의 마음속에서 일어나는 갈등이다. 그것은 위대한 대화자이신 주님을 닮은 방식으로 말할 것인지, 아니면 가장 사악한 사탄을 따라서 말할 것인지의 고민이다. 과연 우리의 마음과 말을 누가 지배하게 할 것인가?

창세기 1장과 3장에서 나타난 말로 인한 다툼은 성경 전체에서 분명히 드러난다. 우리는 삶 속에서 날마다 이러한 다툼을 겪는다. 말은 서로를 격리시키고 속이며 파괴한다. 그 상태는 분쟁이 끊이지 않는 악의 세계다. 말은 결코 무의미한 것이 아니다. 그 대가는 정말 크다.

우리는 이 문제를 지금까지 어떻게 다루어왔는가? 우리 각 사람은 이제 다음과 같은 기도를 주님께 드려야 한다. "주님, 주님의 말씀은 저에게 죄를 깨닫게 합니다. 저는 제 말이 주님께 속해 있다는 것을 항상 기억하지 못했습니다. 저는 주님의 계획과 섭리에 따른 진실한 말을 하지 못했습니다. 제 자신의 뜻에 따라 제 목적만을 이루기 위해서만 말했습니다. 주님을 닮기보다는 사탄을 더 닮은 것처럼 말했습니다. 주님께 용서를 구하며 주님의 도우심을 간절히 바랍니다. 주님만이 제 혀를 다스려주실 수 있음을 알고 있습니다. 다시 한 번 제 말을 주님께 올려드립니다. 제가 주님의 뜻에 합당한 말을 하게 하시고, 주님의 계획하심에 따라 말하게 해주십시오."

또한 우리가 고백한 것처럼, 고린도후서 12장 9절에서 바울이 말한 복음의 영광스러운 약속을 의지해야 한다. "내 은혜가 네게 족하도다 이는 내 능력이 약한 데서 온전하여짐이라." 우리의 연약함은 말 때문에 일어나는 다툼의 모습에서 가장 분명하게 드러난다. 하지만 우리는 낙심할 필요가 없다. 그리스도께서 오셨기 때문이다. 그분은 이 세상에 거하셨고, 죽으셨으며, 우리를 위해 다시 살아나셨다. 그리스도 안에서 우리는 용서받을 뿐만 아니라, 말로 짓는 죄악으로 나아가는 마음의 죄에서 구원받는다. 그러므로 절망적인 연약함 속에서 그리스도의 도우심의 위대함을 깨달을 때 오히려 우리의 마음은 기쁨으로 가득 찰 수 있다. 주님 안에서 우리는 새로운 소망을 갖게 되는 것이다.

Getting Personal   더 깊은 묵상을 위하여

고백을 위한 시간

당신의 언어 습관을 평가해보라. 당신의 말이 주님보다는 사탄의 방식을 더 많이 따랐던 경우가 있었는가? 잠시 동안 이것을 생각해보라. 그리고 기도하며 주님께 고백하라. 주님께 자백하고 혹 그로 인해 상처 입었을 주변의 사람들에게 용서를 구하라.

1. 당신은 말로 하나님의 권위에 도전한 경험이 있는가?(잘못된 지배욕을 행사하려고 하거나, 악한 비난의 말을 하는 것이나, 다른 사람들을 말로써 정죄하거나, 지도자에게 부여된 하나님의 권위를 침해하려고 하거나, 하나님께서 당신의 삶에 허락하신 상황에 대해 원망하거나 불평을 늘어놓았다든가 등등)

2. 당신의 말이 성경에 나타난 하나님의 관점과는 다른 삶의 해석을 한 경험이 있는가? 다른 말로 하면, 당신의 말은 삶을 긍정적으로 보게 만드는 성경적인 신실한 관점을 나타냈는가?(예를 들면, 교통이 혼잡할 때에 차 안에서 온갖 짜증을 다 냈는가, 아니면 가족들과 혹은 동승자와 담소를 나누면서 기다렸는가?)

3. 당신의 말은 삶에서 필요한 것들은 그리스도 밖에서만 찾을 수 있다는 사탄의 거짓말에 영향을 받아 왔는가? 예를 들면,
   - "나는 이 논쟁에서 이겨야만 해."
   - "나는 그녀의 사랑과 이해와 존경을 받아야만 해."
   - "내가 할 수 있는 최후의 수단은, 그가 _____을 인정하도록

만드는 것이야!"
- "그것은 이런 방식으로 이루어져야만 해!"
- "나는 _____이 없이는 절대 살 수 없어."
- "나는 행복해질 권리가 있어."

기억하라. 그리스도는 용서해주실 뿐만 아니라 구원해주신다. 그리고 주님은 구원해주실 뿐만 아니라 회복시켜주신다. 또한 주님은 회복시켜주실 뿐만 아니라 화목케 하신다.

3장 인간의 말

> "말씀이 육신이 되어
> 우리 가운데 거하시매
> 우리가 그 영광을 보니
> 아버지의 독생자의 영광이요
> 은혜와 진리가 충만하더라"
> (요 1:14).

나는 25년이 넘게 결혼 생활을 해오고 있다. 하나님께서는 나보다 더 신실한 아내를 내게 주셨다. 아내 루엘라(Luella)와 나는 여러 면에서 공통점을 가지고 있다. 우리는 모두 어려서부터 신앙 교육을 받으며 기독교 가정에서 자랐다. 우리는 어렸을 때 주님을 영접했고 또한 기독교 학교에서 교육을 받았다. 우리는 교회 사역을 하며 시간을 보냈고 훌륭한 성경적 가르침을 받는 축복도 누렸다. 그리고 결혼 생활에 대해 그리스도께서 갖고 계신 계획을 따르기 위해 열심히 노력했다.

우리는 서로 논의해야 하는 문제들에 대해서 함께 이야기하기 위해 주말마다 집 밖에서 시간을 보내곤 했다. 뿐만 아니라, 우리는 수년 동안 매일 가정 예배를 드리고 있었다. 그러나 나는 이 책을 준비하면서, 이 모든 것에도 불구하고 우리는 대화에서 일어나는 문제들로부터 완전히 자유롭지는 않다는 것을 깨달았다. 나는 우리가 소리를 지르거나 욕을 했다고 말하는 것이 아니다. 우리는 서로 싸우지도 않았고, 언성을 높이지도 않았다. 그렇지만 우리는 우리의 말 속에 죄가 있다는 것을 잘 알고 있었다. 그것은 거칠고 신중하지 못한 말, 조롱의 말, 성급한 책망, 이기적인 말이나 요구였다. 위로와 격려가 필요할 때에 던지는 "내가 그럴 거라고 했잖아!"라는 질책이었다. 또한 참을성 없는 말대꾸였고, 필요 없는 주절거림이었으며, 자기 의나 혹은 자기애로 가득 찬 말이었고, 과거의 죄가 현재 다시 살아나도록 끄집어내는 비난이었다.

우리는 성경의 모든 가르침을 받았고, 개인적으로 헌신하면서 노력하며, 용서받기를 간구하고, 주의 도움을 기도하고 있음에도 불구하고, 부부로서 여전히 대화에 있어서 문제가 있었다. 이것은 우리 자신의 죄된 욕구가 얼마나 큰지를 보여준다.

잘 잊어버리는 성향

기독교 서점에 가면, 나는 때때로 말에 있어서 자신의 진정한 문제가 무엇인지를 너무 쉽게 잊어버린다는 사실에 놀라곤 한다. 우리는 정말 인간에 대한 통찰과 세련된 기술만 있으면 평생 동안 대화의 문제를 해결할 수 있다고 생각하는 것일까? 대화상의 문제가 매우 심각하고 근원적인 문제를 나타낸다는 것을 완전히 잊어버린 것일까? 만약 우리가 심각한 수준의 주제들에 대해 다루지 않으면 일상생활에서 일어나는 대화와 관련된 여러 가지 갈등들을 결코 해결할 수 없다. 만약 지식이나 기술이 우리가 필요로 하는 전부라면, 루엘라와 나는 이미 오래 전에 대화의 모든 문제를 해결했을 것이다. 하지만 우리는 기술이나 방법이나 지식보다 더욱 근본적인 것이 필요했다. 이와 같은 시급한 필요성은 가정의 대화 가운데 매일 나타난다.

일전에 나는 서로 말다툼을 벌이는 두 아들의 모습을 지켜보았다. 아이들은 두 살 차이였는데 어릴 때부터 종종 싸우곤 했다. 이번에는 아이들이 다투는 모습을 주의 깊게 보았다. 아이들의 말은 서로를 정죄하는 말로 가득차 있었다. 그들의 어조는 분노가 가득했고, 논쟁은 치열해지며, 소리도 더욱 커졌지만 아무도 상대방의 말에 귀를 기울이려고 하지 않았다. 또한 주된 논쟁거리가 현재의 문제에서 벗어나 서로에게 더 깊은 상처를 주는 과거의 일로 옮겨갔다. 그들은 괴로움과 상한 자존심과 분노와 인내하지 못함과 질투로 인해 거침없이 말을 내뱉었다. 문제를 해결하기 위한 말을 하거나 서로를 이해하기 위해 듣는 일은 없었다. 그들의 말은 전쟁에 있어서 무기와 같은 것이었다. 서로가 상대방의 입을 다물게 해서 이기기를 원했다. 그들의 말은 "너는 항상 그게 문제야"라거나 "절대 그래선 안돼"라는 말로 충만했다. 그들은 결코 물러서지 않았고, 자신을 자기 의로 휘감은 채, 상대방을 헐뜯고 자신을 합리화했다. 심지어 싸우느라고 귀중한 시간을 허비하고 있다고 불평하면서도, 둘 다 물러서려고 하지 않았다. 상대방이 결코 쉽게 '물러서지 않을 것'이라는 것을 알면서도 말이다.

아이들의 다투는 말 속에서, 두 가지 생각이 나를 사로잡았다. 첫째는 아침부터 이런 '싸움'에 말려들고 싶지 않다는 것이었다. 그리고 둘째는 좀더 신학적이고 사색적인 것인데, 그것은 내가 아이들에게 어떻게 논쟁하고, 어떻게 공격적인 말을 해야 하는지에 대해 가르친 적이 전혀 없다는 사실이었다. 사실 나는 이때까지 어떻게 말로 상대를 아프게 하는지를 가르쳐준 적이 없다. 또한 상대방의 과거의 잘못까지 한꺼번에 몰아세워서 공격하는 법에 대해 알려준 적도 없다. 상대를 비난하고 질책하는 기술에 대해서도 가르쳐준 적이 없다. 그럼에도 불구하고 아이들은 매우 확신에 차서 기술적으로 그 모든 일을 하고 있었다. 아이들은 자신들의 성난 마음이 원하는 바를 정확히 이루기 위한 말의 사용 능력을 태어나면서부터 가지고 있었다.

아이들의 상황에 끼어들기 시작하면서 내 마음은 슬픔으로 가득 찼다. 나는 다툼을 중지시킬 수는 있었다. 그러나 정말 변화해야 하는 것을 변화시킬 수는 없었다. 무엇보다 나는 그들에게 필요한 변화가 여전히 내게도 필요한 변화임을 강하게 깨달았다. 집에 있다 보면 하루 종일은 고사하고 단 몇 시간이라도 아무런 갈등 없이 그냥 지나는 법이 없었다. 도대체 변화되지 못한 우리의 상황은 얼마나 심각한가! 나는 눈물을 글썽이며 아이들에게 말했다. 왜냐하면 나는 또다시 일어날 수 있는 다툼 때문에 절망한 것이 아니라, 우리에게 영적인 변화가 아주 절실하다는 것을 처음으로 깊이 느꼈기 때문이었다.

말(Word)의 시작

우리의 창조주 하나님께서는 피조물인 우리들의 욕구에 대해 무엇이라고 말씀하셨는가? 하나님께서는 우리 자신의 힘으로 그분을 기쁘시게 하는 것을 요구하지 않으신다. 그래서 하나님께서는 말씀(the Word)이신 그분의 아들을 육신이 되게 하시고, 인간으로 살아가게 하시며, 우리에게 하나님의 거룩하신 모든 뜻을 나타내는 분이 되게 하셨다. 말씀이 육신이 되신 것이다. 사도 요한의 말을 들어보자.

> "태초에 말씀이 계시니라 이 말씀이 하나님과 함께 계셨으니 이 말씀은 곧 하나님이시니라
>
> 그가 태초에 하나님과 함께 계셨고 만물이 그로 말미암아 지은 바 되었으니 지은 것이 하나도 그가 없이는 된 것이 없느니라 그 안에 생명이 있었으니 이 생명은 사람들의 빛이라 빛이 어두움에 비취되 어두움이 깨닫지 못하더라
>
> 그가 세상에 계셨으며 세상은 그로 말미암아 지은 바 되었으되 세상이 그를 알지 못하였고 자기 땅에 오매 자기 백성이 영접지 아니하였으나 영접하는 자 곧 그 이름을 믿는 자들에게는 하나님의 자녀가 되는 권세를 주셨으니 이는 혈통으로나 육정으로나 사람의 뜻으로 나지 아니하고 오직 하나님께로서 난 자들이니라
>
> 말씀이 육신이 되어 우리 가운데 거하시매 우리가 그 영광을 보니 아버지의 독생자의 영광이요 은혜와 진리가 충만하더라
>
> 우리가 다 그의 충만한 데서 받으니 은혜 위에 은혜러라 율법은 모세

로 말미암아 주신 것이요 은혜와 진리는 예수 그리스도로 말미암아 온 것이라 본래 하나님을 본 사람이 없으되 아버지 품 속에 있는 독생하신 하나님이 나타내셨느니라"(요 1:1-5, 10-14, 16-18).

언어를 창조하시고 세상을 말씀으로 만드신 하나님, 자신을 온 세대에 걸쳐 자신의 백성에게 나타내시기 위해 인간의 말을 사용하시는 하나님께서 말씀으로 자신의 세상이자 자신을 잊어버린 사람들에게로 오신 것이다. 하나님께서는 단지 진리를 말씀하시는 분이 아니시다. 그분은 진리 그 자체이시다. 그리고 오직 하나님 안에서만 소망이 있다. 오직 말씀 안에서만 우리는 말의 영적 전쟁에서 이길 수 있고, 우리를 지으신 분의 모범과 계획에 따라 말할 수 있는 소망이 있다. 말씀이 육신이 되신 이유는 우리 안에서 무너진 것을 고칠 수 있는 다른 방법이 없기 때문이다.

말씀이 육신으로 세상에 오셨다는 사실은 우리에게 말 때문에 일어나는 문제에 대해 매우 의미심장한 것을 말해준다. 우리의 문제는 근본적으로 지식 부족이나 능력 부족이 아니라는 사실이다. 야고보서의 말씀을 기억하라. "여러 종류의 짐승과 새며 벌레와 해물은 다 길들므로 사람에게 길들었거니와 혀는 능히 길들일 사람이 없나니 쉬지 아니하는 악이요 죽이는 독이 가득한 것이라"(3:7-8).

야고보서 말씀의 핵심은 대화상의 문제는 단순히 인간적인 방법으로 해결할 수 없다는 것이다. 장소와 상황, 교육과 훈련, 연습과 혹은 관계성의 변화가 그 문제를 해결하지 못한다. 혀는 인간에게 있어서 길들일 수 없는 것이기 때문이다. 그것은 우리 모두를 좌절시키는 강하고 지속되는 악이다.

말다툼, 보이지 않는 전쟁

우리가 확실한 기초로 삼아야 하는 성경적 관점은 만약 우리의 싸움이 오직 혈과 육에만 관계된 것이라면, 말은 여기서 다룰 수 있는 영역이 아니라는 것이다. 그러나 말로 인한 문제는 인간의 마음의 문제인 매우 영적인 부분이다. 아마도 당신은 남편이 당신에게 말하는 태도 때문에 많은 상처를 받은 아내일지 모른다. 혹은 부모님이 말하는 방법 때문에 심한 상처를 받고 있는 십대일지도 모른다. 또는 가족들이 당신을 존경하지 않아서 고통을 느끼는 힘 없는 가장일지도 모른다. 우리는 개인적으로 다른 사람의 말로 인해 상처를 받고, 다른 사람에게 상처를 주는 말을 한다. 바로 이것 때문에, 말다툼이 실제로 더 크고 근본적인 갈등의 표현이라는 것을 깨닫는 일이 매우 중요하다. 이러한 갈등은 더 큰 갈등을 낳고, 인생의 대부분의 문젯거리가 된다. 그런데 사도 바울은 이러한 갈등에 대해 에베소서 6장 12절에서 이렇게 말한다. "우리의 씨름은 혈과 육에 대한 것이 아니요 정사와 권세와 이 어두움의 세상 주관자들과 하늘에 있는 악의 영들에게 대함이라."

    에베소서 4장에서 바울은 그리스도의 몸에 대해 많은 이야기를 했다. 그는 우리들이 부름받은 이유가 '모든 겸손과 온유로 하기' 위해서이고, '오래 참음으로 사랑 가운데서 서로 용납하기' 위해서이며, '평안의 매는 줄로 성령의 하나 되게 하신 것을 힘써 지키기' 위해서이고 또한 '사랑 안에서 진리를 말하는 것'과 '거짓을 제하고 이웃에게 진실하게 말하기' 위해서라고 했다. 그는 계속해서 말하기를 "분을 내어도 죄를 짓지 말며 해가 지도록 분을 품지 말라"고 했다. 그는 우리들에게 "더러운 말은 입 밖에도 내지 말고 오직 덕을 세우는 데 소용되는 대로 선한 말을 하라"고 강조한다. 그러면서 그는 이렇게 요구한다. "모든 악독과 노함과 분냄과 떠드는 것과 훼방하는 것을 모든 악의와 함께 버리고 서로 인자하게 하며 불쌍히 여기며 서로 용서하기를 하나님이 그리스도 안에서 너희를 용서하심과 같이 하라." 그런 다음, 이어지는 에베소서 5장과 6장에서 바울은 교회와 가정과 이 세상에 대해서 이와 같은 원리들을 적용한다.

바울이 말한 것을 읽을 때 우리는 하나님 말씀의 심오함에 놀라지 않을 수 없다. 그러나 이렇게 생각할지도 모른다. '바울 사도님, 지금 농담하시는 건가요? 모든 겸손과 온유라고요? 집에서 말인가요? 말도 안돼요! 모든 분냄과 악의를 버린 대화를 하라고요? 그건 불가능해요!' 그러나 바로 이것이 사도 바울이 요구하는 것이며, 이 명령들은 우리를 위한 것이다.

당신은 "그런 모습이 나를 도울 수는 없어. 단지 나를 무기력하게 만들 뿐이야!"라고 말할 것이다. 말에 대한 하나님의 높은 기준을 깨닫고 그 기준으로부터 우리가 얼마나 부족한지를 알 때 당신은 이 장의 핵심 두 가지를 알 수 있다. 첫번째로, 우리는 대화에 있어서 기술이나 방법이나 어휘의 차원보다도 훨씬 더 근본적으로 심각한 문제점이 있다는 사실에 즉각적으로 직면하는 것이다. 두번째는 바로 이 첫번째 핵심으로부터 나오는데, 우리의 욕구가 단지 기술상의 차원보다 더욱 심각하기 때문에, 단순히 훈련 프로그램이나 새로운 종류의 기술 그 이상의 것이 필요하다. 우리는 구원이 필요하다. 그리고 그 구원은 오직 살아 계신 말씀이며 우리의 구원자이신 예수 그리스도만이 이루실 수 있다.

그래서 말의 영적 전쟁에서 승리하기 위한 우리들의 노력이 실패했을 때, 오히려 무엇보다도 가장 큰 희망을 발견한다. 하지만 그것은 우리 안에 있는 것이나 우리의 능력에 기인한 것이 아니다. 그것은 말씀 안에 있으며 하나님의 임재와 능력 그리고 약속 안에 있다. 말씀이신 예수님께서 우리를 위해 인간으로 오셔서 죽으시고 부활하셨기 때문에 우리는 하나님의 계획하심에 따라 확신할 수 있는 소망이 있다.

이 세상의 삶은 전쟁이다

에베소서 6장 12절에 나온 바울의 말은 아주 실제적이다. 바울이 이 서신의 끝부분에서 영적 전쟁에 대해서 쓴 것은 지금까지 말한 주제에서 벗어난 것이 아니다. 그는 대화에 대해서 자신이 말했던 것들을 모두 포함해서 요약 정리하고 있다. 바울은 삶이 세상의 다른 사람들과의 전쟁이 아니라, 하늘에 있는 악의 세력들과의 전쟁이라는 것을 우리로 하여금 절실히 깨닫게 한다. 이러한 상황은 집에서, 교회에서, 직장에서 그리고 모임 중에서 실제로 일어난다. 이 전쟁은 각각의 상황 속에서 다르게 나타난다. 우리는 다른 사람과 단지 편하게 지내고 싶어서 싸우지 않는다. 그러나 더욱 중요한 것은, 우리를 넘어뜨리려는 사탄의 모략을 이겨내기 위해 싸워야 한다.

 삶은 전투다. 전능하신 하나님과 사악한 사탄의 권세 사이에서 매우 극적인 전쟁이 벌어지고 있다. 하나님께서는 하나님의 평안 속에 그리고 하나님의 진리의 말씀 속에 우리가 더욱 깊이 뿌리 내리기를 원하시지만, 사탄은 속임수와 거짓말 그리고 악랄한 계략으로 우리를 멸망시킨다. 우리 마음에서 일어나는 전쟁은 어떤 마음 자세로 전쟁에 임하느냐에 승패가 달려 있다. 만약 이러한 영적인 전쟁이 일어나지 않는다면 말의 영적 전쟁도 일어나지 않을 것이다.

 이것은 복음에 대한 이해를 더욱 증가시킨다. 왜냐하면 바로 이것이 예수님께서 이 땅에 오셔야만 했던 이유이기 때문이다. 살아 계신 말씀이신 예수님께서는 계시로서 그리고 구원자로서 이 땅에 오셨다. 그래서 갈등의 한 가운데서도 여전히 말씀의 토대 위에 굳게 서 있을 수 있다. 하지만 우리 자신은 보이지 않는 '공중의 권세 잡은 악한 영들의 세력'에 도저히 상대가 되지 않는다. 그래서 그리스도께서 말씀으로 오셨을 뿐만 아니라, 두번째 아담으로서 오신 것이다. 첫번째 아담은 우리 모두를 대표했다. 그가 사탄을 대했을 때 사탄의 거짓말을 믿었고, 사탄의 모략에 속았으며, 죄악에 빠지고 말았다. 그리스도께서 두번째 아담으로 오셔야만 했다. 다시 우리의 대표자로서 사탄을 대하시는 것이다. 그리스도께서는 공생애 기간이 시작되기 전에 대적을 만나게 되었다. 사탄은 세 번씩이나 예전과 동일한 거짓말과 모략으로 예수님을 시험했다. 그러나 그리스도께서는 세 번 모두 사탄을 물리치셨고, 악의 세력에 대해서 자신의 능력을 보이셨으며, 우리를 위한 가장 큰 승리를 성취하셨다(마 4:1-11, 12:22-29, 롬 5:12-21).

예수님께서는 지금도 영적 전쟁을 위해 우리들을 강하게 하시고 무장시켜주신다. 이는 싸움의 악한 날이 이르렀을 때, 우리로 하여금 굳게 서서 주님께서 부르신 삶에서 한 발자국도 뒤로 물러서지 않도록 하기 위함이다. 이러한 삶은 복음에 합당하게 말하는 것을 포함한다. 승리하신 예수님께서는 우리를 위해 하나님과 함께 그리고 우리와 함께 평안 가운데 사는 능력을 이루셨다.

이것은 누가 먼저 욕실에 들어갈 것인지, 누가 온 가족이 모두 좋아하는 음식을 가장 많이 먹을 것인지에 대한 다툼과는 완전히 다른 관점이다. 그와 같은 매 순간의 문제들은 사람이 너무 많아서, 욕실 숫자가 적어서, 모두가 좋아하는 음식이 조금밖에 없어서 그렇다는 결핍의 문제 그 이상으로 확장된다. 우리는 상황마다 잘못된 모습을 보였던 것이다. 우리는 대화의 모든 문제와 충돌과 갈등 속에서 나타나는 공통의 요소를 발견한다. 그것은 대수롭지 않게 축소해버릴 수 없고, 변화의 가능성이 없다는 말로 냉소적으로 다루어서도 안 되는 아주 중요한 부분이다. 또한 이러한 문제들은, 우리의 매일의 삶 속에서 여전히 존재하기 때문에 간과할 수 없다. 하지만 말씀 그 자체이시며 구원자이신 예수 그리스도께서 우리가 말할 때 필요한 모든 근원들을 제공해주신다. 따라서 우리는 자신의 본질적인 변화에 대한 희망을 가질 수 있다.

영적 전쟁을 위한 올바른 자원들

하나님의 기준에 합당하게 말하도록 권면하는 성경 말씀은 무엇인가? 에베소서 1장 15-23절의 짧은 기도문 속에서 사도 바울은, 그리스도의 속죄 사역으로 말미암아 얻는 유익을 깨닫게 하기 위해 네 가지 역동적인 단어들을 사용한다.

첫번째 단어는 '소망'이다. 이 단어 안에서 우리는 말에 대한 소망을 발견한다. 소망은 허황된 꿈이나 실현 불가능한 바람이 아니다. 성경에 나오는 소망이란 오직 보장된 결과를 기대하는 것일 뿐이다. 하나님 안에서만 우리는 '말의 영적 전쟁'에서 이길 수 있다. 고통스럽고, 분노가 치밀어 오르며, 파괴적이고, 분열적인 대화의 문제를 우리 힘으로 해결할 필요가 없다. 우리는 우리의 능력 때문이 아니라, 하나님의 능력 때문에 숭고한 가치 기준과 높은 이상을 가질 수 있다. 그러므로 우리는 논쟁에서 자포자기하게 만드는 소망 없는 냉소주의를 거부한다. 오히려 하나님의 능력으로 더 나은 결과가 나타날 것을 믿으며 신앙과 용기를 가지고 적극적으로 대화를 한다.

아내로서 당신은 남편과의 대화가 결코 나아지지 않을 것이라고 좌절해서는 안 된다. 말씀되신 하나님 안에 소망이 있다. 남편으로서 당신은 자신의 분노와 그로 인해 나타나는 악한 말들 때문에 스스로를 포기하면 안 된다. 분명히 소망은 있다. 부모로서 당신은 자녀 때문에 화가 나고 탈진 상태일지라도 아이들을 지혜롭게 다룰 수 있음을 믿어야만 한다. 왜냐하면 말씀이 이 세상에 오셨고, 예수님과 함께라면 소망이 있기 때문이다. 우리 자신에게 솔직하게 질문해보자. "내가 다른 사람과 나누는 말은 하나님께서 주시는 말씀의 능력을 의지하는 믿음에서 흘러나오는가?"

반항적인 십대 자녀들이 부모에게 대들 때 경건한 모습으로 말할 수 있는 소망은 무엇인가? 냉담한 남편, 신경질적인 아내, 비판적인 친구 혹은 싸우기 좋아하는 이웃과 말할 때, 하나님께서 원하시는 방법대로 말할 수 있는 소망은 무엇인가? 사납고, 까다로우며, 짜증 많은 상사나 자기중심적이고 늘 투덜대는 아이들에게 지혜롭게 말할 수 있는 능력을 어디서 찾을 수 있는가? 이미 지치고 낙심된 상황에서 온전한 대화를 할 수 있다는 소망을 어디서 발견할 수 있는가? 자괴감으로 고민할 때 혹은 자신이 간절히 바라는 것이 없어서 화가 나거나 그로 인해 씨름할 때, 우리는 무엇을 할 수 있는가? 아무 죄도 없이 비난받거나, 용납되어지지 않거나, 존중받지 못하거나 혹은 그런 것들이 당연하다고 여겨질 때, 무엇이 우리를 도울 수 있을까? 우리의 죄성을 지닌 욕구가 아니라, 하나님의 선한 일을 촉구하는 방법으로 말하고자 할 때의 소망은 무엇인가? 이 모든 것에 있어서 유일한 소망은 말씀뿐이다. 하나님께서 우리를 위해 완전하게 이루신 구원이 말로 인한 갈등과 분쟁에 대한 우리의 반응하는 태도를 변화시킨다.

어떻게 이런 일이 일어나는지를 살펴보자. 대부분의 매일의 대화는 체계적이지 않고, 기록되지도 않는다. 그래서 우리는 항상 그 순간이 사소하다고 믿어버린다.

예를 들어보자. 내 아들이 이렇게 말했다. "아빠, 내일까지 마쳐야 하는 과학 숙제가 있는데, 좀 도와주실래요?" 그런데 아들은 이미 수주일 동안이나 숙제를 지금까지 미루어왔다. 나는 글 쓰는 일을 계속하면서 무엇이 필요한지 물어보았다. 아들은 머뭇거리면서 말했다. "저, 작은 판자가 필요할 것 같아요. 집안 여기저기에 있는 작은 판들을 모아 붙이면 만들 수 있을 거예요." 나는 그리 어렵지 않을 것이라고 생각했다. 나는 물었다. "더 필요한 것은 없니?" 아들은 머리를 긁적이며 말했다. "저, 아마 매직 몇 개가 필요할 것 같아요." 나는 슬슬 짜증이 났다. 그렇지만 애써 누르고 다른 작업을 위해 준비한 내 매직들을 사용해도 된다고 말해주었다. "이제 다른 것은 필요 없지?" 그러자 아들은 머뭇거리며 이렇게 말했다. "병아리 열두 마리가 필요해요." 나는 내 귀를 의심하지 않을 수가 없었다. 그리고 내 얼굴은 시뻘겋게 달아올랐다. "좋아, 내가 곧 나가서 편의점을 뒤져 신선한 달걀 한 판을 사다주마!"

순식간에 전쟁이 벌어지고 말았다. 하지만 그것은 아들과 나 사이에 일어난 전쟁이 아니었다. 바로 내 마음속에서 일어난 전쟁이었다. 나는 화가 났고, 분노를 느꼈다. 나는 계속되는 귀찮고 번거로운 일에 질려버렸다. 내 마음속의 어떤 강력한 힘이 나를 자극해서 상황을 극단적으로 몰고가게 했다. 나는 아들이 얼마나 어리석은지를 말하고 싶었고, 만약 내가 자기를 도와줄 것이라고 생각한다면 바보라고 말하고 싶었다. 또한 내가 어렸을 때는 결코 숙제를 남에게 부탁한 적이 없었다고 말하고 싶었다. 나는 그 순간에 말하고 싶은 것은 너무나 많았다. 하지만 본능적으로 하고 싶은 모든 말을 거부할 수 있다는 소망을 가졌어야 했다.

사소하고 별일 아닌 순간에도 이러한 전쟁이 마음속에서 일어나는데, 부부 싸움이나 부모의 책망이나 성도들 사이에서 일어나는 모든 갈등과 분열이 얼마나 많이 일어나는가! 우리는 이런 순간들을 피하기 어렵다. 그러나 당신은 완전히 변화된 방법으로 대할 수 있다. 만약 당신이 말씀되신 그리스도의 사역으로 인해 소망이 있다고 믿는다면 말이다. 계속되는 다음의 세 단어는 바울이 소망을 설명하기 위해 사용한 것이다.

우리에게 필요한 모든 것

바울이 말씀되신 주님의 사역이 우리에게 주는 유익을 보여주기 위해 에베소서 1장 15-23절에서 사용한 두번째 단어는 풍성(riches)이다. 바울은 '성도 안에서 그 기업의 풍성'이 있다고 말했다. 여기서 바울이 말하려는 것은 무엇인가? 베드로는 '그의 신기한 능력으로 생명과 경건에 속한 모든 것을 우리에게 주셨으니'(벧후 1:3)라고 말하면서 바로 이러한 풍성함을 보여준다. 이는 많이 주셨다는 것도 아니고, 충분하게 주셨다는 것도 아니다. 우리가 필요로 하는 모든 것을 주셨다는 것이다. 이 말씀을 깊이 묵상해보라. 이 구절에서 동사의 시제는 현재완료형이다. 이는 과거에 이루어진 어떤 행위의 결과가 미래까지 지속되는 것을 의미한다. 이것은 그리스도께서 나의 모든 필요를 이미 전부 나의 창고에 채워놓으셨다는 것을 의미한다. 그러면 당신은 아마 '무엇에 대해 필요한 것인가?'라고 물어볼 것이다. 이것에 대해 베드로는 '생명과 경건을 위한 모든 것'이라고 말한다. 단지 영원한 삶을 위해 필요한 모든 것이 주어진 것이 아니라 우리가 구원받은 순간부터 하나님께서 우리를 본향으로 부르실 때까지 경건한 삶을 살기 위해 필요한 모든 것이 주어진 것이다.

이 말씀의 권세를 한 번 묵상해보자. 주님의 뜻을 이루기 위해 당신에게 필요한 모든 것을 주실 때는 주님께서 당신의 삶의 환경도 다스리신다.

당신이 남편과 매우 어려운 갈등 가운데 있는 아내라고 해보자. 이 순간 당신의 창고에는 풍성함이 있다. 당신이 매우 신경질적인 상사로 인해 고통을 겪고 있는 부하 직원이라고 해보자. 당신이 경건한 모습으로 말하기 위해 필요한 모든 것이 이미 당신에게는 주어졌다. 당신이 반항적이고 존경심이라고는 조금도 찾아볼 수 없는 청소년 자녀와 갈등하는 부모라고 해보자. 자신의 분노와 상처 입은 마음을 넘어서서 하나님의 도구로 사용될 수 있도록 필요한 모든 풍성함이 이미 당신에게 주어졌다. 말씀되신 주님이 오셨고 그분께서는 영광의 풍성함을 주셨다. 하나님께서 주신 것은 인간의 혀를 길들일 수 있는 유일한 권능이다.

바울이 말하는 우리 능력의 원천 중 세번째는 '능력'이다. 바울은 이렇게 말하고 있다. "그의 힘의 강력으로 역사하심을 따라 믿는 우리에게 베푸신 능력의 지극히 크심이 어떤 것을…"(엡 1:19). 우리는 말씀되신 주님의 능력으로 말의 영적 전쟁 가운데 힘을 공급받아 그 전쟁을 이길 수 있다. 우리는 단지 기술이나 어휘가 부족하기 때문에 대화에 어려움을 겪는 것이 아니다. 우리의 문제는 능력이 없기 때문이다. 그렇다. 우리는 무능력한 인간일 뿐이다. 그것이 야고보가 반어적인 질문을 던진 이유다. '누가 혀를 다스릴 수 있겠느냐'는 것이다. 이 질문에 대한 가장 성경적인 대답은 '아무도 없다'

는 것이다. 그러나 그리스도께서 오셔서 구원의 사역 가운데 능력을 보이셨고, 십자가에서 죄에 대한 자신의 권능을 나타내셨으며, 인간의 인격 속에 내주하시는 성령의 능력으로 자신의 백성들을 축복해주셨다. 그래서 바울은 '우리 가운데서 역사하시는 능력대로 우리의 온갖 구하는 것이나 생각하는 것에 더 넘치도록 능히 하실 이'라고 말했다(엡 3:20).

이 말씀을 잠시 묵상해보자. 하나님께서는 어떤 일련의 거대하고 숭고한 지침을 주신 다음에 우리가 그것에 순종하는지 순종하지 않는지를 가만히 바라보기만 하지 않으신다. 그분은 죄악이 이미 우리를 무능력하게 만들어 버렸음을 알고 계시고, 하나님을 떠나서는 알아야 할 것을 알지 못하며, 해야 할 일을 하지 못한다는 것을 잘 알고 계신다. 그래서 하나님께서는 성령으로서 우리 마음을 여시고 우리 안에 들어오셨다. 그분의 말할 수 없는 큰 능력이 우리 안에 있다. 또한 이것은 단지 우리 안에 있을 뿐만 아니라, 역동적으로 사역한다. 그래서 바울은 우리가 그리스도를 죽은 자 가운데서 살리셨던 그 능력에 비견될 수 있는 능력을 부여받았다고 말했다.

말씀이 모든 것을 변화시킨다. 말씀이 우리를 하나님의 거하시는 곳으로 인도하므로 우리는 하나님의 뜻대로 말할 수 있는 능력이 있다. 도저히 불가능할 것들이 하나님 안에서는 가능하다. 하나님 안에 있을 때 우리는 말의 영적 전쟁에서 이길 수 있다. 혀를 다스릴 수 있고, 혀는 더 이상 악의 도구가 아니라 선을 만드는 도구가 된다.

이 책이 대화의 기술에 관한 다른 책들과 다른 점은 오직 한 가지다. 바로 복음이다. 복음이야말로 우리의 삶을 이해하는 방식과 갈등의 가장 큰 원인인 말다툼의 방법을 획기적으로 변화시킨다.

복음은 우리의 문제가 올바른 통찰과 기술로 해결될 수 있다는 독립적 능력(independent strength) 모델에 의한 대화법을 거부한다. 복음은 오직 우리의 무능력함을 직시하게 한다. 또한 복음은 하나님의 목표점을 바라보면서 '내가 할 수 있는 능력만 있었다면 좋았을 것을!' 이라고 말하는 연약함과 무능력(weakness and inability) 모델에 의한 대화법도 거부한다. 그리스도 안에서 우리는 무능력과 능력을 동시에 붙잡는다. 말씀되신 주님은 당신의 능력으로 우리를 채워주시기 위해서 이 땅에 오셨다. 그 이유는 바로 우리가 너무나 연약하기 때문이다. 그리하여 도저히 설 수 없었던 우리들이 이제는 그리스도 안에서 설 수 있게 되었다.

　복음을 당신의 언어 생활에 적용시켜보라. 능력은 이미 주어졌다. 성령으로 당신에게 임하여 있고, 당신의 심각한 언어 소통의 연약함을 다스린다. 당신이 아내로서 강퍅한 남편을 바라보며 '아무리 그래도 그는 절대 변하지 않아'라고 말하는 것은 복음에 대한 거부다. 남편으로서 아내가 자신의 말 속에 있는 죄에 대해서 지적할 때 스스로 의로운 척하고 거부하는 것도 역시 복음에 대한 거부다. 부모로서 통제할 수 없는 감정과 욕구에 사로잡혀 자녀에게 함부로 말할 때, 당신은 복음을 거부하는 것이다. 말씀이 우리에게 임하셨고 예수님이 우리에게 능력을 주셨기 때문에 우리는 용기를 가지고 언어 생활의 새로운 변화를 기대하면서 조금씩 더 나아질 수 있다.

　또한 주의 성령의 내주하심으로 우리의 혀가 하나님께서 명하시는 선한 일을 할 수 있다는 희망이 생긴다. 우리 중 그 어느 누구도 우리가 너무 연약해서 절망적이라고 말할 수 있는 사람은 없다("내게 조금 더 믿음이 있었더라면"이라든지 혹은 "만약 내게 좀더 많은 용기가 있었더라면", "만약 내가 바르게 말해야 한다는 것을 생각했었더라면"). 우리 중 어느 누구도 자신의 인격을 훼손할 수 있는 사람은 없다("나는 그저 외향적인 사람이라서 그래", "나는 너무 소심해" 혹은 "미안해, 난 원래 이런 놈이야"). 또한 우리 중 어느 누구도 자신의 과거를 비난할 수 있는 사람은 없다("나는 한 번도 올바르게 대화하는 법을 배우지 못했어", "나는 항상 이렇게 싸우도록 배웠어", "부모님은 한 번도 이런 걸 내게 가르치신 적이 없었어"). 어느 누구도 우리 주위의 사람들을 비난할 수 있는 사람은 없다("만약 내가 좀더 말 잘 듣는 아이들을 낳았다면", "만약 남편이 좀더 인자하고 사려 깊었다면, 내가 이렇게 했을 텐데", "만약 아내가 나를 그렇게 항상 비꼬지만 않았어도", "만약 내 상사가 매일 내가 그를 위해 하는 일에 대해 좀더 고마운 마음을 가졌으면"). 그리고 우리 중 누구도 우리의 현재 상태를 비관할 수 있는 사람은 없다("만약 내게 좀더 시간이 있었다면", "내 일이 그렇게 급하지만 않았어도").

그렇다. 우리는 죄인들과 함께 살고, 일과는 너무나 바쁘며, 우리 중 대부분이 부정적인 환경에서 자라왔다. 그리고 우리는 다양한 방법으로 우리를 방해하는 갖가지 인격을 갖고 살아간다. 하나님께서는 이러한 현실에도 불구하고 우리에게 성령을 주신 것이 아니라, 바로 그와 같은 현실의 약점 때문에 성령을 주신 것이다. 성령이 함께하시므로 이 죄악된 세상에서 사는 죄인임에도 불구하고, 하나님의 뜻을 행할 수 있다. 또한 예수님의 생명과 능력이 우리를 대적하는 다른 사람들의 죄와 우리 자신의 죄의 모든 영향력을 압도해버린다. 그러므로 우리는 실제적으로 하나님의 뜻을 행할 수 있다.

예수님의 능력은 우리에게서 멀리 떨어져 있거나 잠자고 있는 것이 아니다. 오히려 그 능력은 우리 안에서 역동적으로 사역하고 있다. 우리는 그분의 계획과 기준에 따라 말할 수 있다. 왜냐하면 예수님이 우리 안에서 전능하고 역동적인 능력으로 거하시기 때문이다.

각 개인을 구원시키는 다스림

그리스도 안에서 받은 능력들을 요약하는 단어는 다스림(rule)이다. 바울은 그리스도는 "교회를 위해 만물의 머리가 되시고, 교회는 그의 몸이라"고 말했다(엡 1:22-23). 주님에 의해 다스려지지 않는 삶의 상황이란 존재하지 않는다. 우리의 삶은 조절 불가능한 것이 아니다. 그리스도는 우리의 유익과 자신의 영광을 위해 세밀하게 삶을 다스리신다.

이러한 그리스도의 통치권과 다스림은 우리가 가장 힘들어하는 대화에서 나타나는 갈등 상황에도 적용된다. 때로 우리는 자신의 유익을 위해 말로 상황을 조절하고자 한다. 우리는 원하는 것과 선호하는 것에 대한 개인적 욕망에 이끌린다. 그래서 소유를 보장받기 위한 방향으로 말한다. 무조건 부인하고, 비난하며, 죄책감을 가중시키며, 상황을 조작하고, 합리화하며, 논쟁하고, 남을 속이고, 애걸하며, 탄원하며 혹은 협박한다. 이 모든 것은 사람이나 상황을 자기 뜻대로 조절하기 위한 목적으로 이루어진다.

때때로 우리는 두려움 때문에 이런 일을 한다. 그렇지 않으면 우리 삶이 조절되지 않고 마구 흔들리는 듯한 느낌이 들기도 한다. 주변의 사람들을 이용하여 해결하는 방법이 가장 좋은 것처럼 보이기도 한다. 그들을 자기 뜻대로 지배하는 것이 옳은 일처럼 여겨지기도 한다. 우리는 무슨 일이 일어날지도 모른다는 두려움에 빠지기도 한다. 그러나 공포에 사로잡힌 말은 복음의 가장 귀중한 전제 중의 하나를 잊어버리게 한다. 그것은 지금 바로 그리스도께서 구원받은 자녀들을 위해 모든 것을 다스리신다는 사실이다. 나는 주님의 손길을 항상 볼 수 없을지도 모르고 그분이 하시는 일이 선하다는 것을 깨닫지 못할 수도 있다. 하지만 예수님께서는 역동적으로 모든 것을 항상 동일하게 다스리신다. 다른 사람을 지배함으로써 개인적 안전을 획득하고자 하는 대화법은 말씀이신 하나님께서 모든 것들을 다스리신다는 사실을 잊어버리게 한다.

이것을 다른 말로 하면 종종 우리의 말은 주님을 의지하는 것이 아니라, 주님이 되려 하고 있음을 나타낸다. 우리는 주님만이 하실 수 있는 일들을 말로써 우리 자신이 하려고 한다. 그것은 실패하는 것이고, 스스로를 아프게 하며, 주위의 사람들을 괴롭게 만들 뿐이다.

예를 들면, 부모는 자녀에게 일어날 일에 대해 너무나 두려워한 나머지 하나님의 은혜만이 이룰 수 있는 일을 자신의 말로써 이루려고 노력한다. "할 수 있는 모든 수단과 방법을 동원해서라도, 네가 부모를 존중하게끔 만들 거다"(위협), "엄마 아빠가 널 위해 해왔던 모든 고생을 생각해봐라. 널 위해 투자한 그 많은 돈과 시간들을 생각해봐라. 이게 지금 엄마 아빠가 받아야 할 보답이니?"(죄의식), "네 생일 때 네가 원했던 것을 사준 일을 기억 못하겠니? 만약 네가 이런 식으로 한다면, 다시 그것을 빼앗아버릴 거야"(조작, 변덕). 각각의 경우에서 부모는 두려움에 쫓기는 언어적 수단을 통해서 아이의 마음을 바꾸려고 한다.

언어적으로 통제하려는 시도가 항상 두려움으로부터 나오는 것은 아니다. 때로는 자만심으로부터도 나온다. 죄인인 우리들은 이기적인 성향이 있다. 만족감을 위해 다투기도 하고, 자신의 욕구 때문에 상황을 심각하게 몰아가기도 한다.

아침에 일어날 때, 대부분 우리는 가장 먼저 자신을 생각한다. 우리는 이미 자신의 욕구로 가득 채워져 있고, 주어진 하루를 어떻게 보낼지 이미 마음속으로 다 정해놓는다. 사무실에서 전화벨이 울리면, 이렇게 생각하곤 한다. '이건 또 뭐야?' 누군가 자신의 계획을 방해할까봐 두려움이 앞선다. 퇴근 후 집으로 돌아오는 길에서는 집에서 할 일을 생각하곤 한다. 그러면서 한편으로 누군가 집에 놀러와서 자신의 계획을 망칠까봐 걱정한다. 이것들은 우리가 얼마나 자기중심적이며, 다른 사람으로부터 원하는 것을 얻으려는 것에 초점이 맞추어져 있는지를 보여준다.

아들이 밤새워 해야 하는 숙제를 도와달라고 할 때 아버지는 이렇게 소리지른다. "도대체 하룻밤도 평안히 보낼 수 없단 말이냐!" 남편이 이미 감정이 상해서 화를 내고 좌절감에 빠져서 문 밖으로 나갈 때 아내가 소리지른다. "당신이 나를 사랑하기나 하는지 정말 모르겠어요!" 그녀의 말은 너무나 자기중심적이고, 때에 맞지 않으며, 남편의 요구와 전혀 상관이 없다. 불평 가득한 삶에 대해 자녀가 원망과 불평을 늘어놓는다. "만약 이런 상황만 아니었다면 나는 아무 문제도 없었을 거예요!" 그는 자신이 원하는 것만을 추구하며 살았기 때문에 자신의 욕구에 항상 방해처럼 보이는 부모에게 거칠게 반항하는 것이다.

복음은 이러한 갈등에 대해서도 말해준다. 그리스도께서는 자신의 즐거움보다 더 높은 목적으로 우리를 부르신다. 그리스도께서는 우리의 모든 것을 다스리시지만 그분의 다스리심은 아직 완성되지 않았고 우리에게는 할 일이 남아 있다. 그래서 더욱 기쁘다. 우리는 자신을 그리스도께 드리도록 부르심받았고, 우리는 거룩해지며, 우리의 거룩함은 그분을 더욱 영광스럽게 한다.

말씀이 이 세상에 오심으로 우리의 세계가 영광스럽고, 이해할 수 있으며, 신실하시고, 우리를 구속하시는 다스림의 은혜를 받게 되었다. 우리의 말은 예수 그리스도의 다스리심 안에서 발견되는 평안으로부터 흘러나와야 한다.

그리스도께서 주신 능력의 근원은 우리의 말이 주님의 기준과 계획에 따라 행해질 것이라는 희망이다. 모든 사람이 희망을 잃어버렸을 때 말씀 안에서 희망을 발견하고, 가난 속에서도 부요해지고, 약할 때 강해지며, 주변의 모든 것들이 통제 불가능하게 되었을 때 그것들을 다스리게 된다.

복음, 당신의 말

집에서, 교회에서, 혹은 직장에서 그리스도 안에서 다른 사람에게 유익한 말을 하는 습관에 뿌리박히는 것은 영광스러운 복음의 실제적 모습이다. 말씀으로 오신 예수님께서 우리가 신령한 말을 하는 삶을 살도록 모든 필요를 공급해주셨다. 예수님이 오심으로 우리의 말은 가장 사악하게 속이는 사탄이 아니라 위대한 말씀을 보여주신 하나님의 방법을 따를 수 있는 소망이 있다. 예수님께서는 우리를 타락의 끔찍한 고통으로부터 구원하셨다. 타락한 곳에서는 아무리 올바른 대화도 끔찍한 분쟁을 일으키는 세계가 된다. 그리스도는 인간이 결코 길들일 수 없는 것을 길들이기 위해 오셨다. 그분은 매우 특별한 자신의 목적을 위해 그리고 그것을 다루시기 위해 오셨다. 예수님께서는 우리에게 영광스러운 풍성함과 비교할 수 없는 능력을 부여하셨고, 우리의 혀는 그분의 의로움을 나타내는 도구로 쓰일 수 있다. 대화의 세계는 말씀이신 예수 그리스도가 세상에 오셨다는 한 가지의 진실한 이유로 온전한 평화의 세계를 이룰 수 있다.

Getting Personal 더 깊은 묵상을 위하여

그리스도와 당신의 말

이번 주 다른 사람들과 나눈 당신의 대화를 점검해보라. 그리스도께서 우리를 위해 마련하신 굳건한 반석 위에 서 있었는가? 아래의 질문들을 통해 점검해보라.

1. 당신은 겸손히 자신의 무능력을 인정하고, 중요한 대화를 하기 전에 주님의 도우심을 간구했는가?

2. 당신은 인간 관계 속에서, 주님의 은혜와 권능으로 할 수 있는 것들을 자신의 말로써 억지로 이루려고 노력하지는 않았는가?

3. 당신은 삶의 목표를 잃어버리고 절망 가운데 빠진 누군가에게 선한 말을 해야 할 때, 선한 말을 포기하거나 혹은 죄악된 대화에 함께 빠지지는 않았는가?

4. 당신은 자신의 말의 연약함을 인정하고, 그 문제를 다시 들추어서, 당신이 상처를 주었던 사람들과 하나님께 죄를 고백하고, 새로운 언어 습관을 갖기로 결심할 마음이 있는가?(이 모든 것은 그분의 능력이 우리의 약함 가운데서 온전하게 된다는 그리스도의 약속을 굳게 의지하는 데서 비롯된다)

5. 당신은 다른 사람이 당신의 말 속에 있는 죄를 지적한다면 겸손하게 받아들일 수 있는가? 아니면 그것을 부인하고, 합리화하며, 도리어 공격하고, 비난하거나, 자신의 실패를 감추겠는가?

6. 당신은 다른 사람들을 축복하고 주님을 영광스럽게 하는 방법으로 말할 수 있는 소망을 주신 것에 대해 날마다 감사하는가?

에베소서 1장 15-23절을 읽으라. 그리스도의 구원 사역으로 인한 영광스러운 유익과 당신의 말에 부여되는 소망을 깨달을 수 있는 눈을 열어달라고 간구하라. 당신의 변화가 필요한 곳과 믿음으로 감당할 수 있는 방법을 깨닫게 해달라고 기도하라. 마지막으로, 요한이 말씀되신 예수님에 대해 말한 것을 주의 깊게 묵상하라. "우리가 다 그의 충만한 데서 받으니 은혜 위에 은혜러라"(요 1:16). 그리고 그분의 한없는 은혜의 강물이 당신의 언어 습관을 완전히 바꾸어놓을 수 있음을 믿으라.

4장 우상 숭배의 말

> "너희 중에 싸움이 어디로 다툼이 어디로 좇아 나느뇨 너희 지체 중에서 싸우는 정욕으로 좇아 난 것이 아니냐 너희가 욕심을 내어도 얻지 못하고 살인하며 시기하여도 능히 취하지 못하나니 너희가 다투고 싸우는도다 너희가 얻지 못함은 구하지 아니함이요"
> (약 4:1-2).

다음과 같은 일을 한 번 상상해보자. 어느 날 오전 나는 사무실에서 사랑스러운 아내를 생각한다. 나는 좋은 아내와 결혼해서 살아온 것이 얼마나 축복인지를 깨닫는다. 그리고 그녀에게 청혼했던 때를 추억한다. 그때 나는 겨우 열일곱 살이었다. 그때는 결혼이라는 신중한 결정을 내릴 수 있을 만큼 성숙하지 않았지만 현재 나의 결혼 생활은 주님께 대한 사랑과 은혜의 증거가 되었다.

또한 지금까지 둘만의 여유로운 시간을 갖기가 얼마나 어려웠는지에 대해 생각한다. 우리는 네 명의 자녀가 있다. 두 아들은 대학에 다니고 있고, 딸은 고등학교에, 그리고 막내 아들은 초등학교에 다니고 있다. 우리 집은 얼마나 들썩대는지 모른다. 아이들이 모두 잠든 늦은 밤이 되어서야 둘만의 시간을 보낼 수 있다. 아이들은 항상 우리가 잠자리에 들 때까지 깨어 있곤 했다.

내가 아내 루엘라에 대해 생각하면서 그녀를 만나게 해주신 하나님께 감사하며 동시에 아내와 둘만의 시간을 갖기 어려웠던 지난 시간을 아쉬워하던 중에 좋은 생각이 떠올랐다. 그것은 아내가 가고 싶어하는 레스토랑에서 근사한 외식으로 기쁘게 해주어야겠다는 계획이었다. 나는 이 계획에 만족했고 아내도 기꺼이 동의하리라고 생각했다. 게다가 아내가 좋아하는 향수를 선물로 준비했다.

오후 내내 나는 오늘 밤 아내와 함께할 저녁 외식에 대한 기대와 환상에 젖어 있었다. 그리고 마음속으로 이런 상상을 했다. 내가 집에 도착해서 계단을 올라가 문을 열자 나를 기다리는 루엘라를 발견한다. 그녀는 이렇게 말한다. "폴, 어서 오세요. 하루 종일 당신을 기다렸어요. 매일 나는 당신이 빨리 돌아오기를 기다려요." 그러면 나는 대답한다. "하루 종일 내가 당신을 얼마나 사랑하는지에 대해 생각했어. 그리고 내가 당신 같은 여자를 아내로 맞이했다는 것이 얼마나 축복인지를 깨달았어. 그래서 오늘 밤은 단둘이 외식하러 나가는게 어때? 레스토랑은 당신이 정해." 그러면 그녀는 말할 것이다. "내가 당신 같은 남자와 결혼한 것을 모든 여자들이 부러워할 거예요." 나는 주머니에서 향수를 꺼내며 말한다. "아참, 당신이 제일 좋아하는 향수를 사왔어." 그녀가 말한다. "여보, 너무 고마워요. 정말 멋져요. 지금 빨리 외출 준비를 할게요." 마음속으로 아내를 깜짝 놀라게 해줄 이 계획을 계속 생각하니 오후가 눈깜짝할 사이에 지나가버렸다.

마침내 하루 일과를 마치고 집으로 돌아오는 내 모습을 상상해보라. 내 머릿속에는 아내와 외식할 생각으로 꽉 차 있다. 그녀도 역시 이 계획을 좋아할 것이라고 분명히 확신하며 집으로 가는 길 내내 콧노래를 부른다. 집 앞에 주차시키고, 계단을 올라서 문을 열었다. 그런데 아무도 없는 것이었다. 하지만 여전히 부푼 마음은 사라지지 않았다.

말소리가 들리는 부엌으로 들어갔다. 하지만 그 소리는 행복에 겨운 목소리가 아니었다. 나는 부엌에서 싸우는 두 아들을 말리고 있는 아내를 발견했다. 나는 기대감에 넘쳐서 조금도 머뭇거리지 않고 내 계획을 털어놓았다. "루엘라, 내게 굉장한 계획이 있어!" 하지만 아무도 내가 주방에 들어온 것을 신경쓰지 않았다. 나는 다시 한 번 놀라운 계획이 있다고 말했다. 그러자 이번에는 반응이 있었다. 루엘라가 나를 돌아보며 말했다. "당신, 지금 무슨 말했어요?" 나는 흥분해서 말했다. "응, 나 오늘 하루 종일 당신에 대해서 생각했어. 그리고 굉장한 계획을 세웠어. 오늘 밤 나가서 외식을 하자구. 단 둘이서 말이야. 당신이 레스토랑을 정해. 그러면 당신이 준비하는 동안 내가 예약을 해둘게."

그녀는 나를 잠시 동안 물끄러미 바라보다가 한숨을 쉬었다. 이건 좋다는 뜻이 아니었다. 나는 다시 한 번 시도했다. "아무래도 당신이 내 말을 이해하지 못한 것 같아. 당신이 좋아하는 레스토랑에서 우리 둘이서 외식을 하자구!" 루엘라는 다시 한숨을 쉬면서 말했다. "당신은 내 하루가 어떤지 알기나 해요? 나는 3차 대전 중에 혼자서 평화 중재 역할을 맡았다는 생각이 들어요. 몸과 마음이 완전히 지쳐버렸어요. 옷을 잘 차려 입고 분위기 있는 레스토랑에 가서 외식을 하자는 생각에는 전혀 흥미가 없어요. 나는 그저 당신이 나를 사랑한다고 말해주니 고마울 뿐이에요. 하지만 더 좋은 생각이 있어요. 당신이 레스토랑에 가서 쓸 돈을 차라리 아이들을 데리고 나가 피자나 다른 먹을 것을 사주는 데 쓰지 않겠어요? 당신이 아이들과 함께 외식하는 동안, 나는 따뜻한 물에 목욕을 한 다음, 잠이나 푹 좀 잤으면 좋겠어요."

나는 내가 들은 말을 도저히 믿을 수 없다. "하나님께서 당신을 사랑하고, 당신을 생각해주며, 정말로 당신과 함께 있고 싶어하는 나 같은 귀한 남편을 당신에게 주셨는데 그게 무슨 말이야? 물론 목욕하는 것은 당신에게는 좋겠지. 하지만 난 뭐야? 당신이 받은 축복을 잘 사용하지 못할 때, 무슨 일이 일어나는지 알기나 해? 얼마나 많은 여자들이 나 같은 남자와 결혼하지 못해서 안타까워하는지 알기나 해? 만약 우리가 함께 시간을 갖지 않는다면 하나님께서 원하시는 친밀한 관계를 갖지 못하는 거야! 우리가 함께하는 기회가 적어도 한 번쯤은 있어야 한다고 생각해. 나는 당신을 필요로 하고, 당신이 나를 필요로 하는 일 말이야. 물론, 당신이 원한다면 아이들을 데리고 나가 외식할 수 있어. 하지만 우리는 우리만의 시간을 가져야 해. 한 번쯤은 함께 나가서 단 둘이 오붓하게 저녁을 먹을 수도 있고 말이야. 알았어. 이제 당신 마음대로 해. 아주 쭈글쭈글해질 때까지 목욕탕 속에 들어가 있으라구. 아, 그리고 목욕하면서 이거나 뿌려." 나는 향수를 꺼내면서 말한다. "그렇지만 우리 관계에 대해서 좀더 깊게 생각하는 게 좋을 거야. 그리고 당신이 얼마나 이런 삶에 집착하는지도 깨달으라구!"

다행히도 이것은 가상 시나리오다. 하지만 우리 삶에서 너무나 빈번하게 일어나는 일이기도 하다. 무엇이 잘못되었는가? 하나님께 감사하며 아내를 사랑하는 마음에서부터 시작된 계획이 어떻게 분노와 상처를 주는 말로 끝나버리게 되었는가? 어떻게 사랑과 감사의 대상이었던 사람이 정반대로 분노의 대상이 되었는가? 무엇이 퍼붓는 비난, 죄의식의 조장, 자기 의 그리고 상대방에 대한 질책을 일으키는가? 문제가 단지 대화상의 기술 부족이 아니라는 것을 쉽게 알 수 있다. 나는 내 생각을 아내에게 이해시키고 의사를 분명히 전달하는 데 전혀 문제가 없었다. 그러나 더욱 심각한 어떤 일이 진행되었다. 이제 그것을 세밀하게 설명해보자. 내 말에 있어서의 문제는 그 모든 것들이 내게 우상 숭배의 말(idol words)이라는 사실이었다. 내가 잘못 말한 것이 아니다. 우리의 대화상의 문제들 대부분이 우리가 우상 숭배의 말을 하고 있기 때문에 일어난다.

뿌리와 열매

이 말을 이해하기 위한 성경 구절을 살펴보자. 먼저 누가복음 6장 43-46절에 나타난 예수님의 말씀에서부터 시작하자.

"못된 열매 맺는 좋은 나무가 없고 또 좋은 열매 맺는 못된 나무가 없느니라 나무는 각각 그 열매로 아나니 가시나무에서 무화과를 또는 찔레에서 포도를 따지 못하느니라 선한 사람은 마음의 쌓은 선에서 선을 내고 악한 자는 그 쌓은 악에서 악을 내나니 이는 마음의 가득한 것을 입으로 말함이니라 너희는 나를 불러 주여 주여 하면서도 어찌하여 나의 말하는 것을 행치 아니하느냐."

예수님께서는 우리에게 친숙한 나무 비유를 사용하여 말씀하신다. 나무의 뿌리와 그 뿌리에서 생산하는 열매는 유기적인 관계가 있다. 동일한 원리가 우리의 말에도 적용된다. 말이란 우리의 마음속에서 발견되는 뿌리의 열매다. 말의 문제는 항상 마음의 문제와 관련되어 있다. 그것이 우리가 단지 말의 기술만을 훈련하는 것으로는 대화의 문제를 해결할 수 없는 이유다. 마치 열매만을 연구한다고 해서 열매의 생산량 문제를 해결할 수 없는 것처럼 말이다. 만약 나무가 좋은 열매를 생산하지 못한다면, 그 뿌리의 문제이며 나무 자체에 근본적인 문제가 있는 것이다.

예수님의 이 놀라운 비유는 우리의 말이 마음의 생각과 동기에 의해 형성되고 조절된다는 것을 보여준다. 우리는 때로 다른 사람을 비난하거나("그녀가 날 화나게 해" 혹은 "그가 내 성질을 건드렸어") 또는 주변 상황을 비난하는("너무 바빠서 그 문제를 진지하게 생각할 시간이 없었어" 혹은 "한번에 백 마디씩 떠드는 아이들에게는 매가 제격이야") 모습을 보이기 쉬운 유혹이 있다. 그리스도께서는 사람의 말은 '마음의 가득한 것을 입으로 말하는 것'이라고 하셨다. 아내와의 외식에 대한 이야기에서 내게는 자기중심적이고, 분노가 넘치며, 정죄하는 말로 아내를 비난하려는 유혹이 있었다. 나는 그녀가 이기적으로 행동했기 때문에 흥분했다고 말하고 싶었다. 그러나 그리스도께서는 그렇지 않다고 하신다. 루엘라는 악한 말의 원인을 제공하지 않았다. 그녀는 단지 내가 내 마음을 표현하기 위한 상황이었고, 동기였을 뿐이다. 내 말은 내 마음속의 진정한 욕구가 무엇인지 보여주었다.

슈(Sue)와 짐(Jim)이 내 사무실에서 서로에게 화를 내며 언쟁을 벌일 때 이런 모습을 보여주었다. 나는 그들 사이에 끼어들어서 단순한 문제에서부터 골이 깊은 미움으로 변해버린 관계를 다시 한 번 바로잡아야만 했다. 하지만 그들이 말을 꺼낼 때마다 일어나는 상황은 항상 똑같았다. 그들에게 심각한 의사 소통의 문제가 있는가? 그렇다. 그들이 서로에게 이야기하는 법에 대해 잘못을 지적하는 성경적인 원리들이 있는가? 물론이다. 그들이 정상적으로 사랑이 넘치고, 절제하며, 상호간에 유익이 되는 대화를 하지 못한다는 사실이 그들이 가진 문제의 뿌리를 확실히 보여준다. 그들이 자신의 마음속에 무슨 일이 일어나고 있는지를 깨닫지 않는 한, 하나님의 원하시는 대화의 영역 안에 들어올 수 없다.

상담이 진행되던 어느 날, 나는 슈가 짐에게 이렇게 말하던 순간을 생생하게 기억한다. "수년 동안 나는 우리가 제대로 대화를 나눌 수 없었던 것에 대해 당신을 비난했어요. 하지만 하나님께서 이번 주에 내가 얼마나 당신에게 심하게 대했는가를 깨닫게 해주셨어요. 나는 늘 잘못된 일을 기억해두었고, 당신이 하는 모든 일을 비판적으로 바라보았어요. 내가 계속해서 당신을 미워하는 한 결코 말로써 당신을 사랑할 수 없을 것이라는 생각이 들었어요." 하나님께서 주신 깨달음이 짐으로 하여금 그 마음속에 있는 동일한 죄를 고백하게 했다. 그리고 서로 고백하면서, 짐과 슈는 대화에서 일어날 놀라운 변화를 위한 기초를 함께 만들었다.

서두의 이야기에서 내가 아내에게 했던 말의 문제는 우상 숭배의 말(idol words) 때문이었다. 그 말은 내 마음을 지배했던 진정한 사랑의 대상인 우상을 보여주었고, 그것은 루엘라가 아니라 나 자신이었다. 우상을 따르는 마음이 우상 숭배의 말을 만들어낸다.

욕망의 지배

야고보서 4장은 욕망의 지배에 대해 구체적으로 가르쳐준다.

> "너희 중에 싸움이 어디로 다툼이 어디로 좇아 나느뇨 너희 지체 중에서 싸우는 정욕으로 좇아 난 것이 아니냐 너희가 욕심을 내어도 얻지 못하고 살인하며 시기하여도 능히 취하지 못하나니 너희가 다투고 싸우는도다 너희가 얻지 못함은 구하지 아니함이요 구하여도 받지 못함은 정욕으로 쓰려고 잘못 구함이니라
>
> 간음하는 여자들이여 세상에 벗된 것이 하나님의 원수임을 알지 못하느뇨 그런즉 누구든지 세상과 벗이 되고자 하는 자는 스스로 하나님과 원수 되게 하는 것이니라 너희가 하나님이 우리 속에 거하게 하신 성령이 시기하기까지 사모한다 하신 말씀을 헛된 줄로 생각하느뇨 그러나 더욱 큰 은혜를 주시나니 그러므로 일렀으되 하나님이 교만한 자를 물리치시고 겸손한 자에게 은혜를 주신다 하였느니라
>
> 그런즉 너희는 하나님께 순복할지어다 마귀를 대적하라 그리하면 너희를 피하리라 하나님을 가까이하라 그리하면 너희를 가까이하시리라 죄인들아 손을 깨끗이 하라 두 마음을 품은 자들아 마음을 성결케 하라 슬퍼하며 애통하며 울지어다 너희 웃음을 애통으로 너희 즐거움을 근심으로 바꿀지어다 주 앞에서 낮추라 그리하면 주께서 너희를 높이시리라"(1-10절).

야고보가 우리들에게 왜 서로 다투는 말을 하는지 혹은 왜 평화를 누리기보다는 싸우기를 더 좋아하는지에 대해 물었을 때, 그는 이렇게 대답하지 않았다. "무엇이 너희 중에 다툼이 있게 하고 싸우게 만드느냐? 그것은 너희에게 갈등을 풀어나가는 기술이 부족해서 그런 거야. 너희는 갈등을 피하기를 원하지만, 그 일을 잘해나가기 위한 기술과 방법을 배운 적이 없어서 문제가 생기는 거야." 그렇지 않다. 야고보는 전혀 다른 각도에서

접근한다. 그는 단도직입적으로 우리에게 마음의 욕구를 살펴보라고 한다.

성경 본문을 다시 한 번 살펴보자. 야고보는 이렇게 말한다. "다툼과 싸움이 너희들 속에서 싸우고자 하는 욕구에서 나온 것이 아니더냐? 갖고 있지 않은 어떤 것을 원하기 때문이 아니냐?" 야고보에 따르면, 다툼은 우리 마음속에 있는 싸우고자 하는 욕구에 의해 생겨난다. 야고보는 우리의 욕구가 잘못이라고 말하는 것이 아니다. 당신이 아무것도 바라지 않는다면 결국엔 극도로 침체될 것이다. 우리는 항상 무엇인가를 바라는 존재다. 야고보가 악한 욕구가 문제라고 말한 것이 아님을 또한 주의해서 보아야 한다. 다시 말하면, 우리가 무엇인가를 바라는데 그것이 나쁘다거나 그로 인해 악하게 된다는 것이 아니다.

내가 아내와 저녁 시간을 보내려는 욕구가 있었던 서두의 이야기로 되돌아가보자. 내가 그녀를 바라는 것은 문제가 아니었다. 욕구는 자연스럽고, 좋은 것이며, 건강한 것이다. 또한 내가 아내에 대해서 일종의 욕구가 있었다는 것은 문제가 되지 않는다. 아내와 함께 있고 싶은 욕구는 그녀에 대한 고마움과 하나님께 대한 감사에서 나온 것이다. 야고보는 우리 문제가 뭔가를 바라거나 혹은 나쁜 것을 바라는 것이 잘못되었다고 말하는 것이 아니다. 그렇다면 도대체 무엇이 잘못된 것인가?

그 대답은 중요한 이 한 구절에서 발견된다. "너희 지체 중에서 싸우는 정욕으로 좇아 난 것이 아니냐." 우리 마음에는 진행 중인 싸움이 있다. 그것은 마음에 대한 지배권 싸움이다. 야고보는 우리 마음속에서 일련의 '영역'을 차지하기 위한 욕구의 싸움이 있을 때에, 그것이 우리 주변에 있는 사람들을 대하는 방법에 영향을 미친다고 말한다. 우리 마음을 지배하는 것이 무엇이든지 그것이 우리의 말을 지배하는 것이다. 사실, 당신은 어떤 욕구가 당신의 마음을 지배한다면, 다른 사람에게 반응하는 두 가지 방법이 있다고 주장할 것이다. 만약 다른 사람이 내가 원하는 것을 갖도록 돕는다면 기꺼이 그에게 감사할 것이다. 그러나 만약 그가 나를 방해한다면, 분노할 것이다. 혹은 그 분노를 표현할 것이다. 나는 무엇인가를 원하지만 그 사람 때문에 내가 그것을 얻을 수 없기 때문에 그와 다투고 싸우게 될 것이다.

서두 이야기에서 나는 매우 중요한 일을 경험하게 된다. 아내와 시간을 보내기로 한 좋은 계획이 내 마음에서 제재를 받았을 때는 주체할 수 없는 분노로 표출되었다. 개인적인 욕구가 오직 하나님만 역사하실 수 있는 마음의 주권을 빼앗으려고 싸웠다. 하나님께서 더 이상 내 마음을 기능적으로 통제하지 않으실 때, 욕구는 새로운 인격을 형성하고 만다. 집에 도착했을 때, 나를 움직였던 애초의 욕구는 더 이상 루엘라에 대한 사랑과 하나님께 대한 경배의 표현이 아니었다. 그것은 자기애(self-love)의 표현으로 변했다. 나는 더 이상 루엘라를 섬기기 위한 방법을 찾지 않았고 그녀에 대한 내 사랑과 감사의 마음을 보여주려고도 하지 않았다. 오히려 나는 내 욕심을 위해 저녁 시간 동안 그녀를 소유하기를 원했다. 문제는 애초의 욕구가 전혀 다른 것으로 '변형'되었다는 것을 깨닫지 못했다는 것이다.

루엘라에 대한 사랑으로만 내 동기가 유발되었다면, 나는 그녀가 저녁 시간을 조용히 쉬면서 보낼 수 있도록 배려함으로써 사랑을 표현할 수 있었을 것이다. 그리고 아이들에게는 다른 사람을 내 몸처럼 사랑하는 방법을 가르침으로 하나님을 섬길 수 있는 좋은 기회를 가졌을 것이다. 하지만 나는 더 이상 아내에 대한 사랑과 감사를 표현하지 않았다. 나는 그녀가 내 뜻대로 따르기만을 원했다. 욕구가 강요되었다. 그 순간 욕구는 내 마음을 다스리시는 하나님을 대신해 버렸다. 성경은 이것을 우상이라고 부른다. 우상 숭배는 내 마음이 하나님 외에 다른 것에 의해 조절되거나 지배받을 때 일어난다.

그 뒤에는 우리가 생각했던 것보다 더 심각한 일이 일어난다. 직장에서 성공에 대한 욕구가 상사로부터 인정받아야만 한다는 집착으로 변한다. 각종 고지서 요금을 충분히 낼 정도로만 돈이 있으면 된다는 욕구가 풍요에 대한 탐욕으로 변형된다. 좋은 부모가 되고 싶다는 마음이 명성을 더욱 높일 아이들을 만들어야 한다는 욕심으로 변한다. 좋은 친구를 두고 싶다는 마음이 어떠한 상황에서도 친구들 사이에서 인정받아야 하며, 그렇지 못할 때는 분노로 가득 차버린다. 건전한 욕구가 지배하는 것은 잠시뿐이고, 그 후에 이런 집착이 생기면 자신에게 동기를 부여했던 처음의 욕구는 전혀 다른 어떤 것이 되어버린다. 그러면 하나님과 이웃을 사랑하는 동기가 부여되기보다는, 자신에게 즐거움을 가져다주는 것을 추구하는 마음에 의해 동기가 주어지고, 그럴 때 일에 방해가 되는 사람은 누구에게든 분노를 느낀다.

욕구의 고조

우상 숭배하는 마음은 우상 숭배의 말을 만든다. 우리를 사로잡는 것은 우상을 섬기는 말이다. 우리가 자신의 욕구를 적절히 통제하기는 어렵다. 오히려 그것들이 우리를 휘어잡는다. 우리의 욕구는 결코 이르러서는 안 되는 위치까지 고조되는 경향이 있다. 하나의 욕구(desire)는 필수 요구(demand)로 변할 때까지 영역을 확장시키기 위해 갈등을 일으킨다. 그 다음에, 그 필수 요구는 하나의 필요 사항(need)으로 표현되어 대개 행동으로 나타난다. "나는 잠자리를 같이 하길 원해", "나는 존경받기를 원해." 자신의 필요에 대한 감각이 기대감을 형성한다. 충분히 만족하지 못한 기대는 실망으로 이어진다. 실망은 여러 종류의 처벌(punishment)로 이어진다. "너희는 무엇인가를 원하지만 가지지 못한다. 그래서 싸우고 다투는 것이다." 이런 맥락에서 볼 때 야고보는 "너희 간음하는 자들아"라고 말하면서 화제를 돌린 것이 아니다. 그는 매우 의미심장한 말을 하고 있다. 내가 약속한 한 사람에 대한 사랑을 다른 사람으로 바꿀 때, 간음이 일어난다. 영적인 간음은 내가 하나님께만 드려야 하는 사랑을 다른 어떤 것 혹은 사람에게로 방향을 돌릴 때 일어난다. 야고보는 인간의 갈등이 바로 영적 간음에 기인한다고 말한다. 이것이 내가 외식 계획을 세웠을 때에 마음속에서 일어났던 일이다. 우리는 마음속의 우상 숭배와 간음에 대해 겸손하게 고백하지 않는한, 분노의 말로 일어난 문제를 해결하지 못한다.

야고보는 여기서 어조를 높인다. 이것은 위로의 어투가 아니다. 그는 문제의 핵심으로 곧장 들어가는 것이 유일한 해결책임을 보여준다. 복음의 약속은 새로운 대화 기술이나 방법보다 훨씬 근본적으로 광대하다. 그것은 말로 인한 갈등의 폭풍 속에서 잠시 고요함을 얻는 것 그 이상을 목표로 한다. 복음은 새로운 마음에 대한 약속을 확증한다. 그 마음은 더 이상 죄악된 본성의 열정과 욕구에 지배당하지 않는 마음이다. 그래서 짐과 슈에게 그리고 폴과 루엘라에게 진실하고 영속적인 변화에 대한 희망이 있다.

이러한 변화는 어떻게 일어나는 것일까? 야고보서의 말씀에 다시 주의를 기울여야 한다. "그런즉 너희는 하나님께 순복할지어다." 변화는 마음에서 시작된다. 우리는 하나님께 대항했던 우상을 버리고, 다시 우리 마음을 하나님께로 향해야 한다. 그러면 우리의 말은 하나님만이 다스리시는 마음을 반영할 것이다. 야고보서에서 이러한 변화는 두 가지 방면에서 나타난다. 우리는 "손을 깨끗이 하라"는 말씀을 따라야 한다. 즉 우리의 행동에서 변화가 있어야 한다. 우리가 하는 말, 즉 말하는 방식, 말해야 할 때 등 모든 것이 반드시 필요한 상황에서 변화해야 한다. 하지만 그것으로는 충분하지 않다. 야고보는 또한 "마음을 성결케 하라"고 말한다. 변화는 생각과 동기, 둘 다를 포함해야 한다. 우리는 말의 내용과 방법에 있어서 그리고 마음을 효과적으로 제어하는 방법에 있어서 모두 변화해야만 한다.

하나님 대신 우상에게

서두의 가상 이야기에서 나왔던 그 부엌으로 다시 돌아가보자. 여기서 매우 심각한 변화가 일어났다. 우리가 모르는 사이에 나는 하나님께 대한 감사와 아내에 대한 사랑을 나 자신의 이기심과 아내의 시중을 원하는 요구로 바꾸어버렸다. 그날 밤 나는 아내가 나와 함께 외식을 하지 않는다면 함께 살고 싶지 않다는 마음으로 부엌으로 들어갔었다. 더 이상 하나님을 경외하는 마음도 없었고, 오직 필수적인 요구가 되어버린 욕구만 있었다. 나는 진심으로 루엘라가 내 계획을 찬성하며 기쁜 마음으로 외식하러 나갈 것을 기대했었다. 그녀가 실망스러운 얼굴빛을 하는 순간, 나는 즉시 그녀에게 분노하고 그녀가 내 소원을 들어주도록 할 수 있는 모든 것을 했다. 내 욕심에 방해가 되는 사람은 이제 분노의 표적이 되어버렸다. 그녀가 내 분노를 자극한 것이 아니었다. 그것은 나 자신의 우상 숭배적인 욕구에서 흘러나왔다. 다시 한 번 본능적 욕구는 죄악이 아님을 강조한다. 하지만 그것이 지배적인 욕구가 되었을 때, 그것은 마음을 다스리시는 하나님을 대치한다. 내 말이 이기적이고 분노로 가득하며 상황을 마음대로 판단해버릴 때도 그보다 더욱 심각한 문제는 이미 그것들이 우상 숭배의 대상이 되었다는 것이다.

로마서 1장은 이러한 문제를 우리에게 분명한 주제로 제시해준다. "이는 저희가 하나님의 진리를 거짓 것으로 바꾸어 피조물을 조물주보다 더 경배하고 섬김이라 주는 곧 영원히 찬송할 이시로다 아멘"(25절).

이 말씀에서 중요한 단어는 '바꾸어'다. 이것은 어원적으로 죄가 무엇인지를 보여준다. 모든 죄인에게는 창조주에 대한 경배와 섬김을 피조물에 대한 경배와 섬김으로 바꾸는 경향이 있다. 모든 인간은 경배하는 자들이다. 문제는 무엇을 혹은 누구를 경배하느냐이다. 우상 숭배는 하나님께 속한 경배를 창조물 중의 다른 것으로 바꿔 경배하는 것이다. 그것은 인간의 사랑, 존경, 감사 혹은 찬양에 대한 집착일 수 있다. 그것은 어떤 사람, 위치, 경제적 상태 혹은 삶의 조건일 수 있다. 인간이 하나님을 대신하여 경배하는 대상의 창조물은 한도 끝도 없다.

모든 죄인의 마음에는 하나님을 향한 경배와 섬김으로부터 떠나서 창조물에 대한 경배와 섬김으로 이끄는 끊임없는 흐름이 있다. 그것은 일생 동안 이루어질 수 있다. 즉 마음속의 우상 숭배의 대상은 한 인간의 생애를 결정지을 수 있다. 그렇지 않다면, 우리가 생각하는 이야기에서처럼 좀더 은밀하면서도 짧은 시간 동안 이루어질 수도 있다. 이 욕구는 몇 시간 동안만 마음을 지배했지만 그 시간 동안 엄청난 상처를 주는 파괴와 혼란을 일으킨다.

올바른 위치에서 다시 대화를 시작하기

우리는 지금 말의 영적 전쟁의 한계선이 어디인지에 대해서 생각한다. 성경은 만약 우리가 대화 속에서 지속되는 변화를 기대한다면, 마음으로부터 출발해야 한다고 말씀한다. 우리 마음속의 우상을 다스려야만 우리는 우상 숭배의 말로부터 벗어날 수 있다. 1장에서 말했던 것처럼 하나님께서는 언어의 주인이시고 창조주이시다. 우리들의 모든 언어는 하나님의 목적과 영광을 위해 말해야 한다. 이외의 모든 행위는 전부 우상 숭배다.

성경이 보여주는 지혜는 우리의 이해를 돕는다. 바리새인들은 예수님께 율법 중에서 어느 것이 가장 큰 계명인지를 물음으로써 함정에 빠지게 하려고 했다. 예수님의 대답은 성경에서 가장 의미심장한 구절 가운데 하나다(마 22:37-40). 그리스도께서는 경전의 모든 가르침을 두 가지 방면으로 나눌 수 있다고 하신다. 그것은 하나님께 대한 사랑과 사람에 대한 사랑이다. 그리고 예수님께서는 이와 관련해서 중요한 것을 말씀하신다. 그것은 우선순위가 있다는 것이다. 하나님께 대한 사랑이 다른 모든 것보다 더 근본적인 것이다. 만약 당신이 다른 모든 것보다도 하나님을 더 사랑하지 않는다면, 이웃을 당신 자신처럼 사랑할 수 없다. 말과 행동에서 이웃에 대한 사랑의 부족은 하나님께 대한 사랑의 부족을 보여준다(요일 4:7-21). 이것이 야고보가 인간의 갈등이 영적인 간음에 기인한다고 말한 이유다.

예수님께서는 우리가 대화의 문제라는 주제를 다룰 때 범하기 쉬운 주된 실수 가운데 한 가지를 언급하신다. 예수님께서는 하나님의 파일함(filing cabinet)에 두 가지 서랍이 있다고 하신다. 첫번째 서랍에는 '하나님께 대한 사랑'이라고 써 있고, 두번째 서랍에는 '이웃에 대한 사랑'이라고 써 있다. 모든 성경의 가르침은 이 두 서랍에 보관된다. 우리의 실수는 대화의 문제를 마치 두번째 서랍에만 해당되는 것으로 다루어왔다는 것이다. 우리는 부부와 가족간의 의사 소통의 문제를 다룰 때 혹은 자녀 관계, 친구 관계, 공동체에서의 관계 그리고 그리스도의 몸인 교회 내에서의 관계를 다룰 때, 문제 이면의 마음을 드러내는 성경 말씀을 살피지는 않고 이웃 사랑의 주제에 대해서만 말하는 성경 말씀과 원리들만 뒤적였다. 말씀에 순종한다면 마음의 문제가 반드시 다루어져야 한다는 것을 간과했다. 하나님의 기준에 합당하게 그분의 계획에 따라 말할 수 있는 언어 습관은 다른 무엇보다도 항상 하나님을 더 사랑하는 마음으로부터 시작된다. 그리고 이웃을 대할 때 사랑하는 태도로 말할 수 있다.

대화의 문제는 첫번째 서랍과 두번째 서랍 모두에 해당한다. 만약 우리가 정말로 사랑하는 것이 무엇인지와 우리 마음을 정말로 다스리는 것이 무엇인지에 대해 다루지 않는다면, 하나님께서 우리에게 보여주신 대로 서로에게 말하는 것이란 도저히 불가능하다. 우리는 마음으로부터 출발해야 한다. 왜냐하면 그리스도께서 누가복음 6장에서 말씀하신 것 같이 우리의 마음의 넘치는 것으로부터 우리의 입이 말을 하기 때문이다. 또한 야고보가 말한 것처럼 우리는 이미 마음을 지배해버린 욕구로 인해 다투며 싸운다. 우리의 말은 정말로 자신을 위해 중요한 것을 얻으려 하고, 유지하려 하며, 소유하려는 방법으로 나타난다. 만약 하나님을 경외하는 말을 우상 숭배의 말(idol words)로 바꾸어버렸다면, 반드시 겸손하게 자신의 마음을 살피는 것부터 시작해야 한다. 우리가 정말로 섬기는 것은 무엇인가 또는 누구인가?

지금까지 읽고 난 당신의 마음은 어떤가? 아마도 당신은 이렇게 생각할 것이다. '좋습니다. 하지만 나는 말의 문제라는 것에서 시작했는데, 지금은 우상 숭배의 문제까지 늘어났어요. 이때까지 했던 분노의 말이나 다툼의 말이 하나님을 거역하는 일이라고는 전혀 생각해본 적이 없었어요. 너무나 제 자신에 대해서 낙심이 됩니다.'

그러나 낙심하지 말라. 하나님께서는 결코 우리를 낙심시키기 위해서 죄를 드러내시는 것이 아니다. 죄를 깨닫게 하시는 것은 우리에 대한 하나님의 사랑을 나타내시는 가장 오묘한 방법 가운데 하나다. 그분은 우리 속에서 자신의 일하심을 이루실 것을 약속하신다. 하나님께서는 죄에 얽매인 마음을 그대로 내버려 두지 않으신다. 하나님께서는 모든 상황에서 일하신다. 그러므로 우리를 위해 지불하신 예수님의 죽음의 대가로 자유를 깨닫는다. 그래서 예수님께서는 우리의 죄의 열매를(악한 말들) 드러내실 뿐만 아니라, 우리 죄의 뿌리(마음속의 우상)까지 드러내신다. 우리 마음을 드러내시는 것은 우리가 하나님의 자비하심을 입은 사랑받는 자녀들로서, 단지 죄만을 용서받은 것뿐만 아니라, 죄로부터 구원받는 과정 중에 있는 사람들임을 나타내기 위해서다.

낙심하지 말라. 당신의 구원자가 임하셨다. 하나님께서는 모든 상황 속에서 그리고 모든 관계 속에서 당신을 위해 일하신다. 그러므로 당신은 말의 영적 전쟁에서 승리할 수 있다.

 *Getting Personal*   더 깊은 묵상을 위하여

의사 소통 문제의 본질로 들어가기

당신은 지금까지 어떤 방법으로 당신 외의 사물 혹은 사람에 대해 말의 문제에 대한 책임을 돌렸는가?(이 타락한 세상에는 책임을 전가시키는 무수한 방법이 있다)

1. 당신은 각각의 상황에서 자신의 말의 문제에 책임을 다른 것으로 돌리는 경향이 있는가?
    - 교통
    - 일정
    - 재정
    - 날씨
    - 교통 수단
    - 직장
    - 가족
    - 친척

2. 당신은 다음의 사람에게 책임을 돌리는 경향이 있는가?
    - 아내
    - 남편
    - 자녀
    - 부모
    - 직장 상사
    - 직장 동료

- 성도

3. 당신은 다음과 같은 말을 하면서 하나님께 책임을 돌리는 경향이 있는가?
   - 더 많은 돈을 가졌다면
   - 더 이해심 많은 아내를 만났다면
   - 더 좋은 교육을 받았다면
   - 더 이해심 많은 목회자/교회를 만났다면
   - 더 순종적인 자녀를 두었다면
   - 더 사랑이 많고 지지해주는 친척이 있었다면
   - 더 좋은 이웃이 있었다면
   - 더 사려 깊은 상사가 있었다면

다음의 성경 말씀을 기억하면서 소망을 갖고 자신의 마음을 돌아보라.

"만일 우리가 우리 죄를 자백하면 저는 미쁘시고 의로우사 우리 죄를 사하시며 모든 불의에서 우리를 깨끗게 하실 것이요"(요일 1:9).

"너는 범사에 그를 **인정**하라

그리하면 네 길을 **지도**하시리라" (잠 3:6).

2부

말에 대한 새로운 계획

오 하나님,
    저는 산의 그림자에 가리워져 있습니다.
    바다의 낭떠러지에 서 있습니다.
    구름에 가득 덮여 있습니다.
    삼나무 밑둥 옆에 있습니다.
    그리고 그곳에서 주님의 위대하심을 배웁니다.

오 주님,
    저는 아기의 손가락을 만지고 있습니다.
    새의 깃털을 만지고 있습니다.
    장미 꽃잎을 만지고 있습니다.
    비누 거품을 만지고 있습니다.
    그리고 그곳에서 주님의 온유하심을 깨닫습니다.

오 아버지여,
    저는 진실한 우정을 알았습니다.
    사랑의 기쁨을 알았습니다.
    끊임없는 돌봄을 알았습니다.
    무제한적인 용납을 알았습니다.
    그리고 그곳에서 주님의 좋으심을 알았습니다.

오, 위대하시고, 인자하시며, 좋으신 하나님
    오늘 저를 통해
    다른 사람들도 주님의 놀라우심을 더 알도록
    위대하시고, 인자하시며, 좋으신 일들을 행하소서.

예수님의 이름으로 기도드립니다. 아멘.

5장 하나님은 왕이시다

> "모든 정사와 권세와 능력과 주관하는 자와 이 세상뿐 아니라 오는 세상에 일컫는 모든 이름 위에 뛰어나게 하시고 또 만물을 그 발 아래 복종하게 하시고 그를 만물 위에 교회의 머리로 주셨느니라"
> (엡 1:21-22).

혹시 너무 많은 생각으로 당신의 머리가 터질 것 같은 적이 있었는가? 선교지 탐방 사역을 위해 인도의 뉴델리에서 머문 적이 있었다. 인도에서의 경험들이 너무나 무거운 짐으로 내 마음속을 가득 메우고 있었다. 태양은 밝게 빛났고 아이들은 한가롭게 놀고 있었지만, 그곳은 내 집처럼 편안하지 않았다. 나는 내가 목격하고 있는 절박한 가난에 의해 압도되었다. 지금도 여전히 그 모습을 표현할 적당한 말을 찾기가 어렵다. 또한 인도의 영적 암흑 상태에 대해서도 압도되었다. 그 암흑 상태는 굉장히 강했고, 심각했으며, 만연해서 마치 우리 위를 두텁게 덮고 있는 검은 구름과도 같았다.

나는 병들고, 굶주렸으며, 파리가 들끓는 아이를 안고 있는 배고픈 어머니를 보았다. 끊임없는 육체적인 고통과 결핍으로 괴로워하는 나이 많은 걸인도 보았다. 짚더미를 쌓을 수조차 없을 것 같은 낡고 허름한 곳을 집이라고 부르며 거기서 사는 모습도 보았다. 그리고 나무 우상 앞에서 엎드려 있는 잘생기고 지적인 젊은 사제를 보기도 했다. 또한 깨달음을 얻기 위해 17년 동안이나 수행하는 힌두교 지도자에 대해 듣기도 했다. 하지만 그 깨달음이란 지금껏 나타난 적도 없고 일어날 기미도 없는 허망한 것이었다. 나는 자신들의 집에서 수천 킬로미터나 떨어진 힌두교 양성소에서 오래 전부터 살아온 열 살부터 열일곱 살까지의 소년들을 보고 감동을 받기도 했다. 나는 힌두교 신들에게 예배를 드릴 수 있는 성지로 가기 위해 도보로 640킬로미터 정도를 여행하는 어떤 가족을 보며 깊은 인상을 받기도 했다.

내 머릿속은 온갖 생각으로 가득 찼다. 그렇지만 그것은 통찰이나 체험적 깨달음에서 온 것 아니라 내가 보아왔던 삶과 나 자신의 삶 사이의 너무나 커다란 차이에서 오는 것이었다. 이들이 나와 같은 사람이라는 것은 분명했다. 그들도 역시 웃고, 울며, 소망하고, 꿈을 꾸며, 가족과, 친구들과, 고향이 있다. 그들은 믿는 것이 있고 믿지 않는 것이 있다. 그들은 매일 가야 할 곳에 가고 해야 할 일을 한다. 그러나 동시에, 그들과 나의 삶은 완전히 달라서 나는 전혀 다른 세계에서 온 것 같았다. 햇빛이 눈부시게 내리쬐는 아침, 갑자기 내 머리를 스치는 생각이 있었다. 우리의 삶에 존재하는 거대한 차이에 대해서는 하나의 설명밖에 없다는 것이다. 그것은 하나님이다. 다른 것은 없다.

내가 그 순간보다 하나님의 완전한 다스림을 강렬하게 깨달았던 적은 없었다. 다른 가능한 설명이란 존재하지 않았다. 태어날 곳, 가족 그리고 삶의 조건들, 그 모든 것에 대한 선택권은 하나님의 것이었다. 내가 그 빈민가에 태어날 수도 있었다. 내게는 오하이오 주의 톨레도에서 태어날 것이란 선지식이 없었다. 그것은 주권자이신 하나님의 선택이셨다. 진리를 깨닫는 자가 될 것인가, 거짓을 진리로 믿고 살아가는 어리석은 자가 될 것인가의 선택은 오직 하나님께 속한 것이다. 내가 인도의 그 젊은 사제가 될 수도 있었다. 그가 어리석기 때문에 거기 있는 것이 아니었다. 나를 믿음의 가정에 태어나게 하신 분은 바로 하나님이시다. 하나님께서는 내가 아홉 살 때 로마서 3장의 말씀으로 죄를 깨닫도록 계획하셨다. 그리고 내 삶을 허비할 수도 있었지만, 나무로 만든 우상 같은 것을 경배하지 않게 하시고, 하나님의 말씀을 배우고 가르치게 하셨다. 로마서 11장 33-36절의 말씀이 내 머릿속에서 넘쳐흘렀다.

> "깊도다 하나님의 지혜와 지식의 부요함이여 그의 판단은 측량치 못할 것이며 그의 길은 찾지 못할 것이로다 누가 주의 마음을 알았느뇨 누가 그의 모사가 되었느뇨 누가 주께 먼저 드려서 갚으심을 받겠느뇨 이는 만물이 주에게서 나오고 주로 말미암고 주에게로 돌아감이라 영광이 그에게 세세에 있으리로다 아멘."

당신은 이 말씀이 왜 지금 우리가 이야기하는 말의 문제와 관련이 있는지 의아하게 여길지도 모른다. 경건한 대화의 삶이란 하나님의 주권을 의식하는 데 뿌리를 두기 때문이다. 이렇게 생각해보자. 내가 하나님의 법에 순종할 수 있는 때는 오직 하나님께서 나를 향하신 완전한 계획을 가지고 계시고, 완전히 나를 다스리실 때이며, 그럴 때 나는 그분의 뜻대로 말하며 살아가게 된다. 오직 이런 때만 우상 숭배의 말을 하게 만드는 마음속의 우상이 깨뜨려질 것이다. 그리고 우리의 말은 자신의 삶의 방향을 스스로 조절하려는 노력과 자신의 영광을 추구하려는 집착에서 자유로울 수 있다.

우리의 마음이 창조주에 대한 열망보다 창조물에 대한 집착(사람이나, 물질이나, 지위나, 경험 등)에 더 많이 지배받을 때, 우리는 원하는 것을 얻기 위해 자기의 세계를(혹은 그 안에 있는 사람들을) 지배하려고 한다. 젊은 십대 자녀들은 부모의 뜻을 거부하면서 이렇게 말한다. "저는 엄마, 아빠의 말씀과 규칙을 따를 수가 없어요." 자신의 뜻대로 하기를 원하는 남편은 아내를 몰아붙이면서 말한다. 아내는 남편에게 죄의식을 일으키는 말로 동기를 부여한다. 간교한 자들은 친구들로부터 자기가 원하는 것을 얻고자 아첨한다. 하나님께서 가장 좋은 것을 주실 것을 믿으면서도 아무도 그분의 주권을 인정하지 않는다.

하지만 우리가 하나님의 다스리심을 이해하고 그분의 법에 순종할 때, 우리는 하나님께서 계획하신 대로 말할 수 있고 살 수 있다. 이것은 우리의 계획에 따라, 우리의 주권을 가지고, 우리의 영광을 위해 말하고 살아가는 삶과는 정반대의 모습이다. 자기애(自己愛)는 우리의 말을 어렵게 만든다. 말의 영적 전쟁은 주권을 차지하기 위한 전쟁이다.

아마 마음속의 환상이 대표적인 유혹의 이유가 될 것이다. 환상을 꿈꿀 때, 나는 완전한 주권을 가지고 지배하는 나 자신의 세계로 들어간다. 모든 사람은 내 명령에 따른다. 모든 상황은 내 뜻에 따라 움직인다. 내가 만든 세계에서 나는 하나님과 같은 위치에 서서 도전받지 않는 절대 권력을 갖는다. 이러한 세계는 나의 쾌락을 위해서 존재하고 내가 원하는 대로 정확하게 움직인다. 환상은 우리 마음속의 욕구를 충족시키며, 우리의 상황과 관련된 것들을 지배하는 유일한 방법이다.

이러한 주권(Lordship)에 대한 투쟁은 대화에서도 나타난다. 하나님께서는 우리의 모든 말이 하나님의 영광을 나타내기를 원하신다. 이것은 자신의 뜻과는 완전히 다른 놀랍고 새로운 방향이다. 그러므로 성경에 나타난 하나님의 주권을 깨닫고 이해하는 것이 중요하다. 그리고 이것은 말에 대한 새로운 계획을 이루기 위한 초석이다.

이 원리를 말할 때, 나는 전통적인 대화법에 대한 관점을 넘어서 왕권에 대한 문제를 제기한다. 하나님의 주권과 우리가 말하는 대화법과의 연관성이 분명하게 드러나지는 않을 것이다. 하지만 나는 당신에게 계속 이 문제를 살펴보기를 강청한다. 왜냐하면 하나님의 주권이 그토록 많은 말의 문제가 생기게 된 이유 가운데 하나라고 믿기 때문이다. 우리는 성경의 내용으로부터 성경적인 명령들과 원리들을 분리하려는 경향이 팽배한 교회 문화 속에 살고 있다. 우리는 말에 관한 특정한 구절들을 살펴보고, 역사와 성경

신학 속에 근거한 해석들을 이해하지도 않은 채 그것을 곧바로 삶에 적용하려고 한다. 이것은 마치 작은 것에 몰두해서 커다란 그림을 놓치는 것과 같다. 그 이유는 성경 말씀을 둘러싸고 있는 나머지 성경 내용이 이러한 명령들에 대한 의미와 근거를 부여하기 때문이다. 성경의 명령들과 원리들은 일차적으로 교리로서의 신학을 구성한다. 더 중요한 것은 그것들이 그리스도의 인격과 사역 속에서 소망의 의미를 보여주는 것이다.

예를 들면, 원수를 사랑하라는 말씀을 이해할 수 있는 이유는 하나님께서 공의의 하나님이시기 때문이다. 용서하라는 명령은 그리스도께서 우리를 용서하신 사실에 기초한다. 다른 사람을 위해 희생하라는 명령은 모든 필요를 채우도록 늘 풍성하게 공급하시는 하나님의 약속에 근거한다. 모든 계명과 원리들이 구속사적 실체, 즉 하나님께서 그리스도 안에서 우리를 위해 하신 일들과 하실 일들 속에 그 근거를 둔다. 이것은 신학이지만 분명히 추상적인 내용은 아니다. 성경은 신학으로 가득 찬 책이다. 왜냐하면 당신이 하나님에 대한 진리를 이해할 때, 비로소 성경의 명령들을 왜 지켜야 하고 어떻게 순종해야 하는지를 알 수 있기 때문이다. 이를 통해 당신은 자신의 행동이 하나님께서 하신 일들과 어떻게 연결되는지를 이해하게 된다. 그리고 당신이 어떻게 실제적으로 하나님께 영광을 돌릴 수 있는지 알게 된다.

하나님의 통치권에 대한 이해

그러면 성경은 하나님의 통치권에 대해 무엇을 이야기하는가? 우리는 이 중요한 교리를 이해해야 한다. 왜냐하면 성경적인 대화의 뿌리는 하나님의 주권을 인정하는 토양 속에서 자라기 때문이다. 만약 내 말이 하나님의 다스림을 받는 마음으로부터 나오지 않는다면, 말은 스스로 주장하기를 원하는 마음으로부터 나온다. 그러면 내가 원하는 것을 얻으려고만 한다. 여기서 우리는 하나님께서 하시는 일이 무엇인지에 대한 더 자세한 이해가 필요하다. 성경은 하나님의 통치권에 대해서 다음과 같은 것을 말하고 있다.

1. **하나님께서는 온 세계를 다스리신다**‥ 하나님께서는 만군의 주시며 만왕의 왕이시다. 하나님께서는 땅에 있는 모든 통치자들의 주인(Lord)이실 뿐만 아니라 하늘의 주인(Lord)이시다. 온 천지가 하나님의 선하신 기쁨에 따라 움직인다. 아무도 하나님을 가르칠 자가 없고, 아무도 하나님께 조언할 자가 없으며, 아무도 그분께 이치에 맞는 의문을 제기할 자가 없고, 아무도 그분의 뜻을 방해할 수 없다. 하나님께서는 온 천지를 다스리는 왕좌에 앉으셔서 홀로 다스리신다.

이러한 진리는 하나님께 깨우침을 받은 느부갓네살 왕의 고백 속에 잘 나타나 있다.

> "그 기한이 차매 나 느부갓네살이 하늘을 우러러보았더니 내 총명이 다시 내게로 돌아온지라 이에 내가 지극히 높으신 자에게 감사하며 영생하시는 자를 찬양하고 존경하였노니 그 권세는 영원한 권세요 그 나라는 대대로 이르리로다 땅의 모든 거민을 없는 것같이 여기시며 하늘의 군사에게든지 땅의 거민에게든지 그는 자기 뜻대로 행하시나니 누가 그의 손을 금하든지 혹시 이르기를 네가 무엇을 하느냐 할 자가 없도다" (단 4:34-35).

하나님의 통치권이 우리의 의사 소통과 무슨 관계가 있을까? 그것은 하나님께서 다스리시지 않는 관계나 상황이나 장소는 결코 없다는 것을 의미한다. 매 순간이 바로 하나님의 시간이다. 우리는 그 시간들을 우리의 것이라고 주장해서는 안 된다. 우리의 모든 말은 하나님의 다스리심을 의식해야 한다. 우리의 직업은 자신에게 기쁨이 되는 것을 얻기 위한 것이 아니며, 권력을 세우거나 지배력을 갖기 위한 것도 아니다. 직업은 하나님의 다스리심과 뜻에 순종하기 위해 있는 것이다. 이러한 사실을 대화에 적용할 때, 우리는 매 순간마다 우리를 다스리시는 하나님을 기쁘시게 하는 방법으로 말하게 된다.

하나님께서 우리의 삶을 다스리신다는 사실을 알 때, 우리는 절망에 빠지지 않는다. 그리고 우리의 삶을 망쳤다고 생각하지 않는다. 지금 자신에게 무슨 일이 일어나고 있는지 혼란스러울 때도 낙심하지 않는다. 모든 상황은 만왕의 왕되신 하나님의 주도면밀한 섭리 가운데 있음을 깨닫는다. 우리가 이 진리를 믿음으로 받아들일 때, 하나님께 영광을 돌리기 위한 말을 할 수 있다.

2. **하나님께서는 교회를 위해 모든 것을 다스리신다** ·· 하나님의 통치는 하나의 방향과 목적이 있는데, 그것은 당신의 백성들에게 구원의 은혜를 주시는 것이다. 그분은 모든 것을 창조하셨고 인간 역사의 모든 순간을 다스리신다. 진흙에 생명을 불어넣어 당신의 형상을 따라 사람을 만드셨다. 통치자들과 나라들을 세우시고 또한 그것들을 멸망시키신다. 자연의 권세들을 지배하신다. 하나님을 위한 선지자들, 사사들, 왕들 그리고 사도들을 세우신다. 수많은 방법으로 당신을 계시하신다. 당신의 독생자를 인간의 몸을 입고 살도록 이 땅에 보내셨고 죄인으로서 죽임을 당하게 하셨다. 우리에게 당신의 말씀을 주신다. 우리 개개인의 삶을 다스리신다. 그리고 그분은 다시 오신다. 그 이유는 무엇인가? 당신의 소유된 백성들을 세우시기 위함이다(벧전 2:9). 그 백성들은 어둠으로부터 구출되어 하나님의 기이한 빛으로 들어가고 하나님의 영광을 위해 영원토록 살게 된 자들이다. 하나님께서는 당신의 백성들을 위해 세상을 다스리신다. 그 백성들은 바로 우리들이다.

그러나 하나님께서 우리를 위해서 다스리신다는 말은, 우리가 원하는 것을 얻을 수 있도록 한다는 의미는 아니다. 그분의 다스리심은 구속적이다. 즉 하나님께서 세계를 지배하심으로써 우리를 위한 구속적인 목적과 약속들이 성취된다. 하나님께서 다스리심으로써 우리에게 약속하신 의롭다 하심(justification), 거룩하게 하심(sanctification) 그리고 영화롭게 하심(glorification)이 확고히 보장된다. 이와 같은 목적을 위해서 메시아가 오셨고, 어둠의 나라들을 침공하셨으며, 하나님의 백성들을 빛의 나라로 그분의 영광을 위해 살아가도록 이끌어내셨다(골 1:9-14). 이것을 보장하기 위해 하나님께서는 영원 전부터 모든 것들을 다스리셨고, 영원토록 다스리실 것이다. 바울은 그리스도의 의미에 대해 다음과 같이 말한다.

> "그 능력이 그리스도 안에서 역사하사 죽은 자들 가운데서 다시 살리시고 하늘에서 자기의 오른편에 앉히사 모든 정사와 권세와 능력과 주관하는 자와 이 세상뿐 아니라 오는 세상에 일컫는 모든 이름 위에 뛰어나게 하시고 또 만물을 그 발 아래 복종하게 하시고 그를 만물 위에 교회의 머리로 주셨느니라"(엡 1:20-22).

만약 우리가 이 진리를 굳게 지킨다면, 우리의 말하는 방식이 얼마나 놀랍게 변화될지 상상해보라. 그리고 우리가 환경에 대해 얼마나 많이 불평을 하는지 생각해보라. 우리는 여러 고지서들, 무뚝뚝한 이웃들, 힘든 직장, 반항적인 자녀들, 냉담한 남편, 고분고분하지 않은 아내, 무능한 교회 지도자, 고장난 잔디 깎기 기계, 고물 자동차, 무거운 세금과 값비싼 대학 등록금 그리고 만족스런 휴가를 보낼 수 없는 자신의 무능력 등에 대해 불평한다.

우리의 말은 우리가 원하는 일을 방해하는 사람들을 향해 얼마나 많은 적개심을 나타냈는가? 우리의 원수가 평화나 고요를 깨뜨리거나 읽지도 않은 새 신문을 마음대로 찢어버리는 가족은 아니었는가? 우리의 원수가 우리의 안락함과 편안함을 무너뜨리는 말 안 듣는 아이들은 아니었는가?

우리의 원수가 마땅히 받아야 한다고 생각한 존경이나 존중을 보이지 않는 사람들은 아니었는가? 우리의 원수가 꼭 급할 때만 화장실에 들어가 나오지 않는 가족은 아니었는가? 우리의 원수가 내가 좋아하는 음식을 만들어 주지도 않고 생활비를 건네줄 때도 고맙다는 말 한마디 없는 아내가 아니었는가? 우리의 원수가 결코 행복해보이거나 만족스러워보이지는 않는 학생들은 아니었는가? 우리의 원수가 교회에서 어떤 힘든 일도 하려고 하지 않는 목사님은 아니었는가? 우리에게 상처를 주고 우리를 힘들게 하는 사람들의 목록은 끊임없이 이어진다.

우리의 말은 우리보다 훨씬 쉽게 무엇인가를 성취한 것처럼 보이는 사람들에게 시기심을 나타낸다. 예를 들면, 특별 수당을 받아 자신의 집을 새롭게 꾸민 비기독교인 이웃, 하나님의 특별한 축복을 받아 누리는 것처럼 보이는 그리스도인 친구, 명문 대학에 다니면서 전액 장학금을 받는 아들을 둔 친구, 수년 동안 보수가 많은 사무직에 종사한 교회 성도, 즐겁고 명랑하며 따뜻한 성품을 지닌 아내를 둔 친구, 사랑스러운 남편을 둔 친구, 자신의 각종 세금 고지서를 납부하는 데 전혀 어려움을 느끼지 않으면서 훌륭한 자녀들도 둔 도저히 믿을 수 없는 삶을 사는 친구, 복권에 당첨된 공장 근로자 등이 될 수 있다.

하나님께 드리는 대부분의 찬양은 그분이 우리에게 행하신 좋은 것이라고 생각되는 한 순간뿐이라고 제한한다. 예를 들면 육체의 병이 나았을 때, 재정적으로 넉넉할 때, 상황이 개선될 때, 관계를 회복했을 때 혹은 문제를 해결했을 때 등이다. 이러한 순간에 우리는 하나님을 찬양한다.

그러나 이러한 모든 대화의 모습에서 놓치는 것은 무엇인가? 하나님께서는 우리 삶의 모든 순간 속에서 역사하시며, 그분은 우리의 구원의 은혜를 위해 모든 것들을 우리의 삶에 공급하신다. 이 믿음은 아주 중요하다. 믿음이 겸손과 경배로 말할 수 있는 마음을 갖게 한다. 그리고 하나님께서 우리가 있어야 할 곳에 있게 하셨다는 사실을 깨닫게 한다. 무엇보다 우리를 향하신 하나님의 목적과 약속이 실현된다는 것을 깨닫게 한다.

3. 하나님께서는 삶의 특정하고 세밀한 부분까지도 다스리신다 ·· 하나님의 통치가 단지 전 세계적, 전 우주적인 것만은 아니다. 그것은 개인의 세밀한 삶도 포함한다. 우리는 친숙한 성경 인물들의 삶을 통해 하나님께서 세밀하게 일하심을 살펴볼 수 있다. 하나님께서는 모세, 야곱, 요셉, 에스더, 룻, 다윗, 예레미야, 다니엘, 베드로, 바울과 그 외 많은 사람들의 삶 속에서 주님이 되셨다. 또한 하나님께서는 우리들도 다스리신다. 하나님의 통치는 이제까지 살았던 모든 인간들의 삶 모두를 포함한다. 하나님께서 다스리는 영광스러우심은 우리 머리로는 도저히 이해할 수 없다. 우리는 자신의 삶을 경영하는 것조차도 힘들어한다. 그러나 하나님께서는 통치권에 있어서 매우 영광스러우시며 동시에 모든 인간의 삶의 세밀한 부분까지도 다스리신다.

바울은 아레오바고에서 아덴 사람들에게 그들이 '알지 못하는 신'이라는 하나님에 대해 소개할 때 바로 이렇게 말했다. "인류의 모든 족속을 한 혈통으로 만드사 온 땅에 거하게 하시고 저희의 년대를 정하시며 거주의 경계를 한하셨으니"(행 17:26)

하나님께서는 내 삶의 세밀한 부분까지 다스리신다. 그래서 나는 하나님을 찾을 수 있고, 만날 수 있다(행 17:27). 하나님께서는 우리를 부르셔서 생각하고, 기도하며, 계획하고, 질서 있게 자신을 통제하는 삶을 살게 하신다. 그러나 이러한 삶은 하나님의 통치를 이해하며 순종하는 바탕 위에서 이루어진다.

어쩌면 당신은 주변 상황 때문에 말의 문제가 생겼다고 생각할지 모르겠다. 그러나 하나님께서는 그렇지 않다. 우리는 종종 사람들과 사건들과 같은 삶의 형편에 초점을 맞추지만, 하나님의 초점은 바로 우리에게 있다. 하나님께서는 당신의 일을 이루시기 위해서 우리 삶의 상황과 환경들을 도구로 사용하신다.

4. 하나님께서는 구원의 모든 측면을 다스리신다 ·· 이것은 하나님의 통치에 관한 것으로 교회에서 매우 논쟁적인 부분이기도 하다. 하지만 이것은 성경에서 매우 분명하게 선언된 사실이고, 모든 신자들의 믿음에 대한 근거다. 여기서 인간의 능력과 선함, 자기 충족성에 대한 모든 의존은 쓸모없는 것이다. 진정한 경배는 하나님의 통치의 은혜를 깨달을 때에 시작된다. 우리의 구원은 하나님의 신실한 의지의 반석 위에 있다. 우리가 숨 한 번 내쉬는 것도 세계의 기초가 놓이기 이전에 하나님에 의해 작정되었다. 우리를 향하신 하나님의 사랑이 없다면, 아무런 소망도 없고 하나님도 없으며 그분의 백성으로서의 시민권도 없으며, 언약에서도 떨어졌을 것이다(엡 2:12).

하나님께서는 우리가 볼 수 있도록 영적인 눈을 여시고, 들을 수 있도록 영적인 귀를 여신다(마 13:11-17, 요 10:25-30). 구원의 모든 것이 하나님께 있다. 이러한 진리에 대해서 바울은 명확하게 말한다.

> "곧 창세 전에 그리스도 안에서 우리를 택하사 우리로 사랑 안에서 그 앞에 거룩하고 흠이 없게 하시려고 그 기쁘신 뜻대로 우리를 예정하사 예수 그리스도로 말미암아 자기의 아들들이 되게 하셨으니 이는 그의 사랑하시는 자 안에서 우리에게 거저 주시는 바 그의 은혜의 영광을 찬미하게 하려는 것이라"(엡 1:4-6).

우리의 구원에 대한 하나님의 통치권의 목적은 무엇인가? 그것은 두 가지다. 첫번째는 하나님의 통치하시는 은혜로 하나님을 온전히 의존하는 것을 경험함으로써 인간의 모든 자존심과 자기 충족적인 생각들을 깨뜨리기 위해서다. 우리의 삶이 영적인 삶으로 믿음, 선함, 사랑, 소망, 은혜, 인격, 지혜등과 같은 하나님을 영광스럽게 하는 열매들이 있는 것은 바로 하나님의 은혜가 있었기 때문이다. 하나님으로 인해 현재의 우리가 있는 것이다.

두번째는 하나님을 따르지 않고 자신을 신뢰하는 마음을 하나님을 찬양하는 마음으로 변화시키기 위해서다. 바울은 이렇게 말했다. "기록된 바 자랑하는 자는 주 안에서 자랑하라 함과 같게 하려 함이니라"(고전 1:31). 에베소서 1장에서도 동일한 말씀이 있다. "이는 그의 사랑하시는 자 안에서 우리에게 거저 주시는 바 그의 은혜의 영광을 찬미하게 하려는 것이라"(6절). 이것이 하나님께서 바라시는 것이다. 우리 구원의 모든 면을 다스리시는 하나님의 통치하심이 영원한 찬양의 노래로 나타나기를 원하신다.

이것이 성경적인 대화법의 근본이며, 모든 대화에서 우선되는 가장 숭고한 목적이다. 우리의 말은 하나님의 구원에 대한 경배의 모습으로 나타나야 한다. 하나님께서는 우리들을 자녀 삼으려고 택하셔서 우리를 부르신다. 그리고 우리에게 생기를 불어넣으신다. 그래서 우리는 진리를 볼 수 있고 믿을 수 있다. 하나님께서는 우리를 의롭다 하시고 자녀 삼아주셨으며 날마다 우리를 깨끗하게 하시기 위해 일하시며, 영광의 길로 이끌어주신다. 모든 것이 하나님께서 하시는 일이라는 것을 깨닫는 것으로부터 우리는 다른 사람들을 유익하게 하며 하나님을 영화롭게 하는 대화의 삶을 나타낼 수 있다.

우리의 말은 항상 무엇인가를 경배하는데, 그 대상이 하나님만은 아니다. 창조주에게 마땅히 드려야 할 경배와 섬김을 바꾸어 피조물을 경배하고 섬기는 경향이 우리에게 있다는 것을 살펴보았다. 우리는 "얼마나 하나님께서 나를 사랑하시는지 더 이상 말하지 마세요. 나는 나를 사랑하는 남편을 원할 뿐이에요"라고 말하는 아내의 말 속에서 이런 경향을 발견한다. 우리는 "나는 여기서 사는 것이 싫어요. 여기서는 내가 하고 싶은 일을 절대로 할 수 없을 거예요"라고 말하는 자녀에게서 이런 경향을 본다. 심지어 공을 사주지 않는다고 장난감 가게에서 떼를 쓰는 아이에게서도 찾아볼 수 있다. 또한 목회자들은 "왜 내가 이러한 사람들을 위해 사역해야 합니까? 내가 얻은 것이라고는 오직 비판뿐입니다"라고 말한다. 직장인들은 "내가 직장에서 얻을 수 있는 것이라고는 경력을 조금 더 쌓는 것뿐입니다"라고 말한다.

모든 경우에서, 각 사람의 말은 창조주를 경배하고 섬기는 마음에서 나온 것이 아니라 피조물을 경배하고 섬기는 것에서 더 큰 동기 부여가 된다. 하나님께서는 우리의 관심의 방향을 바꾸어놓기를 원하신다.

5. 하나님께서는 우리의 성화를 위해 삶의 환경을 다스리신다 ·· 매일의 삶에서 우리가 예수님을 닮아가도록 하나님께서 모든 상황 속에 역사하신다는 사실은 중요한 관점이다. 이 진리는 신약 성경의 거의 모든 곳에서 나타난다(롬 8:28-29, 약 1:2-4, 벧전 1:3-9).

각각의 본문들은 본질적으로 같은 맥락이다. 그것은 하나님께서 창조 전부터 시작하신 구원 사역을 이루시고자 지금도 일하고 계시다는 내용이다. 야고보는 하나님께서 우리를 완전케 하기 위해 세계를 사용하시기 때문에 시험이 올 때 기쁨으로 여겨야 한다고 말한다. 베드로는 시험은 우리 믿음의 목적, 즉 영혼이 구원받는 수단이라고 말했다. 하나님께서는 우리 삶의 환경들을 통치하신다. 하지만 성경은 보다 깊은 의미를 이야기한다. 이러한 환경들은 하나님께서 세계의 기초를 만드시기 전에 우리의 삶을 위해 예비하신 것을 이루시는 실제적인 주요한 수단이라는 것이다. 그 예비하심은, 우리가 예수님의 형상으로 화하여, 주님의 거룩하심과 같이 거룩하게 되는 것이다.

우리가 삶의 문제들과 압력들에 대해서 불평을 늘어놓을 때, 그것은 본질적으로 하나님의 면전에 욕하는 것과 같다. 우리는 하나님의 사랑과 은혜로 선택받은 것을 불평한다. 그리고 거룩한 백성으로 만드시려고 계획하신 놀라운 섭리에 대해 투덜거리는 것이다. 여러 가지 관계들과 상황들, 문제들과 시험들 그리고 슬픔과 비통의 시간들은 모두 하나님께서 허락하신 것이다. 오히려 하나님의 놀라운 은혜의 증거이며 죄의 권세로부터 우리를 구원하시기 위해 주신 것들이다. 그 상황들 이면에는 우리를 거룩하게 하기 위해 쉬지 않고 일하시는 사랑의 하나님이 계시다. 따라서 우리가 할 수 있는 유일한 반응은 경배와 찬양을 드리는 것뿐이다. 우리가 경험하는 환경들은 하나님께서 우리를 잊어버리셨다는 것을 말해주는 것이 아니라, 하나님께서 우리를 기억하시며 우리를 통한 사역을 이루실 때까지 함께하실 것을 강하게 나타내는 것이다. 하나님의 섭리에 대한 이해는 결국 우리의 말하는 습관을 완전히 바꾸어놓을 것이다.

예를 들어보자. 나는 무척 계획성 있는 사람이다. 매일 하루의 일정을 생각하면서 눈을 뜬다. 그리고 모든 일을 신속하게 처리하려고 한다. 나는 하루 동안 이루어놓은 많은 일들로 그날의 성공 여부를 평가하는 경향이 있다. 그래서 계획한 대로 하루가 진행되지 않으면 좌절하는 일이 비일비재하다. 나는 여러 일들(컴퓨터 고장), 여러 사람들(왜 하필 이럴 때 그는 여기 없지? 내가 얼마나 바쁜지 모른단 말인가?), 여러 상황들(도대체 내가 필요로 하는 것은 왜 항상 없을까?)로 인해 점점 더 크게 좌절하곤 한다. 모든 일들 속에서 나는 하나님께서 내 삶의 '성공'에 초점을 맞추시는 것이 아니라, 내 인격의 성화에 초점을 맞추고 계심을 자꾸 잊어버리곤 한다. 분노와 좌절 속에서, 나는 단순히 사람들이나 상황들과 씨름하는 것이 아니라, 하나님과 씨름하는 것이다.

고통스러울 때 당신의 입에서 나오는 말은 무엇인가? 계획이 완전히 무너졌거나 어긋났을 때 마음에서 생각하는 것과 당신의 입술이 내뱉는 말은 무엇인가? 사람들이 당신을 실망시키거나 혹은 제대로 일을 하지 못할 때 당신은 어떻게 반응하는가? 낙담하거나 크게 실망할 때 당신은 무슨 말을 하는가? 전혀 예기치 못했던 일을 당할 때 당신은 어떻게 반응하는가? 당신의 계획이나 생각에 방해가 될 것 같은 사람들을 어떻게 대하는가? 당신의 참신한 생각이나 최선의 노력이 무참히 깨어질 때, 어떻게 반응하는가? 당신의 실수가 아닌 것으로 여겨지는 시험들에 대해서는 어떻게 대응하는가? 당신의 성화를 위해 모든 상황을 다스리시는 하나님의 계획을 인정하는가?

신약 성경의 저자들은 어려움이나 시험이나 고통을 만날 때 놀라지 말라고 말한다. 그들은 하나님께서 우리들을 버리셨다고 성급하게 결론내려서는 안 된다고 말한다. 오히려 성도에게는 정반대의 경우가 진실이라고 한다. 고난은 하나님의 약속하신 사랑의 결과라고 말한다. 엄밀히 말해서 하나님께서 사랑하시는 자녀들이기 때문에 어려움을 경험한다. 하나님께서는 결코 우리를 버리시지 않기에 우리가 원하는 좋은 것들만 경험하는 것은 아니다. 하나님께서는 끊임없는 시험을 통해 우리를 성화시키신다.

하나님의 자녀들은 항상 이 진리를 가지고 선한 싸움을 한다. 이스라엘 백성의 뒤에는 애굽 군대가 따라오고 앞에는 홍해가 가로막고 있을 때, 출애굽기 13장은 그들의 상황이 모세의 계획이 잘못되었기 때문에 빚어진 실수나 혹은 예기치 못한 상황이 아님을 보여준다. 그것은 하나님의 계획이었고 준비하심이었다. 이스라엘은 팔레스타인으로 가는 더 빠른 길을 찾을 수 있었다. 하지만 하나님께서는 이스라엘 백성이 영적으로 아직 준비되지 않았음을 아셨다. 모세는 그것을 이렇게 기록했다. "바로가 백성을 보낸 후에 블레셋 사람의 땅의 길은 가까울지라도 하나님이 그들을 그 길로 인도하지 아니하셨으니 이는 하나님이 말씀하시기를 이 백성이 전쟁을 보면 뉘우쳐 애굽으로 돌아갈까 하셨음이라"(17절). 하나님께서는 홍해에 진을 치도록 인도하셨다. 뿐만 아니라, 하나님께서는 바로의 마음을 강퍅케 하셔서 이스라엘 백성들을 추격하도록 하셨다(출 14:1-4). 그 이유는 무엇일까? 모세는 하나님의 대답을 기록하고 있다. "내가 바로의 마음을 강퍅케 한즉 바로가 그들의 뒤를 따르리니 내가 그와 그 온 군대를 인하여 영광을 얻어 애굽 사람으로 나를 여호와인 줄 알게 하리라 하시매 무리가 그대로 행하니라"(4절). 하나님께서는 모든 상황을 통제하셨다. 약속된 땅에 이르렀을 때 백성들이 전쟁을 두려워하지 않도록 강하게 만들기 위함이었다.

그런데, 백성들은 어떤 반응을 보였는가?

> "바로가 가까와 올 때에 이스라엘 자손이 눈을 들어 본즉 애굽 사람들이 자기 뒤에 미친지라 이스라엘 자손이 심히 두려워하여 여호와께 부르짖고 그들이 또 모세에게 이르되 애굽에 매장지가 없으므로 당신이 우리를 이끌어내어 이 광야에서 죽게 하느뇨 어찌하여 당신이 우리를 애굽에서 이끌어내어 이같이 우리에게 하느뇨 우리가 애굽에서 당신에게 고한 말이 이것이 아니뇨 이르기를 우리를 버려 두라 우리가 애굽 사람을 섬길 것이라 하지 아니하더뇨 애굽 사람을 섬기는 것이 광야에서 죽는 것보다 낫겠노라"(10-12절).

이것이 전형적인 인간의 반응이다. 당신은 곳곳에서 수군거리는 이스라엘 사람들의 모습을 상상할 수 있다. "너 아직도 모세를 믿고 있니?", "우리는 그가 이미 한 번 실패한 적이 있는 사람이라는 것을 잊지 말아야 해. 그가 우리 민족을 망하게 할 것이 틀림없어!" 이스라엘은 지금 하나님께서 하락하신 상황 속으로 인도받는 사실을 모른다. 하지만 하나님께서는 이스라엘에게 주고자 하는 것을 주시기 위해 당신의 뜻대로 인도하셨다. 낮에는 구름 기둥, 밤에는 불 기둥으로 인도를 받는 이스라엘을 볼 때 모세의 잘못이 아니라는 것은 너무나 분명했다(출 13:20-22). 구름 기둥과 불 기둥은 주님에 의해 홍해까지 이끌려진 것을 보여주는 분명한 표징이었다. 그러나 그들은 공포 속에서 주님과 주님의 다스리시는 계획을 잊어버렸다. 그리고 그들은 자신의 지도자를 비난했고 정죄했다.

이런 시험이야말로 하나님께서 자신의 백성들을 위해 계획하신 것을 정확하게 이루어내는 과정임을 주목하라. "이스라엘이 여호와께서 애굽 사람들에게 베푸신 큰일을 보았으므로 백성이 여호와를 경외하며 여호와와 그 종 모세를 믿었더라"(14:31). 바울은 출애굽 사건이 우리를 위한 거울이 되고 경계가 된다고 말한다(고전 10:11). 각각의 상황들은 우리의 마음을 드러내고, 시험에 대한 우리의 반응을 보여준다. 우리도 역시 좋지 않은 상황에 이르렀을 때 통치하시는 하나님의 존재를 잊어버리고, 상황을 저주하며 주변 사람들을 쉽게 정죄한다. 하나님께서는 어떤 상황에서도 성화케 하시는 당신의 다스리심을 우리가 기억하기 원하신다. 이것은 말에 관한 성경적인 모범을 세우는 유일한 방법이다.

거친 이웃, 괴롭히는 상사, 신경질적인 가족이나 친척, 제멋대로인 친구, 감사할 줄 모르는 자녀 그리고 전혀 생각지 못했던 사건과 사고들은 우리 주님의 손길 안에서 이루어진 성화의 도구들이다. 우리는 모두 삶에 대한 하나님의 섭리를 깨닫는 데 어려움을 겪는다. 나 역시 하나님께서 항상 가까이 계셔서 주의 깊게 모든 것을 다스리신다는 사실을 확신하기보다는 오히려 하나님께서 나를 잊어버리신 증거라고 보는 경향이 있다. 그래서 나는 평안 속에서 하나님을 경배하기보다는 안절부절하며 불평을 쏟아놓는다.

6. 하나님께서는 성화를 위해 여러 관계들을 다스리신다 ·· 삶 속에서 만나는 사람들은 우연이 아니다. 하나님의 은혜 안에서 사용된 도구들이다. 하나님께서는 사람들을 통해 시작하신 사역을 내 속에서 계속 이루어나가신다. 이것은 바울이 교회의 본질에 대해서 말할 때, 분명하게 드러난 내용이다(엡 2:14-16, 19-22, 4:16, 고전 12:12-13, 18-20, 27).

하나님께서는 내가 맺는 관계들을 통치하신다. 하나님께서 원하시는 사람들을 들어 쓰신다. 또한 하나님의 뜻대로 교회의 각 기관을 세우는 것은 사역을 이루어가시는 방법이다. 그들이 일으키는 투쟁은 매우 중요한 의미를 지닌다. 그것은 행복을 방해하는 단순한 소동이나 평안을 깨뜨리는 장애 정도가 아니다. 하나님께서 영적으로 성숙시키기 위해서 사람들은 맡은 자리에 있다. 그리고 그리스도의 몸을 세우기 위해서 존재한다(엡 4:12).

내가 젊은 목사로 사역하던 어느 주일 아침이었다. 교회의 중직자 한 명이 월요일에 잠깐 이야기를 나눌 수 있겠느냐고 물었다. 나는 너무나 기뻤다. 그리고 생각했다. '마침내 한 사람이 나의 목회 사역에 감동을 받아 상담을 요청해 오는구나!' 나는 그때까지 내가 처한 상황을 전혀 알지 못했다. 월요일 밤에 우리가 만났을 때 그는 이렇게 말했다. "목사님, 저는 저에 대해서 이야기하려는 것이 아닙니다. 저는 목사님에 대해서 이야기하고 싶습니다." 내가 예상했던 바가 전혀 아니었다. 그 후 두 시간 동안 그는 내 목회의 모든 면과 나를 비판했다. 난 완전히 절망에 빠졌다. 더욱 비참했던 것은 그의 집으로 함께 가서 자신의 부인과 좀더 이야기를 하자던 제안이었다. 그리고 그의 집에서 한 시간 반 동안 그녀는 자신의 남편이 했던 말을 그대로 내게 반복했다.

나는 그때처럼 상심하고 상처받은 적이 없는 것 같았다. 나는 아내에게 목회를 그만두고 싶은 정도가 아니라, 죽고 싶다고 이야기했다. 나는 상처를 위로받고 싶어서 테드(Tedd) 형을 불렀다. 나는 속으로 내가 얼마나 훌륭한 사람인 것과 이 고약한 부부의 말을 크게 귀담아들을 필요가 없다고 말해주기를 원했다. 그러나 형은 내게 정반대로 이야기했다. "폴, 내 말 잘 들어. 하나님께서는 한 가지 이유 때문에 너를 그 상황 속으로 몰아가신 거야. 그들이 행한 악이 어떤 것이든지 하나님께서 이 모든 일 속에서 네게 하고자 하시는 선한 일만큼 중요하지는 않아."

이런! 나는 그런 말을 듣고 싶은 것이 아니었다. 나는 형에게 이렇게 말하고 싶었다. '형, 이런 일이 어떻게 선한 일이 될 수가 있어? 나는 최선을 다해 하나님을 섬기려고 했는데, 이게 어째서 내게 필요한 일이라는 거지?' 그러나 나는 진지하게 그 말을 들었다. 그리고 마음속의 상처가 사라지면서, 하나님께서 나를 통해 이루기를 원하시는 것이 있음을 깨달았다. 나는 이제 고통스러웠던 그 월요일 밤에 대해 감사하게 되었는지를 말할 수 있다. 하나님께서는 내 삶과 목회 생활을 변화시키기 위해 관계와 상황을 사용하셨다.

우리는 삶 속에서 다른 사람들에게 말할 때 얼마나 자주 이 진리를 잊어버리는가? 또한 우리는 얼마나 자주 사람들을 단지 귀찮은 존재나 방해자로 간주하는가? 그들이 우리의 계획이나 순간의 행복을 막아선다는 이유로 얼마나 자주 분노를 표출하는가? 얼마나 자주 그들의 행동과 반응과 말에 대해 비난의 말도 기꺼이 내뱉었는가? 우리의 삶이 다른 사람들의 선택에 의해 영향을 받았다는 생각으로 얼마나 자주 비탄에 빠지는가? 관계에 대한 하나님의 통치권을 인정하는 것은 사람들을 대하는 우리의 말을 성화시킬 것이다.

7. 하나님께서는 당신의 영광을 위해 모든 것들을 다스리신다 ·· 성경이 하나님의 통치권에 대해 말하는 가장 기본이 되는 말은 바로 하나님의 영광이다. 하나님께서는 당신의 영광을 위해 일하신다. 이 세계의 역사는 하나님의 역사다. 모든 순간이 하나님께 속해 있으며 우리는 그분의 소유물이다. 우리의 재능, 은혜, 능력 등 모든 것들은 전부 하나님께서 주신 것이고 그것들은 하나님을 위해 일한다. 에베소서 1장에서 바울은 모든 것들이 그분의 영광의 찬송이 되기 위한 것들이라고 세 번이나 말한다.

하나님께서는 우리의 순간적이고 개인적인 행복을 위해 일하시지 않는다. 우리로 하여금 만족함과 완벽함을 느낄 수 있도록 혹은 긍정적 자아상이나 풍요로운 삶을 갖게 하기 위해서 일하시지 않는다. 하나님께서는 우리를 어둠 속에서 빛을 발하는 자들로 만드시기 위해서 일하신다. 그래서 사람들은 우리의 선한 일을 보고서 하나님께 영광을 돌린다(마 5:16). 이 진리를 깨닫는 자들은 '산 위의 동네'와 같이 빛날 것이며 '결코 숨겨지지 못할 것'이다(마 5:14).

성경은 우리의 삶이 하나님의 섭리 가운데 있음을 반복해서 가르친다. 모든 성도들에게 동기를 부여하는 것은 궁극적으로 하나님의 영광을 위한 방법이다. 우리가 자신을 완전히 다스릴 수 있는 것처럼 말할 때, 우리가 자신을 위해 영광을 취하고자 말할 때, 우리가 당한 일들에 대해 하나님을 원망하고 불평할 때, 우리는 우리를 향하신 하나님의 궁극적인 목적을 거부하는 것이다. 우리는 하나님의 영광만을 위해 살며 말하는 사람들이어야 한다. 야고보서를 통해 우리는 이것을 인정할 수 있다. "한 입으로 찬송과 저주가 나는도다 내 형제들아 이것이 마땅치 아니하니라"(약 3:10).

그러므로 우리가 하는 모든 말들은 두 가지 기준을 만족시켜야 한다. 첫번째, 우리의 모든 말들은 하나님께 영광을 돌려야 한다. 두번째, 우리의 말은 하나님께서 허락하신 사람들의 삶 속에 구원의 유익을 주어야 한다. 이것은 우리의 모든 말에 대한 지극히 높으신 하나님의 부르심으로, 즉 '경배'와 '구원'이다. 그러나 원수들이 우리의 부르심을 성취하지 못하도록 끊임없이 방해하기 때문에 말의 거대한 영적 전쟁이 일어난다. 사탄은 우리가 세상의 말을 자신의 말로 받아들여 자신의 뜻을 이야기하고, 자신의 영광을 추구하며, 오직 자신에게 유리한 것만을 인정하는 이기적인 마음을 말로써 드러내기를 원한다. 다시 한 번 말하지만 말의 영적 전쟁은 통치권의 전쟁이다. 마음을 다스리는 것이 무엇이든 혹은 누구든 우리가 하는 말을 지배한다. 성경은 어떠한 환경과 상황 속에서도 우리가 하나님께 순종하며 감사하는 마음을 말로 표현하도록 부르심을 입었다고 분명하게 설명한다.

당신은 하나님의 통치권이 우리의 말에까지 영향력을 미친다는 사실보다 더 놀라운 의미가 있음을 아는가? 그것은 새로운 계획으로, 오직 주님의 다스리심에 순종할 때만이 하나님의 뜻대로 살며 말할 수 있다. 그래야 내가 이해할 수 없거나 어찌할 수 없는 것들을 주님의 광대한 지식과 지혜와 통치권에 맡길 수 있다. 그리고 자유롭게 경배하며 구원의 도구로 쓰임받아 다른 사람들에게 말할 수 있다.

나는 슬프지만 결코 잊을 수 없는 귀한 일을 경험했다. 나의 아버지께서 말기 골수암으로 병원에 입원하셨다. 아버지는 심한 고통 속에 누워 계셨지만, 분노를 보이지 않으셨다. 아버지는 불평하지도 않으셨고, "왜 하필 저입니까?"라고 묻지도 않으셨다. 아내는 한때 강건했으나 지금은 연약하고 병들어 누워 계신 아버지를 바라보며 서 있었다. 그런데 결코 잊을 수 없었던 것은 아버지의 기도였다. 아버지는 처음에 당신의 상황에 대해 하나님께 감사하는 기도를 드렸다. 아버지는 하나님께서 선하시고 하나님께서 당신의 자녀들의 삶 가운데 베푸신 모든 것을 비록 이해할 수는 없을지라도 모두 선한 것이었다고 말씀하셨다. 그리고 아버지는 훌륭한 아버지가 되게 도와달라고 기도하셨다. 또한 병으로 고생하는 동안 자녀들에게 훌륭한 모범이 되게 해달라고 간구하셨다. 끝으로 하나님께서 축복해 주셨던 풍성한 삶에 대해 하나님께 감사드리고 기도를 마치셨다.

아버지는 신학자가 아니셨다. 신학교에서 배웠던 분명한 진리를 깨닫지 못해 억지로 하나님을 이해하려 애썼던 때가 내게 있었다. 아버지의 삶은 내가 깨닫지 못했던 하나님의 통치권에 대한 완벽한 깨달음을 보여주었다. 그 이후 나는 나의 모든 말이 아버지처럼 모든 면에서 덕을 이루며, 하나님 한 분만을 경배하기를 소망했다. 그리고 더 이상 아버지를 억지로 이해하려고 노력하지 않았다. 이제는 내 아들들이 그들의 할아버지를 닮았으면 좋겠다. 아버지는 마음속에서 일어난 통치권의 전쟁에서 승리하셨기 때문에 말의 전쟁에서도 승리하실 수 있었다. 끔찍한 고통의 순간에서도, 아버지는 말로 주위 사람들을 격려했으며, 강하게 만들었다. 그 말은 하나님께 영광을 돌리는 말이었다. 아버지는 어려움이 닥쳤을 때, 하나님께서는 완벽한 계획을 가지고 계시며 상황을 완전히 통제하고 계심을 진실로 믿었기 때문에 그렇게 하실 수 있었다. 아버지는 자신이 할 수 있는 모든 일을 다 하기 원하셔서 하나님께 영광을 돌리는 말을 하셨다. 삶의 고통이 치명적일지라도 하나님의 거룩한 부르심을 압도하지는 못한다고 생각하신 것이다.

말의 영적 전쟁은 진정 통치권의 전쟁이다. 누가 혹은 무엇이 당신의 마음을 다스리는가? 그것이 누구든, 무엇이든 당신의 말까지도 다스리게 될 것이다.

Getting Personal — 더 깊은 묵상을 위하여

통치권에 대한 싸움

1. 당신의 대화는 사람들과 환경들에 대한 낙담을 어떻게 표현하는가?

2. 당신의 대화는 모든 것을 어떤 방법으로 통치하고자 하는가?

3. 계획에 실패했을 때 당신의 습관적인 반응은 어떤 것인가?

4. 하나님께서 당신의 삶에 고통이나 실망을 주실 때 당신은 어떻게 반응하는가?

5. 당신은 하나님의 통치 안에 거하도록 주변 사람들을 격려하는가? 당신

은 무엇을 통해 하나님의 사랑하는 손길을 깨닫는가?

6. 당신은 하나님께서 다른 사람들에게 하시는 일들을 말로써 격려하며 돕는가?

7. 당신의 말은 자신이 하나님의 다스림 안에 평안히 거하고 있음을 나타내는가, 아니면 그 속에서 맞서 싸우고 있음을 나타내는가?

이 질문들을 잠시 생각해보고, 정직하게 반응하도록 도와주시라고 하나님께 기도하라. 당신은 깨닫게 하시는 성령에 민감해야 한다. 하나님께서는 우리를 낙심시키기 위해서가 아니라 하나님의 사랑 안으로 더욱 가까이 나아오도록 이끄시기 위해서 우리의 마음을 드러내신다는 사실을 기억하라. 하나님께서는 사랑하는 자녀들의 잘못을 고쳐주신다.

6장 잘못된 목적으로 하나님을 따르는 사람들

> "썩는 양식을 위하여 일하지 말고 영생하도록 있는 양식을 위하여 하라 이 양식은 인자가 너희에게 주리니 자는 아버지 하나님의 인치신 자니라"
> (요 6:27)

나는 조쉬(Josh)의 말에 충격을 받으며 이야기를 듣고 있었다. 예전에도 들어본 적이 있지만, 그는 너무나 심하게 이야기했다. 조쉬의 직업은 육체적으로 매우 힘든 일이다. 그래서 그와 그의 아내는 서로에 대해 배려하는 마음을 가질 여유가 없었다. 그는 소파에 털썩 주저앉더니, 얼마 동안 바닥만 노려보았다. 누가 보아도 조쉬가 지금 심각한 상태임을 알 수 있다.

그가 말했다. "왜 내가 참아야 합니까? 이런 일이 무슨 의미가 있나요? 성경 공부와 기도 생활을 계속했고, 빠짐없이 교회도 다니며 지금까지 옳은 일을 하려고 노력했지만, 내가 얻은 것은 뭡니까? 그건 불가능한 삶일 뿐이에요! 사람들은 말하지요. 주님을 신뢰하라고요. 그런데 무엇 때문에 그래야 하죠? 주님은 대답도 없으시고 돌아보시지도 않는데…. 이제 난 다 필요 없어요. 나는 결혼을 하지 말았어야 했고, 애들도 낳지 말았어야 했으며, 이런 직업도 가지지 말았어야 했어요. 하나님께서는 그저 옆에 앉아만 계시고 모든 일을 이렇게 되도록 내버려두기만 하신다구요. 그래요, 난 크리스천이지만 하나님께서 내게 무슨 유익을 주었나요? 난 지쳤어요. 나는 책임감에 아주 질려버렸고, 도저히 살 길이 보이지 않아요. 그렇지만 내가 이 상황으로부터 도망가버리면 벌을 받겠지요. 도대체 어쩌다가 이렇게 된 걸까요?"

조쉬가 이런 식으로 말하는 것을 들은 사람이 나만은 아니었다. 평소 그의 아내와 자녀들과 함께 있을 때에도 일상의 대화에서 불평과 불만의 말들이 흘러나왔다. 또한 끊임없는 불평과 짜증, 조급함과 다른 사람에 대한 비난과 심지어는 협박까지 그의 거친 말은 끝이 없었다.

나는 부드럽게 대답하려고 했다. 하지만 조쉬는 화가 나 있었고 내 말을 들으려 하지 않았다. 이제까지 그런 식으로 내게 말한 적이 없었다. 나는 그 집을 우연히 방문했을 뿐이었다. 그런데 우연히 좋지 않은 모습을 목격한 때가 사실은 폭발 직전의 순간이었던 것이다. 조쉬의 분노의 말은 그의 마음속의 진정한 생각과 욕구들에 대해 많은 것을 보여주었다. 주일날 예배 때에 사람들이 볼 수 있었던 단정하고 깔끔한 겉모습 뒤에는 바로 하나님과 전쟁을 벌이는 마음이 있었다. 조쉬는 왕되신 하나님을 따랐지만, 그분의 길은 자신이 원했던 길과 달랐던 것이다.

누가복음 6장에서 보는 대로, 우리가 하는 말은 마음으로부터 나온다. 우리의 말은 마음에서 진정한 사랑의 대상이 무엇인지를 보여준다. 조쉬의 말에서 잘못된 것은 저속한 말이나 거친 말투가 아니었다. 그에게 다시는 그런 말을 하지 말라고 충고함으로써 말의 문제를 해결할 수는 없다. 조쉬에게 지속적인 변화가 일어나기 위해서는 그의 말 속에 있는 의심과 불만족이 밖으로 드러나야 한다. 그래서 조쉬의 마음에서 진정으로 사랑하는 것이 무엇인지를 다루어야 한다. 조쉬의 마음속에서 무슨 일이 일어나고 있는가? 어떻게 해서 그의 말이 하나님을 슬프게 하고, 주변 사람들을 낙담하게 만들까? 왜 그의 모든 말이 사랑스럽고, 온화하며, 격려하고, 은혜를 더하는 것이 아닐까?

조쉬의 말에서 드러난 마음의 실체가 바로 이 장의 주제다. 우리의 대화가 하나님께서 원하시는 모습일 때, 우리 모두가 반드시 직면하는 주제이기도 하다. 솔직하게 당신 자신에게 물어보라. '내 속에 조쉬와 같은 마음이 조금이라도 들어 있지는 않은가?' 나는 내 속에 그러한 마음이 있음을 안다. 과연 이 일이 가치가 있는지 없는지를 고민할 때가 많다. 하루 종일 자신의 살아온 삶에 대해 투덜거리고 불평하는 것은 오히려 당연한 일이다. 조쉬가 경험한 그리스도인들의 갈등의 실체는 매우 중요하면서 일반적이다. 많은 사람들이 잘못된 목적으로 주님을 왕으로 모시고 따르기 때문에 왕되신 하나님께 쏟는 열정이 충분하지 못하다. 그러므로 우리는 올바른 목적으로 주님을 왕으로 모시고 따라야만 한다.

누구의 소망인가? 어떤 떡인가?

만약 자신의 소망을 말한다면, 무엇이라고 말할 것인가? '만약 이랬다면', '내가 무엇을 가질 수 있었다면', '하나님께서 ~을 내게 주셨다면 행복했을 것'이라고 생각하는가? 그렇다면 이런 질문이 좋은 방법이 될 것 같다. 당신은 예수님께서 자신의 삶에 어떤 메시아가 되기를 원하는가? 요한복음 6장에 나오는 이야기 가운데 하나를 살펴보면서 당신의 대답이 무엇인지 생각해보라.

이 이야기에서 예수님께서는 한 소년의 점심을 받으셔서 메시아의 권세를 통해 오천 명을 먹이고도 열두 광주리를 남기는 음식으로 바꾸신다. 당신이 만약 그 자리에 있었다면 어떻게 반응했을지 생각해보라. 그리고 당신의 삶에 미치는 능력의 충격이 어느 정도일지 생각해보라. 군중들은 들떴다. "바로 이 분이시다. 이 분이 바로 선지자요 메시아시다. 우리가 오랫동안 기다렸던 그분이 오셨다. 빨리 그분을 우리의 왕으로 모시자!"

당신은 이 때가 예수님께 최고의 순간이라고 생각할 수도 있다. 예수님께서는 사람들의 왕이 되기 위해 오시지 않았는가? 또한 선지자 중의 선지자가 아닌가? 물론 그렇다. 하지만 예수님께서 하신 일을 잘 살펴보라. 그분은 떠나셨다. 그분은 무리에게서 물러가셨다. 도대체 어떻게 된 일인가? 왜 예수님께서 이상하게 행동하셨는가? 무리는 예수님을 찾기 위해 사방으로 찾아다녔다. 그들은 예수님을 자신들의 왕으로 삼고 싶어했다. 하지만 주님은 전혀 관심이 없으신 것처럼 보였다. 그 이유가 무엇일까? 그 일이 예수님께서 오신 목적이 아니었는가?

요한복음 6장 25절에 보면, 예수님께서는 갈릴리 바다를 건너셨고 무리는 그곳에서 예수님을 만났다.

> "바다 건너편에서 만나 랍비여 어느 때에 여기 오셨나이까 하니
> 예수께서 대답하여 가라사대 내가 진실로 진실로 너희에게 이르노니 너희가 나를 찾는 것은 표적을 본 까닭이 아니요 떡을 먹고 배부른 까닭이로다 썩는 양식을 위하여 일하지 말고 영생하도록 있는 양식을 위하여 하라 이 양식은 인자가 너희에게 주리니 인자는 아버지 하나님의 인치신 자니라
> 저희가 묻되 우리가 어떻게 하여야 하나님의 일을 하오리이까
> 예수께서 대답하여 가라사대 하나님의 보내신 자를 믿는 것이 하나님의 일이니라 하시니
> 저희가 묻되 그러면 우리로 보고 당신을 믿게 행하시는 표적이 무엇이니이까 하시는 일이 무엇이니이까 기록된 바 하늘에서 저희에게 떡을 주어 먹게 하였다 함과 같이 우리 조상들은 광야에서 만나를 먹었나이다
> 예수께서 이르시되 내가 진실로 진실로 너희에게 이르노니 하늘에서 내린 떡은 모세가 준 것이 아니라 오직 내 아버지가 하늘에서 내린 참 떡을 너희에게 주시나니 하나님의 떡은 하늘에서 내려 세상에게 생명을 주는 것이니라

저희가 가로되 주여 이 떡을 항상 우리에게 주소서
예수께서 가라사대 내가 곧 생명의 떡이니 내게 오는 자는 결코 주리지 아니할 터이요 나를 믿는 자는 영원히 목마르지 아니하리라 그러나 내가 너희더러 이르기를 너희는 나를 보고도 믿지 아니하는도다 하였느니라"(25-36절).

예수님께서 당신을 왕으로 삼고자 했던 그들의 요구에 대해서 어떻게 말씀하셨는가? 예수님이 기뻐하시거나, 자랑스러워하시거나, 아니면 즉시 그들의 요청에 허락이라도 하셨는가? 이제 주님은 본질적인 것을 말씀하신다. "너희는 아직도 깨닫지 못하고 있느니라."

사도 요한은 복음서를 쓰면서 우리에게 매우 유익한 일을 했다. 그는 예수님께서 기적을 행하셨던 일에 대해서 그것을 '기적'이라고 부르지 않았다. '표적(sign)'이라고 불렀다. '표적'이란 무슨 의미일까? 표적은 당신이 정말로 찾는 실체나 혹은 정말로 가고자 하는 장소와 같은 것을 지시하여 보여준다. 예를 들면, 가족들과 함께 여행을 할 때, 당신은 길 표지판(sign)에 이르러서 "자, 이제 다 왔어요. 아이들을 데리고 나오고 짐들을 풀어요. 여보"라고 말하지 않는다. 당신은 그 표적을 따라서 진짜 목적지에 이를 때까지 계속해서 나아간다. 길가에 있는 표지판은 단지 실체를 가리키는 것일 뿐이다.

이것이 바로 사람들이 한 실수이며, 예수님에 대해 잘못 반응하게 된 이유였다. 그들은 기적을 경험했지만, 표적으로 보지 못했다. 떡의 물리적 변화가 주는 유익이 의미하는 것은, 더 의미심장한 영적인 실체였다. 그래서 예수님께서는 "너희가 아직도 깨닫지 못하고 있느니라"고 하셨다. 그들은 마치 떡의 기적이 궁극적인 실체인 것처럼 떡에만 몰두했다. 예수님께서는 매우 분명하게 당신의 뜻을 설명하셨다. 주님께서 "너희의 배가 부르게 되었다"라고 말씀하실 때, 그분께서 사용하신 술어는 문자 그대로 이렇게 해석

될 수 있다. "너희는 뜯어먹었다." 예수님께서는 지금 "너희는 배부를 때까지 뜯어먹고 있지만, 너희는 여전히 그것을 소화시키지는 못하고 있다"라고 말씀하신다.

사람들이 그리스도를 좇는 마음 이면에는 무엇이 있을까? 그들이 정말로 원하는 것은 무엇일까? 나는 그들이 예수님의 메시아되심에 겸손히 순종하는 마음과 그분이 인도하시는 곳이라면 어디든지 기꺼이 따르겠다는 마음으로 그리스도를 따른다고 믿지 않는다. 그들이 그리스도를 따르는 것은 자기 자신에 대한 사랑과 그리스도가 그들의 필요를 채워주실 유일한 분이시라는 희망 때문이었다. 그들은 왕을 따르는 일로 몹시 흥분해 있었지만 모두 잘못된 이유에서 비롯된 것이었다.

나는 많은 사람들이 이와 같은 방식으로 예수님을 따를 때 걱정이 앞선다. 이때 우리에게 동기를 부여하고 활동하게 하는 것은 하나님의 뜻에 순종하며 그분의 영광을 위한 열정이 아니라, 우리 자신의 개인적인 욕심과 소원이다. 개인의 소원 성취를 위한 하나의 방법으로 예수님을 보았기 때문에 왕되신 주님께 흥분했다. 당신은 낙심과 고통에 빠졌을 때, 당신이 원하는 '선한 것'을 예수님께 받지 못했을 때 정말 당신을 화나게 만드는 것이 무엇인지 깨닫게 될 것이다. 찬양을 드리던 입술이 이제는 불평을 늘어놓고, 다른 사람을 격려하던 입술이 지금은 남을 비난한다. 이런 모습을 거부하기 위해 우리는 이렇게 질문해야 한다. 우리가 정말로 따르는 것은 누구의 소원인가? 정말로 바라는 것은 육적인 떡인가, 아니면 영적인 떡인가? 우리 마음 속의 영적 전쟁의 결과가 우리의 입술에서 나오는 언어를 결정할 것이다.

육적인 떡과 영적 속임수

육적인 떡과 영적인 떡 사이의 갈등은 그리스도인의 삶에서 본질적인 싸움이며, 인간의 삶에서도 가장 본질적인 싸움이기도 하다. 싸움의 한 가운데서 속이는 자는 사탄이다. 사탄은 삶이 오직 육적인 떡에 관한 것이라고 믿게 만들고, 영적인 것들은 덜 중요한 것이라고 속삭인다. 우리는 태어날 때부터 이러한 메시지에 늘 영향을 받아왔다. 이러한 메시지는 우리 주변의 잡지나 신문, TV 등의 각종 매체에서, 상점에서, 대중 교통을 이용하는 사람들의 대화 속에서 혹은 일터에서 끊임없이 흘러나온다. 우리의 관심은 온통 육적인 떡을 얼마나 많이 얻을 수 있고, 유지할 수 있으며, 즐길 수 있는가에 대한 것뿐이다. 우리는 진정한 행복이란 사람들 속에서, 물질 속에서 그리고 누리고 있는 위치 속에서 얻을 수 있다고 말한다. 심지어는 우리가 '한 바퀴 둘러보기만 해도' 보이는 각종 광고들은 모든 힘을 다해 행복을 추구해야 한다고 말한다.

떡에 대한 싸움은 성경에 많이 언급되어 있다. 이 싸움은 사탄이 예수님을 시험하는 모습에서 나타난다(마 4:1-11). 또한 가룟 유다가 은 삼십 세겔에 예수님을 팔 때 비극적으로 드러난다(마 26:14-15). 창조주에 대한 경배와 섬김을 피조물에 대한 경배와 섬김으로 바꾸어버리는 인간의 악한 경향성에서도 매우 분명하게 나타난다(롬 1:21-25). 사도 요한이 세상을 사랑치 말라고 말하면서 강하게 경고했던 것이기도 하다(요일 2:13-15). 그리고 커다란 창고를 짓고 재물을 비축하려던 어리석은 부자가 그날 밤 죽게 되어 자신의 창조자를 만난다는 예수님의 비유에서도 구체적으로 언급된다(눅 12:13-21). 사도 바울은 자신도 '보이는 것이 아니라 보이지 않는 것'을 바라본다고 말하면서, 영원을 바라보는 삶에 대한 설명 속에서 이러한 싸움을 경계한다(고후 4:16-18). 시편 73편도 악인의 풍부함과 형통에 대해 부러워하는 시편 기자의 모습에서 이러한 싸움을 보여준다. 모든 인간들에게 본질적인 영적 싸움을 일으키는 미혹하는 자의 메시지는 우리 주변의 어느 곳에서나 발견할 수 있다.

미혹하는 자의 유혹적인 메시지에는 네 개의 교묘한 거짓말이 있다. 그것들은 생명을 주는 것처럼 보이지만, 실상은 사망으로 이끌어간다. 각각의 거짓말들은 우리가 창조된 가장 중요한 목적인 창조주에 대한 사랑과 순종의 삶에서부터 멀어지게 한다. 이렇게 교묘하고도 그럴듯한 사탄의 네 가지 거짓말에 대해서 살펴보자.

1. 육적인 것이 영원하다 ·· 성경은 자주 다양한 방법으로 세상은 그저 흘러가버리는 것이라고 말한다. 사도 요한은 '이 세상도 그 정욕도 지나가되'라고 했고(요일 2:17), 사도 바울도 '겉사람은 후패하나' (고후 4:16)라고 말한다. 시편 기자도 악인의 이 세상에서의 삶은 잠에서 깰 때 순식간에 없어져버리는 꿈과 같은 것이라고 했다(시 73:18-20). 예수님께서는 우리에게 '너희 소유를 팔아 구제하여 낡아지지 아니하는 주머니를 만들라 곧 하늘에 둔 바 다함이 없는 보물이니 거기는 도적도 가까이 하는 일이 없고 좀도 먹는 일이 없느니라' (눅 12:33)고 당부하셨다.

2. 육적인 떡이 유일한 떡이다 ·· 죄인인 인간들은 피조물을 신격화하고 창조주보다 더 중요하게 생각하는 경향이 있다. 그들은 개인적인 소유의 풍족함 때문에 보이지 않는 하나님을 향한 순종을 잊어버린다. 그래서 우리는 세상에 보물을 쌓아두지 말고 먼저 하나님의 나라를 구하라고 부르심을 받았다(마 6:19-34). 또한 우리는 물질적인 것이 정말 가치 있는 유일한 떡인 것처럼 모든 열심을 쏟는데, 여기에 치중하지 말고 나그네나 방랑자처럼 살아야 한다(눅 12:20).

3. 인간적인 성공은 당신이 소유하고 있는 육적인 떡의 분량에 의해 결정된다 ·· 부자들을 부러워하지 않는 사람이 누가 있겠는가? 복권에 당첨되어 환상적인 삶을 살아보기를 꿈꾸지 않은 사람이 누가 있겠는가? 돈이 많아지

면 더 행복할 것이라고 전혀 생각하지 않은 사람이 누가 있겠는가? TV에서 흔히 볼 수 있는 돈과 권력과 성공의 모습에 마음이 흔들리지 않은 사람이 누가 있겠는가?

그럴 때마다 성경은 다음과 같은 그리스도의 권능 있는 말씀을 우리에게 전해준다. "사람이 만일 온 천하를 얻고도 제 목숨을 잃으면 무엇이 유익하리요 사람이 무엇을 주고 제 목숨을 바꾸겠느냐"(마 16:26). 예수님께서는 직접적으로 이러한 거짓말에 대해 반박하신다. "삼가 모든 탐심을 물리치라 사람의 생명이 그 소유의 넉넉한 데 있지 아니하니라"(눅 12:15). 예수님께서는 두 가지 본질적인 기준으로 인간의 성공을 규정하셨다. 그것은 다른 모든 것보다 더 '하나님을 사랑하는가'와 '자기 자신처럼 이웃을 사랑하는가'이다(마 22:37-40). 이렇게 살아간다면 세상적인 것들이 아무리 적을지라도 우리는 더욱 부요할 수 있다.

4. 생명은 육적인 떡에서 찾을 수 있다 ·· 어떤 식으로든지 하나님과의 관계성 밖에서 생명을 찾을 수 있다는 것은 거짓말 중의 거짓말이다. 이 말은 에덴 동산에서 사탄이 한 거짓말이다. 그리고 매일 우리가 수없이 듣는 거짓말이다. 육적인 떡을 먹으면 더 큰 배고픔을 낳을 뿐이다. 당신이 만족할 수 있는 것은 오직 믿음으로 그리스도의 생명을 받아들이고 그리스도의 떡을 먹을 때뿐이다. 예수 그리스도는 유일한 떡이며 생명 그 자체다. 그리스도 밖에서 생명을 준다고 말하는 것은 목마른 사람들을 메마른 우물로 데려가는 것과 같다. 그러나 그리스도는 진정한 떡이며 생명의 강이다. 예수님을 따를 때 살아 있는 생명의 강물이 흐를 것이다(요 4:13-14). 예수님 없는 당신은 죽은 자다. 비록 육체적으로는 살아 있다 해도 역시 죽은 자다(엡 2:1-10).

대인 관계에서, 물질에서 그리고 사회적 성공에서 생명을 발견할 수 있다는 거짓말을 믿기는 너무 쉽다. 성공의 꿈에 의해 지배받는 것도 너무 쉽다. 아름다운 사랑만큼 만족을 줄 수 있는 것은 없다고 믿는 것도 쉽다. 대저택이나 호화스러운 자동차, 사치스러운 휴가 등의 우상의 모습을 좇는 것도 쉽다. 이러한 일을 따라갈 때, 우리는 그리스도로부터 은혜를 공급받는 삶에서 멀어진다. 주님께 충성하던 삶은 고통을 겪기 시작한다. 기도를 덜 하게 되고, 기도할 때도 훨씬 이기적으로 기도한다. 우리의 생활은 교회에서 멀어지고, 교회의 믿음의 지체들보다도 직장 동료들과 더 많은 시간을 보낸다. 그것은 사실상, 그리스도의 떡을 먹는 것이 아니라 세상의 떡을 먹는 것이다.

우리의 전 생애는 우리가 추구하는 떡에 의해서 결정된다. 하나님을 사랑하는 소망과 보이지 않는 창조주께 대한 헌신의 삶에서 우리를 멀어지게 하고, 금방 없어져버리고 결코 만족할 수 없는 것들에 대해서 끊임없이 추구하게 하는 거짓말보다 더 위험한 것은 없다.

그리스도의 소망인가, 아니면 당신의 소망인가?

이제 당신의 삶을 생각해보자. 당신의 결혼, 직장, 자녀, 친구, 집 그리고 교회에 대해서 예수님께 원하는 것은 무엇인가? 그분 앞에서 이루려는 꿈은 누구의 꿈인가? 당신의 꿈은 개인적으로 꿈꾸던 낙원의 실현 그 이상도 그 이하도 아니다. 모든 남편들과 아내들이 자신의 배우자가 완벽하기를 꿈꾼다. 부모들은 완벽한 자녀를 꿈꾼다. 자녀들은 완벽한 엄마와 아빠를 기대한다. 고용인들은 완벽한 고용주를 꿈꾼다. 우리 모두는 완벽한 친구나, 완벽한 목사님을 둔 완벽한 교회를 꿈꾼다. 우리는 완벽한 집과 모든 납부 고지서가 쉽게 지불될 수 있는 완벽한 경제 생활을 꿈꾼다. 그러나 문제는 바로 여기에 있다. 오늘 당신은 그 중에서 채우지 못한 결핍을 얼마나 고통스럽게 느끼는가? 당신은 현재의 상태에 불만족하는 자신을 깨닫는가? 하나님께서 당신에게 허락하신 것들이 너무나 적기 때문에 얼마나 괴로워하는가? 베드로는 현재의 모든 상태에 대한 중요한 원리를 이렇게 말한다.

> "찬송하리로다 우리 주 예수 그리스도의 아버지 하나님이 그 많으신 긍휼대로 예수 그리스도의 죽은 자 가운데서 부활하심으로 말미암아 우리를 거듭나게 하사 산 소망이 있게 하시며 썩지 않고 더럽지 않고 쇠하지 아니하는 기업을 잇게 하시나니 곧 너희를 위하여 하늘에 간직하신 것이라 너희가 말세에 나타내기로 예비하신 구원을 얻기 위하여 믿음으로 말미암아 하나님의 능력으로 보호하심을 입었나니"(벧전 1:3-5).

이 말씀은 참으로 놀랍다. 그렇지 않은가? 베드로는 이렇게 말한다. "네가 가진 것을 알지 못하느냐? 너는 하나님의 긍휼로 인해 구원함을 받았다. 너의 죄는 사함받았다. 너는 하나님의 가족이다. 그리고 너를 위해 결코 썩지 않고, 결코 더럽혀지지 않으며, 결코 쇠하지 않는 예비된 기업이 있다."

우리는 대답한다. "예, 그렇습니다. 그것은 정말 놀라운 것입니다!"

하지만 우리는 여기에서 좀더 나아가야 한다. 본문에서 베드로는 지금까지 과거에 대해 그리고 하나님의 긍휼로 용서받은 것에 대해 말했다. 그리고 계속해서 미래에 대해 그리고 우리가 받게 될 기업에 대해 말했다. 그렇지만 현재는 어떤가? 현재 되어지는 일들은 무엇인가? 우리가 방금 보았던 말씀을 좀더 읽어 내려가보자.

> "너희가 말세에 나타내기로 예비하신 구원을 얻기 위하여 믿음으로 말미암아 하나님의 능력으로 보호하심을 입었나니 그러므로 너희가 이제 여러 가지 시험을 인하여 잠깐 근심하게 되지 않을 수 없었으나 오히려 크게 기뻐하도다 너희 믿음의 시련이 불로 연단하여도 없어질 금보다 더 귀하여 예수 그리스도의 나타나실 때에 칭찬과 영광과 존귀를 얻게

하려 함이라 예수를 너희가 보지 못하였으나 사랑하는도다 이제도 보지 못하나 믿고 말할 수 없는 영광스러운 즐거움으로 기뻐하니 믿음의 결국 곧 영혼의 구원을 받음이라"(벧전 1:5-9).

현재에 대해서 무엇을 말씀하고 있는가? 현재에서 살아간다는 것은 아침에 기분 좋게 일어나는 것, 만족스러운 직장을 갖는 것, 아내와 낭만적인 주말을 보내는 것, 친구 관계가 더욱 좋아지는 것, 예의바른 자녀를 두는 것 혹은 살기 좋은 동네에서 멋진 집을 갖는 것보다 훨씬 더 의미 있는 것이다. 그것은 당신의 신앙을 정말로 잘 돌보아주는 목사님이나 풍요로운 재산을 갖는 것보다 훨씬 더 중요하다.

베드로의 요점은 하나님께서는 우리 안에 좀더 크고, 좀더 충만하고, 좀더 진실한 것을 이루기 위해 이러한 것들을 사용하신다는 것이다. 그것은 바로 진실한 믿음이다. 이 말은 하나님께서 정말로 우리를 사랑하시는지 우리의 기도를 들으시는지를 의심하게 만드는 고통스러운 경험이나, 다른 신자들을 부러워하거나 불신자들을 부러워하게 만드는 괴로운 경험들 뒤에 하나님이 계시다는 말이다. 그러한 경험들을 우리는 왜 겪는가? 왜냐하면 하나님께서는 아직 우리에게 하시고자 하는 일을 마치지 않으셨기 때문이다. 하나님께서는 믿음의 목표인 영혼의 구원을 이루고자 일하신다. 그러므로 우리는 하나님의 충만하심을 조롱하고 불평하며 의심하기보다는 경배함으로 하나님의 뜻에 반응할 수 있어야 한다. "하나님, 왜 제게 이러십니까?"라고 기도하기보다는 "하나님 감사합니다. 저는 주님의 구원을 더 사모합니다. 주님, 저는 주님께서 주실 수 있는 모든 것을 받기 원합니다. 저는 주님이 제게 대해 아직 하실 일이 더 있음을 알고 있습니다"라고 해야 한다. 어려움은 주님의 실수가 아니다. 오히려 구속적인 사랑의 증거다. 시련 때문에 왕이신 주님께 대한 사랑을 의심해서는 안 된다. 오직 더욱 확신해야 한다.

　모든 죄인들의 마음속에는, 삶은 휴양지가 되어야 한다는 욕망이 존재한다. 당신은 돈을 지불하기만 하면, 원하는 것은 무엇이든지 언제든지 얻을 수 있기를 원한다. 이러한 삶이 내게 실제로 일어난 적이 있었다. 어떤 호텔에 묵었을 때 지배인이 말했다. "하루에 열두 번이라도 먹을 수 있습니다." 나는 놀라서 되물었다. "열두 번이라고요?" 그는 설명했다. "한밤중에도 식사할 수 있고, 새벽 2시에도 원하기만 하면 피자를 주문할 수 있습니다." 음식을 좋아하는 내게는 너무나 황홀한 것이었다. 아무도 안 된다고 하지 않는다. 어떤 때라도 원하는 것은 무엇이나 할 수 있다.

표지일 뿐임을 인식하기

　우리는 하나의 원리를 깨달을 수 있다. 하나님께서 당신에게 주신 가정, 직장, 집, 교회, 친구들 그리고 공동체는 하나님의 축복이다. 그것들은 당신의 삶 속에 예수 그리스도가 함께하심이 얼마나 크고 풍성한 축복인지 깨닫게 한다. 예수 그리스도는 생명이시다. 풍성한 삶의 조건은 당신의 배우자나 자녀들이나 집이나 자동차나 재산이나 직장이나 친구나 혹은 교회가 아니다. 그 조건은 오직 예수 그리스도뿐이다. 정말로 놀라운 것은 오직 주님만이 우리의 것이고 우리가 주님의 것이라는 사실이다. 이것이 바로 삶의 목적이며 가치 있는 떡이다. 육적인 떡이 아니라, 예수 그리스도라는 영적인 떡이다. 어떤 사람들은 예수님이 더 많은 육적인 떡을 주신다고 생각하기 때문에 열광할지도 모른다. 이런 사람들은 진정한 떡에 대한 갈망을 다시 회복시키려고 육적인 떡을 치워버리실 때 오히려 영적인 절망에 빠져버린다. 당신은 육적인 떡 너머에 계신 그리스도와 그 은혜의 영화로우심을 바라보는가? 주님께서 주시는 영적인 축복들, 예를 들면 기쁨, 평화, 인내, 온화함, 선함, 신실함, 진실함 그리고 자기 인내 등에 대한 갈망 없이 그저 육적인 떡을 소비하기만 하는가?

　요한복음 6장에서 예수님께서는 '나는 생명의 떡이라' 고 말씀하셨다. 이제 당신 자신에게 이렇게 물어보라. 나는 어느 떡을 더 갈급해하는가? 내가 정말로 원하는 것은 어떤 종류의 떡인가? 지금 육적인 것들이 전혀 중요하지 않다거나 결혼, 직업, 자녀, 가정 등 우리 자신의 삶을 증진시키기 위한 어떠한 노력도 필요없다고 말하는 것이 아니다. 단지 우리는 중요한 것을 놓칠 수도 있다. 그리스도와 동시대의 사람들과 마찬가지로, 우리도 기적에만 치우칠 수 있다. 하나님께서 주신 직장과 든든히 맺어진 우정과 안락한 집과 각종 고지서에 집착할 수 있다. 그래서 육적인 모든 소유들을 가능하게 한 영적인 축복들에 대한 갈급함을 잃어버릴 수 있다. 오직 자신들의 배를 채우기 위해서 그리스도를 따랐던 사람들과 같다. 그들은 진정으로 예수님이 자신들의 왕이 되기를 원치 않았다. 그들은 하나님께서 육적인 만족감을 끊임없이 유지시켜주는 충직한 하인 정도가 되어주기를 원했다.

　오늘날 많은 사람들은 자신의 꿈을 이루는 데 예수님의 도움을 받기 원한다. 우리 자신을 돌아볼 때, 우리가 예수님께 정말로 원하는 것이 바로 육적인 것임을 인정할 것이다. 그리고 그 소원을 이루지 못하면 우리는 완전히 낙심하고 만다.

　우리가 세상의 떡을 위해 살아왔고 그 떡이 우리의 생명의 근원이라고 생각했다면, 우리는 떡을 얻지 못할 때 좌절한다. 그러나 만약 영의 떡을 위해 살아왔고, 예수 그리스도와 깊은 인격적 관계를 맺으며 살았다면, 우리의 삶은 수많은 문제에도 불구하고 생명이신 주님과의 관계를 깨달으며 영적으로 더욱 성숙해간다. 그리고 삶의 구석구석마다 참된 떡을 좇으며 살아갈 것이다. 이것은 우리의 대화의 성향이 어떠해야 함을 암시한다.

　당신이 가족이나 친구나 교회 성도들과 같은 공동체 속에 있을 때, 또한 공동체의 지체들이 그리스도께 헌신하여 주님과 친밀하기를 갈망하고 그들의 삶 속에서 경배와 찬양과 영광을 돌리는 삶을 살려고 노력할 때, 지체들의 대화는 분명 당신에게 어떤 영향을 미칠 것이다. 그들의 말은 용기를 불러일으키며 신앙 성숙을 도와주는 역할을 할 것이다. 그리고 세상이 알지 못하는 친밀하고도 연합적인 교제가 이루어질 것이다. 우리가 개인적인 소망이나 기대를 내려놓을 때, 비로소 우리는 하나님의 자녀들로서 부여받은 성령의 하나되게 하심을 경험할 수 있다.

반대로, 육적인 떡에만 관심이 있는 사람들은 서로를 물고 먹을 것이다. 그들의 대화는 야고보서 3장에 나타난 분란의 세상을 만들 것이다. 왜냐하면 육적인 떡은 충족될 수가 없기 때문이다. 육적인 떡에 대한 사랑은 당신으로 하여금 주변의 사람들을 먹고 사는 기생충이 되게 할 것이다. 그러나 아무리 끊이지 않고 먹을 것을 공급해주어도 그들은 당신을 절대로 만족시키지 못할 것이다.

반면 여기에 하나의 떡이 있다. 그것은 바로 생명의 떡이신 예수 그리스도이시다. 생명은 그리스도를 믿음으로 받아들이는 데서 나타난다. 다른 방법은 없다.

잘못된 환상을 꿈꾸는 제자들

당신은 예수님께서 그와 같은 말씀을 하신 다음에 어떤 일이 일어났는지 아는가? 예수님께서는 무리들에게 말씀하셨다. "내가 진실로 진실로 너희에게 이르노니 인자의 살을 먹지 아니하고 인자의 피를 마시지 아니하면 너희 속에 생명이 없느니라"(요 6:53). 단지 무리들만 예수님을 저버린 것이 아니라, 제자들 역시 떠났다(66절). 그들은 "이 말씀은 어렵도다 누가 들을 수 있느냐"(60절)라고 말했다. 그들은 옳았다. 복음이 어려운 것은 하나님께서 그분의 아들을 보내신 것이, 우리로 하여금 우리의 계획을 깨닫게 하기 위한 것이 아니라 우리가 그분의 일부가 되게 하시려는 것이기 때문이다.

나는 이 책을 읽는 당신이 겸손하게 진실함으로 이제 새로운 신앙의 삶을 시작하기를 권고한다. 당신의 말은 자신의 마음속에서 진정한 사랑의 대상이 무엇이라고 드러내는가? 당신이 채우기 원하는 내적인 갈급함은 무엇인가? 그것은 그리스도께 대한 갈급함인가? 만약 당신이 간절히 바라는 존재가 예수님이라면, 모든 어려움 가운데서도 은혜와 진리 가운데 성장할 놀라운 기회가 있다. 베드로의 교훈처럼 이러한 경험들이 구속의 사랑으로 우리를 기억하시는 하나님에 의해서 우리의 삶에 일어난다. 예수님께서는 우리 안에 이미 시작하신 구원의 사역을 이루어가신다. 우리는 시련에 의해 성숙해진다. 삶은 휴양지가 아니라 그리스도께 대한 굳건한 믿음으로 살아가는 거친 여정이다. 우리가 만나는 시련은 우리를 사랑하시는 하나님 아버지께서 우리의 구원을 위해 주시는 것이기에 기쁨으로 대처할 수 있다.

일전에 나는 30여 년 동안 결혼 생활을 해온 부인과 대화를 나누었다. 그녀는 거친 성격의 남자와 결혼을 했다. 그 남편은 화를 잘 내고, 무엇이든지 자기 맘대로 하려 했으며, 교활한 사람이었다. 그는 정기적으로 상대방에게 상처 주는 말을 했고, 그런 행동을 하기도 했다. 그러는 동안, 그녀는 완벽한 남편에 대한 환상을 갖게 되었고, 교회의 다른 부인들이 받은 축복에 비해 너무나 비참한 자신을 보며 도저히 예배드리러 가고 싶지 않았다. 그녀는 하나님께서 자신을 완전히 버리셨다고 느꼈다. 그래서 성경을 읽을 수도 없었고 기도도 할 수 없었다.

나는 그녀가 그리스도 안에서의 자신의 모습과 그녀를 향하신 주님의 사랑을 깨닫기 원했다. 그리고 하나님께서는 피난처요 힘이시며, 환난 때에 늘 옆에 계시는 도움이심을 알기 원했다. 그래서 나는 하나님의 놀라운 사랑을 말하는 몇 개의 성경 구절들을 읽어주었다. 내가 말씀들 읽어주자, 그녀는 갑자기 이렇게 소리쳤다. "그만하세요!" 나는 그녀의 화난 얼굴을 올려다보았다. "이제 더 이상 내게 하나님께서 나를 사랑하신다는 말은 그만

하세요! 나는 나를 사랑하는 남편을 원할 뿐이에요!"

나는 그날 중요한 것을 깨달았다. 그 부인의 분노에 찬 말은 그녀의 마음이 진정으로 사랑했던 것이 무엇이었는지 그리고 그녀의 마음이 간절히 원하는 떡이 어떤 것인지를 나타냈다. 그녀는 자신이 그리스도인이라고 말할 수 있었을 것이다. 그녀는 성경의 진리대로 신앙을 고백할 수도 있다. 아마 그녀는 주님을 사랑한다고도 말할 것이다. 그러나 그녀의 기도에는 감사가 없으며, 바라는 소망들의 나열에 불과했다. 오랜 신앙 생활에도 불구하고 그녀의 말은 자신의 명령에 따르는 왕을 바라고 있었다. 그녀는 하나님께서 자신의 꿈을 이루어주기 기대했다. 그러나 하나님께서 그렇게 하시지 않자 화를 내었다. 그녀에게는 왕되신 주님께서 힘든 결혼 생활이라는 도구를 통해서 더 좋은 것을 주기 원하신다는 사실을 깨닫는 눈이 없었다. 우리는 자신의 삶을 돌아보고 삶의 목적이 무엇인지를 살펴보면서, 자문해야 한다. "우리가 간절히 추구하는 것은 누구의 꿈인가? 어떤 떡인가?"

우리가 꿈을 성취하지 못했을 때 우리에게 일어나는 일은 무엇인가? 자기 연민에 빠져버리는가? 주변 사람들을 공격하거나 비난하는가? 부러움이나 탐욕에 완전히 압도되는가? 하나님의 선하심과 신실하심과 사랑을 의심하는 말을 하는가? 예배를 드리거나 찬양을 하거나 성경을 읽거나 기도하거나 다른 성도들과 교제를 나누거나 혹은 복음을 전하는 일을 어려워하는가?

우리 자신에게 하는 말은 무엇인가? 우리가 세상의 떡을 위해 살아왔다고 말하지는 않는가? 하나님의 선하심, 사랑, 능력, 영광 그리고 우리를 부르심은 세상의 떡이 없어도 변하지 않는다. 우리가 간절히 소망하는 대상이 하나님이라면, 고통의 한가운데 있을지라도 기쁨을 누릴 수 있다. 우리가 정말 추구하는 것은 누구의 떡인가? 우리의 반응과 말에 의해 나타나는 것은 무엇인가? 아마 많은 사람들은 비록 왕되신 주님을 완전히 버리지는 않았어도 주님을 따르는 것이 소원의 만족으로 나타나지 않기 때문에 신앙의 열정을 잃어버렸을지도 모른다. 그렇다면 예수님께서 제자들에게 신앙의 헌신을 말씀하셨을 때에 제자들이 슬픈 얼굴로 떠나버렸던 것처럼 우리도 역시 주님을 떠나는 것이다.

소망이 사라졌을 때 무슨 일이 일어나는가?

구약의 선지자 하박국은 하나님의 백성들을 돌아보았다. 그리고 물었다. "하나님, 여기서 일어나는 일들을 이해하지 못하겠습니다. 주님은 옆에 서 계시기만 하고 주님의 백성들이 매우 강퍅하게 되는 것을 그냥 내버려두십니다. 왜 이 일들을 허락하시는 것입니까? 왜 주님은 백성들의 죄악에 대해 아무런 조치도 취하시지 않는 것입니까?" 하나님께서 대답하셨다. "내가 한 일을 행하리라. 내가 악하고 성난 나라를 북쪽에서부터 보낼 것이고, 그들이 내려와서 내 백성들을 쓸어버리리라."

선지자는 자신이 들은 말을 믿을 수가 없었다. 하박국이 하나님께 간구한 것은 회복과 부흥에 대한 기대였다. 그가 기대한 것은 하나님의 심판이 아니었다. 그는 항변했다. "하나님, 어떻게 이러실 수 있습니까? 우리가 우리 스스로를 악하다고 생각하는 것보다 훨씬 더 악한 자들을 어떻게 주님의 도구로 사용하실 수 있습니까? 그건 도저히 말이 안 됩니다." 선지자가 하나님께 따지고 있을 때에, 그 논쟁 속에서 하나님께서는 자신의 능력과 영광을 그에게 나타내셨다. 그래서 하박국은 다음과 같은 고귀한 말로 자신의 책을 끝맺는다.

> "비록 무화과나무가 무성치 못하며 포도나무에 열매가 없으며 감람나무에 소출이 없으며 밭에 식물이 없으며 우리에 양이 없으며 외양간에 소가 없을지라도 나는 여호와를 인하여 즐거워하며 나의 구원의 하나님을 인하여 기뻐하리로다 주 여호와는 나의 힘이시라 나의 발을 사슴과 같게 하사 나로 나의 높은 곳에 다니게 하시리로다"(합 3:17-19).

하박국 선지자는 농경 문화에 대한 총체적인 황폐함을 묘사했다. 거기에는 정말 아무것도 남지 않았다. 식물도 없고, 나무도 없고, 가축도 없었다. 먹을 떡조차 남아 있지 않았다. 이러한 상황에서 그는 말한다. "주님, 모든 것이 사라져버렸어도 저의 구원자요, 구주요, 생명이요, 힘이신 주님이 여전히 함께 계심으로 인해 기뻐합니다."

모든 소망이 무너져버렸어도, 아무것도 남아 있지 않아도, 당신은 눈물을 닦으며 이렇게 말할 수 있는가? "나는 기쁨으로 충만합니다. 주님이 제 하나님이시고, 생명이시며, 힘이시기 때문입니다. 또한 이 모든 파멸과 좌절 속에서도 제게는 여전히 주님이 계시지 않습니까?" 당신은 자신의 꿈을 좇을 수 있고, 아니면 당신을 위한 주님의 꿈을 좇을 수도 있다. 당신은 주님의 형상을 더욱 닮게 해달라고 간구하여, 더욱더 당신의 삶과 말 속에서 하나님께 영광을 돌릴 수 있다. 그렇지 않다면 당신은 그리스도께 자신의 소망의 목적과 관심을 꼭 좀 이루어달라고 기도할 수 있다. 당신이 추구하는 것은 누구의 소망인가?

하나님께서 우리들로 하여금 기적 뒤에 있는 표적을 볼 수 있도록 도와주시기를 간절히 바란다. 또한 세상의 축복을 바라보면서 '이러한 축복은 내 삶 가운데 더 깊고 풍성한 그리스도를 깨닫게 해주시기 위함이야. 내가 간절히 바라는 것과 나의 삶에서 이루어지기를 원하는 것은 내 구주 예수 그리스도께 대한 순종과 사랑과 주님과의 진실한 관계뿐이야'라고 말하는 사람들이 되기를 간절히 바란다. 당신과 내가 비록 소출이 없고, 가축이 없으며, 떡도 없어도 예수님을 따르는 사람들이 되게 해달라고 기도한다. 또한 우리가 아침에 일어나서 "저는 기쁨으로 충만합니다! 저는 왕의 자녀입니다. 주님은 저의 생명입니다. 오늘도 저는 믿음으로 주님을 따를 것입니다"라고 말할 수 있도록 간절히 기도한다.

당신의 소원과 말

요한복음 6장의 진실은 말에 대한 중요한 의미를 알게 한다. 요한복음 6장은 말의 본질을 보여준다. 말이란 마음속에 있는 소원에 의해 형성된다. 또한 말은 우리가 추구하는 떡에 의해서 결정된다.

예를 들어 한 부부를 생각해보자. 만약 각자 육적인 떡을 좇으면서 개인적인 환상에 지나치게 집착한다면, 그들은 틀림없이 서로 상대방에 대해 좌절과 실망을 경험하면서 각자의 소원이 충돌할 때마다 심각한 갈등을 겪을 것이다. 그들의 대화의 세계는 분명 싸움으로 가득할 것이다. 그들은 하나님께서 주신 배우자를 헐뜯는 자신을 볼 것이며 때로는 하나님께도 분개하며 불평을 늘어놓게 될 것이다. 그들의 마음이 주님의 법과 소원과 영적인 떡에 의해 다스려질 때 그들의 언어는 길들여진다.

우리는 죄인이기 때문에 전적으로 왕께 순종해야 함에도 불구하고 한쪽으로 치우치는 경향이 있다. 이 악한 경향은 이기심이라는 독성으로 우리의 말을 물들게 해서, 주님을 찬양하고 그분의 사역을 감당하는 우리의 삶을 파괴시킨다. 그러면 우리는 더 이상 그리스도의 제자된 삶의 기쁨을 누리지 못하고 슬픈 얼굴로 주님으로부터 멀어져간다. 우리의 말이 충족될 수 없는 떡을 위해, 왕되신 주님을 믿고 의지하지 않을 때는 주님께 돌아와 이렇게 기도를 드릴 수 있다.

> "주님, 저는 너무나 쉽게 제 자신의 욕심과 소원에 사로잡힙니다. 제 소원을 이루어주시는 분 정도로만 주님을 생각했습니다. 자주 군중들과 섞여 함께 흥분했고 주님이 저에게 주신 선물 뒤에 있는 영적인 실체를 보지 못했습니다.
>
> 주님, 이제는 단지 제 소원만 좇는 자가 되지 않기를 기도합니다. 예수 그리스도께 대한 소망을 갖고 제 모든 삶의 영역에서 주님의 뜻을 깨닫기를 원합니다. 믿음으로 주님의 떡을 먹으며, 사랑과 기쁨이 넘쳐 즐

거이 순종하는 자로 설 수 있기를 간절히 바랍니다. 육적인 떡을 경험하지 못할지라도 기쁨과 믿음, 용기와 순종함으로 더욱 굳세어지기를 기도합니다. 시련의 고통 속에서도 주님께 고백하기를 원합니다. 주님의 사랑으로 인해 감사합니다. 주님, 주님께서 제 안에서 구원의 역사를 이루시기 위해 은혜 주심을 감사합니다. 이를 위하여 주님의 도우심을 간구합니다. 그리고 이 모든 일이 주님께 영광을 올려드리기를 기도합니다. 예수님의 이름으로 기도드립니다. 아멘."

Getting Personal — 더 깊은 묵상을 위하여

당신의 말에 담긴 마음 알아보기

우리의 마음을 정말로 다스리는 것은 무엇일까? 다음의 질문들에 스스로 답하면서 점검해보라.

1. 내가 원하는 것을 얻지 못했을 때, 하나님께 대한 기도와 일상생활의 말에 나타나는 반응은 무엇인가?

2. 다른 사람들이 내 소원에 방해가 되는 것처럼 보일 때에 그들에게 어떻게 말하는가?

3. 상황이 어렵고 불쾌할 때 내 말 속에서 나타나는 것은 무엇인가?

4. 내가 고통당하는 동안 다른 사람들이 축복받을 때, 내 말에서 나타나는 것은 무엇인가?

5. 내 기도는 하나님께서 내 속에서 일하심으로 생기는 깊은 마음의 변화와 주님의 나라에 대한 더 넓은 관심에 얼마나 많은 초점을 두고 있는가?

6. 내 말은 얼마나 많은 감사와 만족을 표현하는가?

7. 내 말은 주님을 더욱 의지하고 신뢰하도록 다른 사람들을 격려하는가?

8. 일상생활의 반복적인 지루함에 대해 투덜거리고 불평하는 일이 얼마나 많은가?

9. 내 말은 온화함과 친절함과 인내를 나타내는가?

10. 평상시 대화에 온갖 요구, 비판, 참지 못함, 조롱, 험담의 말이 들어 있지는 않은가?

11. 다른 사람이 내게 실수하고 죄를 지었을 때 내 말에서 나타나는 반응은 무엇인가?

12. 내가 기대한 기도 응답을 받지 못했을 때, 내 모습은 어떠한가?

13. 내가 겸손히 이러한 질문들에 대해 대답하는 동안, 내 마음의 소원은 무엇이라고 깨닫는가?

7장 왕의 영광을 위해서 말하라

> "예수께서 나아와 일러 가라사대
> 하늘과 땅의 모든 권세를
> 내게 주셨으니"
> (마 28:18).

우리는 비디오 홍수 시대에 살고 있다. 그러다 보니 우리의 삶 자체가 비디오테이프에서 돌아가는 한 편의 영화 같기도 하다. 많은 가정들이 휴일 풍경이나 생일 파티, 여행이나 우스꽝스러운 실수 장면들을 비디오테이프에 녹화한다. 심지어 보모가 자기 자녀들을 잘 돌보는지를 확인하기 위해 집 안에 비디오카메라를 숨겨두기까지 한다. 이외에도 편의점, 슈퍼마켓 그리고 은행에는 보안 카메라가 있다. 이제는 우리의 삶에서 기념식, 거리 행진, 경찰의 추적 장면, 선거전, 갖가지 사고나 화재 혹은 자연 재해 등 그 어떤 때라도 비디오카메라로 모두 녹화한다. 어느 날, 나는 부둣가에 서서 물고기를 비디오카메라로 찍는 사람을 보았다. 그때 이런 의문이 떠올랐다. 만약 누군가 내 삶을 비디오테이프로 만들어서 보고 있다면, 그들은 나를 어떻게 평가할까? 내가 무엇을 위해 살았다고 말할까? 내 삶의 목적이 무엇이었다고 말할까?

나는 더욱 깊은 생각에 잠겼다. 내가 다른 사람들을 대하는 것을 어떻게 보고 있을까? 내가 가족들을 대하는 태도에 대해서는 뭐라고 말할까? 그들은 나의 결혼 생활에 대해서, 나의 자녀 양육법에 대해서 그리고 이웃들을 대하는 내 모습에 대해서 뭐라고 이야기할까? 최종적으로 내가 무엇을 위해서 살았다고 결론내릴 것인가?

나에게 상담을 받기 위해 온 내담자들은 종종 자신의 이야기를 할 때, 실제로 자신의 행동과 반응, 다른 사람에게 했던 말들을 미화해서 말하곤 한다. 그러면 나는 이렇게 말한다. "우리가 지금 이야기하는 것은 당신의 삶에 관한 비디오테이프를 보는 것과 같습니다. 그런데 뭔가 좀 이상한 점이 있어요. 그것은 바로 당신이 등장하지 않는다는 것입니다. 비디오테이프 안에는 당신의 삶에서 중요한 모든 사람들과 그들의 반응과 말이 있지만, 당신 자신은 없습니다. 자, 이제 카메라를 돌려서 당신 자신이 삶에서 일어나는 모든 일들에 대해 어떻게 대응하는지에 초점을 맞추어봅시다. 그리고 당신에게 정말 중요한 것이 무엇인지 그리고 당신이 매일 마주치는 상황들과 관계들을 어떻게 다루는지 보도록 합시다."

나는 이 책을 읽는 당신과도 동일한 일을 하고자 한다. 특히 일상생활에서 자신의 대화에 좀더 초점을 맞추어보라. 만약 내가 당신의 삶을 기록한 비디오테이프를 본다면, 그리고 당신의 삶에서 중요한 사람들과 나눈 이야기에 특히 관심을 가지고 본다면, 무엇을 발견할 수 있을까? 나는 당신이 무엇을 성취하려 했다고 생각할까? 당신에게 중요한 것이 무엇이었다고 결론내리게 될까?

이 장은 말에 대한 하나님의 뜻에 관해 기록하고 있다. 우리의 말이 주님께 속해 있다고 말하면서 이 책을 시작했다. 말은 하나님에 의해 창조되었고, 그분을 통해 존재하며, 그분을 위해 사용되어야 한다. 우리는 하나님을 위해 말하고, 그분께 영광을 돌리는 일을 돕기 위해 말을 주고받는 능력을 부여받았다. 하나님께서는 모든 말의 근원이시고, 기준이시며, 목적이시다. 하나님께서는 실로 우리 입술의 주인이시다. 그러므로 말에 대한 하나님의 뜻을 명확히 깨닫는 것이 반드시 필요하다. 그 다음으로 우리 삶의 비디오테이프를 다시 돌려보는 것이 필요하다. 그리고 스스로에게 물어보라. "우리는 정말 왕되신 주님을 위해서 말하는가?"

만약 우리 입술에 부여하시는 하나님의 사명에 대해서 이야기한다면, 우리가 감당하도록 부여받은 책임감에 대해서 말해야 한다. 사명이란 개인이나 공동체가 수행할 일에 우선순위와 목적을 부여하는 일련의 특별한 명령이다. 사명은 특정한 일을 이루기 위한 특별한 임무이며, 내적인 부르심이다. 위대한 말씀이신 주님께서 우리의 입술에 대해 부여하시는 사명은 무엇인가? 우리가 대화에 관한 모든 구체적인 성경 본문을 살펴보기에 앞서 이 질문에 대한 명확한 답변을 해야 한다. 또한 우리는 교활한 사탄이 우리의 대화에 대한 하나님의 목적을 이루지 못하도록 대화를 어떻게 방해하고 유혹하는지에 대해 살펴보아야 한다. 우리의 대화에 대해 하나님께서 부여하시는 사명을 다음 성경 구절보다 더 간명하게 말해주는 말씀은 없다. 그것은 바로 고린도후서 5장 11-21절이다.

> "우리가 주의 두려우심을 알므로 사람을 권하노니 우리가 하나님 앞에 알리워졌고 또 너희의 양심에도 알리워졌기를 바라노라 우리가 다시 너희에게 자천하는 것이 아니요 오직 우리를 인하여 자랑할 기회를 너희에게 주어 마음으로 하지 않고 외모로 자랑하는 자들을 대하게 하려 하는 것이라 우리가 만일 미쳤어도 하나님을 위한 것이요 만일 정신이 온전하여도 너희를 위한 것이니 그리스도의 사랑이 우리를 강권하시는도다 우리가 생각건대 한 사람이 모든 사람을 대신하여 죽었은즉 모든 사람이 죽은 것이라 저가 모든 사람을 대신하여 죽으심은 산 자들로 하여금 다시는 저희 자신을 위하여 살지 않고 오직 저희를 대신하여 죽었다가 다시 사신 자를 위하여 살게 하려 함이니라
>
> 그러므로 우리가 이제부터는 아무 사람도 육체대로 알지 아니하노라 비록 우리가 그리스도도 육체대로 알았으나 이제부터는 이같이 알지 아니하노라 그런즉 누구든지 그리스도 안에 있으면 새로운 피조물

이라 이전 것은 지나갔으니 보라 새것이 되었도다 모든 것이 하나님께로 났나니 저가 그리스도로 말미암아 우리를 자기와 화목하게 하시고 또 우리에게 화목하게 하는 직책을 주셨으니 이는 하나님께서 그리스도 안에 계시사 세상을 자기와 화목하게 하시며 저희의 죄를 저희에게 돌리지 아니하시고 화목하게 하는 말씀을 우리에게 부탁하셨느니라 이러므로 우리가 그리스도를 대신하여 사신이 되어 하나님이 우리로 너희를 권면하시는 것 같이 그리스도를 대신하여 간구하노니 너희는 하나님과 화목하라 하나님이 죄를 알지도 못하신 자로 우리를 대신하여 죄를 삼으신 것은 우리로 하여금 저의 안에서 하나님의 의가 되게 하려 하심이니라."

대사로 부르심을 받음

어느 화요일 저녁 나는 집에 돌아와서 아들 방을 들렀다. 아들 얼굴도 보고 또 주말에 가기로 한 여행 계획을 논의하기 위해서였다. 내가 방문을 두드리고 나서 방으로 들어갔을 때, 방은 완전히 난장판이었다. 어떻게 자기 옷을 찾을 수 있고 어떻게 자기 침대를 찾을 수 있는지 모를 정도였다. 방 안에는 대학 서적들과 신발들, 잡지, 악기들, 여러 가지 음악 시디들, 스케이트보드 부속품들로 가득했다. 분노와 실망감이 갑자기 몰아쳤다. 그러나 그 순간 나는 기억했다. 바로 이 순간 여기에 주님이 이 모든 혼란 가운데 거하시고, 그것들은 전혀 주님을 방해하지 못한다는 것이었다.

하지만, 아들이 나를 반갑게 맞이해주었을 때, 오히려 그 생각은 순식간에 사라져 버렸다. 나는 잘 지냈냐는 말을 하거나 오늘 어떻게 지냈느냐고 물어보려던 생각을 완전히 잊어버렸다. 대신 그 방 상태에 대해 신랄하게 비난했고 그것들이 얼마나 그의 삶이 난잡한지를 보여주고 있는가에 대해서 지적했다(하지만 실제로 이것은 사실이 아니었다). 나는 화가 나서 아들에게 사방에 널려진 것들을 주기 위해서 아빠가 얼마나 고생하는지를 상기시

컸다. 또한 만약 엄마와 내가 온 집을 이런 식으로 만들어 놓는다면 어떻게 되겠느냐고 물었다. 나는 그에게 장황하게 잔소리를 늘어놓았고, 질문이 아니었기에 대답할 여유도 주지 않았다. 단지 내 자신만을 분출했다. 나는 이런 방에서 어떻게 견딜 수 있는지 모르겠다고 말했지만, 사실은 알고 싶지도 않은 것이 더 정확한 말이었다. 여하튼 최대한 빨리 정돈해놓으라고 말한 뒤에 방을 나와버렸다.

나는 분노와 공허함을 느끼면서 복도를 걸어 나와 거실 소파에 털썩 앉았다. 그제서야 처음 이야기를 나누려고 했던 것들을 하나도 나누지 못했다는 생각이 떠올랐다. 나는 최대한 내 행동을 정당화했다.

- 방은 엉망진창이었다(진짜 사실이었다).
- 그것은 아들의 삶에서 불성실한 면이 있다는 증거였다(어느 정도 사실이었다).
- 그는 이런 문제에 대해 자신의 잘못을 깨닫게 할 누군가가 필요했다(역시 사실이었다).

그러나 모든 생각에도 불구하고 내가 잘못했다는 것을 깨달았다. 이런 방법의 교육은 아들의 삶에 긍정적인 변화를 가져올 수 없다. 또한 하나님께서도 기뻐하지 않으실 것이라는 것을 알았다. 나는 회개 기도를 드렸고, 나 자신을 추스려 올바른 방식으로 이야기를 나누기 위해 다시 아들의 방으로 갔다.

고린도후서 5장에 나온 사도 바울의 말은 그날 밤 내 '대화'가 무엇이 잘못되었는지를 세밀하게 설명해준다. 만약 우리가 하나님의 기준에 맞게, 그분의 계획하심에 따라 말하려면 이 말씀에서 나오는 실제적인 원리들을 이해해야 한다.

1. 우리는 우리가 하나님의 대사임을 충분히 이해하고 말해야 한다 ·· 본국에서 임명을 받은 대사는 대통령, 왕, 총리 등의 뜻과 계획과 인격을 나타내기 위해 다른 나라에 보내져서 사는 사람이다. 본문에서 바울의 메시지는 혁신적이며 극적인 것으로, 우리가 왕되신 주님의 대사로 부르심을 받았다는 것이다. 하나님께서는 당신을 나타내기를 원하시는 곳에 우리를 두셨다. 만약 하나님께서 명하신 대로 말한다면, 내가 하나님의 대사임을 충분히 인식해야 한다. 바울은 그리스도인에게는 자기애로 가득 찼던 과거의 삶은 지나가버렸다고 말했다. 우리는 새로운 피조물이다. 옛 것은 지나가버렸다. 자신의 유익만을 위해 살았고 원하는 것을 얻기 위해서는 어떤 일이든 다 하던 삶은 죽어버렸고 지나가버렸다. 우리는 하나님과 새로운 관계를 맺었고 새로운 사역이 우리에게 주어졌는데, 바울은 그것을 가리켜 회복의 사역이라고 말했다.

이제 우리는 말로써 자신의 유익을 증진시키는 일에 제약을 받는다. 우리의 대화는 항상 대사로서의 목적 의식이 있어야 한다. 왕이 부여하신 사명, 왕의 방법 그리고 왕의 인격 등을 생각해야 한다. 그러나 우리는 솔직해질 필요가 있다. 삶에서 자신의 유익과 주님의 유익 사이에 갈등하지 않는 상황이란 없다. 시간과 방법을 가리지 않고 자신의 유익을 추구하는 마음이 고개를 든다. 주님의 유익이라는 목적은 언제든지 자신의 유익이라는 목적으로 바뀔 수 있다. 이 둘 사이의 전환은 알아차릴 수 없을 만큼 미묘하게 일어난다. 특히 우리는 그리스도인이지만 자기 유익을 추구하는 죄에서 완전히 자유로울 수 없기 때문에 상황은 더욱 심각하다. 자기 유익을 추구하느냐 그렇지 않느냐에 따라 대사로서의 삶을 잘 살고 있는지의 여부가 판가름난다. 만약 당신이 자신의 유익에 따라 우선적으로 움직인다면 성공적인 대사가 될 수 없다. 이런 사람은 짧은 기간 동안만 역할을 감당하는 파트 타임(part-time) 대사가 되는 것도 불가능하다. 당신은 대표자이기 때문에 당신이 있는 모든 곳에서 대사임을 항상 기억해야만 한다. 당신은 왕을 위해 말하도록 왕에 의해 보냄을 받은 자다.

대사적 부르심에는 또 다른 의미가 있다. 우리는 성육신의 방법으로 하나님을 나타내기 위해서 부르심을 받았다. 성육신은 예수님께서 인간의 육체를 입으시고 이 세상에 오신 것을 의미한다. 우리가 성육신을 통한 하나님의 놀라운 은혜를 온전히 이해한다면, 하나님의 영광을 드러내는 일을 할 수 있고 말로도 나타낼 수 있다. 하지만 이 일은 오직 하나님께서 영광스런 일을 하도록 우리를 선택하셨기 때문에 가능하다. 하나님의 영광스런 일이란 하나님의 사명과 방법과 인격을 이 세상에 나타내는 것이다. 우리는 하나님의 손이요, 눈이며, 귀와 입이다.

우리는 이웃에게 하나님의 성품과 뜻을 증거하고, 듣게 하며, 알게 하기 위해서 부르심을 받았다. 이것이 내가 아들의 방에 들어가서 해야 할 일이었다. 그러나 나는 부르심을 완전히 저버렸다. 나는 이기심으로 가득 차 있었고, 내 말에는 성육신하신 주님을 닮은 모습이 전혀 없었다.

성육신하신 주님의 성품을 따라 말하는 삶은 이 세상에서 그리스도께서 행하셨던 사역을 다시 나타내는 것이다. 예수님께서는 아버지 하나님을 증거하기 위해 오셨다. 이 땅에 사시는 동안 예수님의 사역과 말씀들은 예수님 자신의 것이 아니라 자신을 보내신 하나님 아버지로부터 온 것이라고 말씀하셨다(요 14:5-14). 예수님께서는 아버지의 뜻에 온전히 헌신하셨다. 왜냐하면 당신의 사명을 분명히 이해하셨기 때문이다. 예수님께서는 하나님을 나타내시기 위해 육체를 입으셨다. 이제, 그리스도께서 아버지를 드러내셨던 것과 동일한 방법으로 우리 역시 그리스도를 드러내기 위해 부르심을 받았다. 우리는 화평이시며 구속자이신 그리스도를 증거하기 위해 부르심을 받았다. 이것이 바로 우리의 말이 항상 자신의 목적이나 욕구보다 훨씬 더 높은 하나님의 영광을 추구해야 하는 이유다.

나는 바울이 성육신적인 이상에 대한 언급한 말씀을 좋아한다. 그는 성육신에 대해 "우리가 그리스도를 대신하여 사신이 되어 하나님이 우리로 너희를 권면하시는 것같이"(고후 5:20)라고 말했다. 사신이 되어 말한다는 것은 우리가 항상 하나님께서 우리의 마음속과 우리 말을 듣는 사람들 마음속에서 이루기를 원하시는 것을 추구한다는 것이다. 하나님께서 이루기 원하시는 것은 무엇인가? 다음의 세 가지 단어는 이를 이해하는 데 도움이 된다. 그것은 사명(mission), 방법(methods) 그리고 성품(character)이다.

대사로서 말하는 것은 왕이 부여하신 사명을 나타내며 말한다. 또한 그것은 이런 질문이기도 하다. "내 말이 주님께서 귀하게 여기시는 것을 전하고 있는가?" 그것은 왕의 방법을 따르는 것을 의미하는 것으로 "주님이시라면 이러한 상황에서 어떻게 하셨을까?"라고 생각하는 것이다. 여기서 우리는 행동의 궁극적인 모범이신 주님을 발견한다. 우리를 부르심은 예수님께서 행하신 대로 행하고, 예수님께서 말씀하신 대로 말하기 위함이다. 결론적으로 대사로서 말한다는 것은 왕의 성품에 대한 고찰이 필요하다. 주님을 나타내보이는 것은 단지 올바른 목표와 방법의 문제만이 아니라, 올바른 태도의 문제이기도 하다. "내가 어떤 상황에서 사람에게 반응할 때, 나는 충실하게 왕의 성품을 나타내보이는가?(골 3:12-14)" 만약 내가 아들의 방에 있었던 그날 밤에 이러한 질문들을 스스로에게 던졌다면, 내 말은 전혀 달라졌을 것이다.

왕이 주신 사명

2. 대사는 왕이 주신 사명을 정확히 이해한 후 말해야 한다 ·· 예수님께서 이 세상에서 하신 일은 무엇이며, 우리의 삶에서 하시는 일은 무엇인가? 예수님의 사명은 무엇인가? 바울은 우리에게 매우 구체적으로 가르쳐준다. 하나님께서는 지금도 일하시기 때문에 "산 자들은 다시는 저희 자신을 위하여

살지 않고 오직 저희를 대신하여 죽었다가 다시 사신 자를 위하여 살아야 한다"(고후 5:15)라고 바울은 말했다. 하나님께서는 우리의 죄악된 마음과 우상 숭배의 경향성에 초점을 맞추신다. 모든 우상들 중에서 가장 강력하고 만연한 우상은 바로 자기 자신이다. 모든 죄인들은 어떤 식으로든 이 우상을 섬긴다. 아담과 하와처럼 모든 죄인들은 하나님이 되려는 욕망이 있으며, 자신의 즐거움과 의지에 따라 세상이 움직이기를 원한다. 예수님께서는 우상에 얽매인 우리를 풀어주기 위해 이 세상에 오셨고, 죽으셨으며, 다시 부활하셨다. 자기 자신을 위해 살던 우리가 예수님의 은혜로 변화받아 오직 주님만을 섬기며 경배하는 자가 되게 하는 것이 우리를 향하신 예수님의 목적이다. 예수님께서 우리를 변화시키실 때, 우리는 더욱더 예수님을 본받는 사람이 된다. 우리는 진정으로 예수님을 나타낼 수 있고, 예수님의 대사가 되어 우리의 삶뿐만 아니라, 다른 사람들의 삶에서 예수님의 목적을 드러내는 방식으로 말을 할 수 있다.

사명의 주된 관심사는 하나님을 섬기느냐 아니면 우상을 섬기느냐이다. 하나님의 대사로서 우리는 하나님 중심의 말을 해야 한다. 이것이 우리에게는 자연스럽지 않다. 오랜 세월 동안 우리는 직장, 집, 자동차, 사람들 그리고 재물과 같은 삶의 물질적인 측면에 대해서만 이야기해왔다. 우리의 말은 우리가 얻으려는 것을 취하는 노력과 그렇지 못할 때의 좌절을 나타낸다. 남편은 아내가 외출 준비하는 시간이 너무 길어질 때 아내에게 소리지른다. 어머니는 딸의 방이 엉망이라며 큰소리를 내고, 아들은 부모가 사다 준 옷이 우스꽝스럽다고 불평한다. 아이들은 자기가 갖고 싶어 하는 장난감 가게에 데리고 가지 않으면 울어대고, 아버지는 신문을 찾지 못했을 때 짜증을 낸다.

이 모든 대화는 전부 육적인 세계에 초점을 맞추고, 창조주보다도 창조물을 더 경배하고 섬기는 마음으로부터 나온다. 대화는 은밀하게 창조물을 우상 숭배하게 하며, 창조주의 뜻과 영광을 잊어버리게 한다. 이런 말들은 그 자체가 우상 숭배이기 때문에, 하나님께서는 자신의 뜻을 이루기 위한 도구로서 결코 사용하지 않으신다. 하나님의 뜻은 모든 우상에 대한 얽매임으로부터 사람들을 자유롭게 만드는 것이다.

하나님의 목표는 근본적으로 영적이다. 하나님께서는 우리가 순종하는 마음을 가졌을 때만, 그분 뜻대로 세상과 적절한 관계를 맺는 것을 아신다. 그러므로 하나님께서는 우리의 문제에 대한 즉각적인 해결책에 초점을 맞추실 뿐만 아니라, 시간이 오래 걸리는 마음의 변화에도 관심을 가지신다. 하나님께서는 자신의 백성들의 마음을 다시 소유하기를 원하신다. 그렇게 될 때 백성들은 하나님 한 분만을 섬기는 것이다(겔 14:1-6). 이를 이루기 위해서 주님은 우리의 개인적인 안락을 기꺼이 희생시키신다. 하나님께서는 내 아들의 엉망진창인 방이 나를 격동시켰던 것처럼, '우리를 격동시키는' 상황을 허락하신다. 그분은 우리의 마음의 죄악성이 드러나기를 원하신다. 왜냐하면 우리가 회개하기 위해서는 그 죄악된 마음을 깨달아야 하기 때문이다. 우리의 마음은 우리의 말을 통해서 나타난다. 우리의 말이 선보다는 악을 더 행할 때, 우리는 왕되신 주님의 목적과 어긋난 방식으로 말하게 된다. 다시 말하면, 우리는 하나님의 구속의 목표가 아닌 자신의 개인적인 유익을 더 섬기게 된다. 그러나 구속의 목표는 하나님께 가장 중요하다.

그날 밤 아들의 방에서 나는 아들의 마음속에 있던 영적 전쟁을 깨닫는 데 완전히 실패했다. 나는 아들을 소중한 한 영혼으로 보지 않았다. 아들을 영적인 전투의 한가운데 있는 하나님의 피조물로 보지 않았다. 내 자신의 전투가 혈과 육에 관한 것이 아니고 정사와 권세들에 관한 것임을 망각했다(엡 6:12). 내가 하나님의 눈앞에 있음을 잊어버렸다. 그 대신 나는 피조물에 관한 생각으로 가득 찼고(내 아들의 방) 그것을 어떻게 해결해야 하는지에 대해서만 생각했다. 그렇다. 나는 사명을 받았고, 아주 분명하게 내 사명을 깨달을 수 있었다. 그러나 하나님께서 사명을 이루기 위해 대사로서 나를 그곳에 있게 하셨다는 사실을 까맣게 잊어버렸다. 나는 거기서 실패했고, 더 놀라운 일을 이룰 수 있는 소중한 기회를 놓쳐버렸다. 나에게는 생명의 떡이 아닌 육적인 떡을 추구하는 경향이 있었다. 그 결과 생명의 떡의 영광을 잊어버리고 말았다. 그렇다면 그 방의 상황에서 우리가 주의 깊게 보아야 하는 의미가 있는가? 그렇다. 그것은 오직 죄의 올무를 깨뜨리는 왕의 영광스러운 사명을 나타낼 때만 의미가 있다.

왕의 방법

3. **대사는 왕의 방법을 완전히 이해한 후 말해야 한다** ·· 대사는 왕의 뜻이 담긴 말을 전달할 뿐만 아니라, 왕이 하는 방법으로 말해야 한다. 우리 역시 마찬가지다. 어떤 방식으로든지 왕의 사명만 이루면 되는 것이 아니다. 우리가 부르심을 받은 일의 방식은 예수님의 성품과 목적과 일치해야 한다. 다시 말하면, 성육신화되기 위해서는 예수님의 방법까지도 따라야만 한다. 우리의 말하는 방식은 하나님께서 자신의 백성을 대하시는 방식을 보여주어야 한다.

그날 밤 내 아들의 방으로 다시 돌아가보자. 나는 내가 추구하던 목표에 대해서만 잘못한 것이 아니었다. 방법에 있어서도 잘못했다. 내가 아들을 변화시키려고 한 일은 무엇이었는가? 분노와 죄의식, 비난과 위협, 최후통첩 등 이런 것들이 내가 사용한 '방법'이었다. 그러나 나를 부르신 예수님께서는 이렇게 하지 않으신다. 잠언은 과격한 말이 노를 격동한다고 했다(15:1). 내 방법은 온순한 대답이 낳는 순종과 개방적인 분위기가 아니라, 적대심과 거부감만 불러일으킨다.

그렇다면, 하나님께서는 어떻게 진정한 마음의 변화를 일으키시는가? 혹은 바울이 말한 대로, 주님은 어떻게 자기 자신만을 위해 살던 우리를 주님을 위해 살아가는 삶으로 '몰아' 가시는가? 고린도후서 5장 11-21절은 바울 자신과 우리를 주님을 위한 삶으로 몰아가시는 것은 바로 그리스도의 사랑이라고 명확하게 말한다. 궁극적으로 우리의 속마음을 갈아엎으시는 것은 하나님의 통치나 그분의 거룩함이나 죄악에 대한 분노나 혹은 전능하신 권능이 아니다. 로마서 2장 4절에서 보는 바와 같이, 사람들을 회개에 이르게 하시는 주님의 인자하심이다. 바울은 동일하게 고린도 교인들에게 말한다. 우리에게 자기 자신을 위한 삶에서 주님을 위한 삶을 살도록 동기를 부여하는 것은 그리스도의 사랑이다. 그리스도의 영광스런 대속의 사랑은 변화를 위한 그분의 가장 설득적인 권고이며, 변화를 이루는 가장 강력한 수단이다.

우리는 모든 삶의 상황과 환경 속에서 하나님의 사랑을 나타내는 방법으로 말하도록 부르심을 받았다. 이 얼마나 고귀하며 우리를 겸손하게 만드는 기준인가! 우리 중 누가 "주님, 제가 지금 그렇게 살고 있습니다"라고 자신 있게 말할 수 있겠는가? 우리 중 누가 솔직하게 주님께 다음과 같이 부르짖지 않아도 되는 사람이 있단 말인가? "주님, 저는 주님의 부르심에 합당치 않게 살아왔습니다. 주님이 오셔서 저의 힘이 되어주시지 않는다면 저는 결코 주님의 영광과 선하심을 알게 하는 방법으로 말할 수가 없습니다."

우리는 주님께서 사용하시고 또한 우리에게 사용하라고 말씀하신 방법이 지금까지 우리가 자연스럽게 선택해왔던 방법들과는 완전히 다르다는 것을 겸손히 인정해야 한다. 내게 악을 행한 자에게 축복하라는 것(롬 12:14)은 분명 평상시의 내 태도가 아니다. 하루에 일곱 번씩이나 내게 같은 잘못을 저지른 후 돌아와 회개하는 자를 용서하는 것은 분명 내가 해왔던 일이 아니다(눅 17:3-4). 선으로 악을 이기는 것도 나의 모습이 아니며(롬 12:21), 화평하기 위해 원수를 갚지 않는 것(17-20)도 나의 본 모습은 아니다. 나는 인내하고, 온유하며, 겸손하고, 모든 격동함 속에서도 오래 참는 것(엡 4:2)이 어렵다는 것을 깨닫는다. 나는 내게 악을 행한 자에게 먼저 찾아가기보다는 그가 찾아오기를 기다린다(마 18:15-17). 나는 해가 지기 전까지 분쟁을 해결하고 관계를 회복하는 것이 어렵다는 것을 깨닫는다. 나는 오직 당했던 악을 잊어버리고 싶지 않고 내 머릿속에서 계속 반복해서 회상하기를 원한다(엡 4:26-27). 인내와 온유한 용서로 사람들을 변화시키기보다는, 고통스러운 분노의 힘으로 변화시키기를 원한다(약 1:20). 그리고 기다리지 않고 성급하게 말하기를 원하며, 인내심을 갖고 주의 깊게 듣는 것은 매우 귀찮은 일이라고 생각한다(19절). 한 걸음 물러서서 하나님의 방법으로 말하도록 내 자신을 준비하기보다는 순간의 분노에 사로잡혀서 말하기를 원한다(잠 15:28).

그러나 하나님의 방법은 우리가 생각하는 것과 전혀 다르다. 이것이 우리가 하나님의 방법을 이해하고 따라야 하는 이유다. 바울이 고린도후서 10장 4절에서 말한 대로, '우리의 싸우는 병기는 육체에 속한 것이 아니라, 오직 하나님 앞에서 견고한 진을 파하는 강력'이다. 우리들은 대사로서 세상의 비효과적이고 파괴적인 무기를 내려놓고 왕께서 우리 손에 들려주신 복음의 무기를 사용하도록 부르심을 받았다. 하나님께서 우리의 삶 속에 획기적인 마음의 변화를 이루시기 위해 복음의 도구들을 사용하시고, 우리가 다른 사람들에게 복음의 도구로써 행하기를 원하신다.

바울은 고린도후서 5장에서 변화를 일으키는 세 가지 방법을 소개한다. 그것은 자기 희생(self-sacrifice), 용서(forgiveness) 그리고 관계 회복(reconciliation)이다. 그런데 이것들을 단지 방법으로만 생각하지 말고, 주님의 대사로서 우리의 말에 대한 범주라고 생각하면 도움이 될 것이다. 우리의 말은 세 가지 범주를 넘어서지 말아야 한다. 잠시 이것들이 의미하는 바가 무엇인지 묵상해보자.

먼저, 그리스도께서 우리의 삶 속에서 하신 일은 '자기 희생'이다. 우리의 구원은 그리스도의 죽으심을 의미한다. 또한 예수님께서 우리를 제자로 부르실 때, 우리를 사랑하셨던 것처럼 우리도 다른 사람들을 사랑하고 섬기도록 스스로를 죽은 자로 여기라고 말씀하셨다. 자기 자신을 죽이라는 부르심은 주님의 종으로서 자기 희생적인 삶을 살도록 부르신 것인데, 이는 주님께서 공생애의 삶을 사실 때 제자들에게 가르치신 것과 일치하는 주제다(마 10:37-38, 16:24-28, 눅 9:23-27, 14:25-27, 31-33, 요 12:23-26).

그리스도께서는 자기 희생을 통해 우리를 변화시키셨다. 예수님께서 우리를 위해 자신의 생명을 기꺼이 바치셨기 때문에, 우리는 주님의 신적인 본성에 참예하는 자가 되었다. 만약 그리스도께서 하나님의 아들로서 자신의 권위와 위엄을 지키시려고 했다면, 우리는 아무런 희망도 없이 죄의 멍에에 갇혀서 저주의 심판을 당할 것이다. 그러나 예수님께서는 이 타락하고 죄 많은 세상에서 인간으로 고통을 당하시기 위해서 하늘의 영광을 기꺼이 버리셨을 뿐만 아니라, 또한 죄가 없으심에도 불구하고 우리의 죄로 인해 죽임을 당하기까지 하셨다. 예수님께서 우리를 대사로 부르신 것은 바로 이와 같은 자기 희생을 기꺼이 받아들이게 하시기 위함이었다. 이를 통해서 우리의 삶은 사람들의 마음속에서 변화를 일으키시는 그분의 영광스런 사역을 돕는 것이다. 바울은 빌립보 교회에 이렇게 썼다.

> "그러므로 그리스도 안에 무슨 권면이나 사랑에 무슨 위로나 성령의 무슨 교제나 긍휼이나 자비가 있거든 마음을 같이 하여 같은 사랑을 가지고 뜻을 합하며 한 마음을 품어 아무 일에든지 다툼이나 허영으로 하지 말고 오직 겸손한 마음으로 각각 자기보다 남을 낫게 여기고 각각 자기 일을 돌아볼 뿐더러 또한 각각 다른 사람들의 일을 돌아보아 나의 기쁨을 충만케 하라 너희 안에 이 마음을 품으라
>
> 곧 그리스도 예수의 마음이니 그는 근본 하나님의 본체시나 하나님과 동등됨을 취할 것으로 여기지 아니하시고 오히려 자기를 비어 종의 형

체를 가져 사람들과 같이 되었고 사람의 모양으로 나타나셨으매 자기를 낮추시고 죽기까지 복종하셨으니 곧 십자가에 죽으심이라"(빌 2:1-8).

바울은 그리스도의 자기 희생적 사랑의 모범을 따르라는 부르심에 대해서 매우 적극적으로 말한다. "이기적인 욕망이나 헛된 자부심으로는 어떠한 일도 하지 말라!" 우리의 매일의 대화는 이러한 기준에 따라야 한다. 개인적으로 나는 자신의 권위와 위엄에 의해 움직이는 것이 훨씬 더 쉽다고 생각한다. 나는 나의 시간, 나의 계획, 나의 소유 그리고 내가 통제할 수 있는 상황을 포기하도록 요구받을 때, 갈등에 빠진다. 내 말 속에서 문제가 일어나는 대부분의 상황은 바로 내 것들에 집착할 때에 일어난다. 내가 급히 화장실에 들어가고 싶을 때 딸이 전혀 나올 기미조차 보이지 않는다면 나는 참을성 없이 호통을 칠 것이다. 아내의 계획이 내 일정과 겹치게 될 때 나는 짜증을 낼 것이다. 부주의로 오디오를 망가뜨린 자녀에게 소리지를 것이고, 가족들의 특별한 날을 위해 세운 자신의 계획에 대해 식구들이 전혀 호응해 주지 않는다면 투덜거릴 것이다. 이 모든 반응들은 자기애에 근거한다. 그래서 뒤따르는 대화의 내용들은 하나님께 영광을 돌리지 못하고 가족들 사이에서 주님께서 하시는 일에도 전혀 도움이 되지 못한다.

자기 희생은 죄인인 우리들의 본질적인 마음의 갈등으로 곧장 이어진다. 모든 우상 중에서 가장 강력한 우상은 바로 자기 자신이라는 것을 기억하라. 하나님이 되고자 하는 욕망이 모든 죄인들의 마음속에 자리잡고 있다. 하나님께서는 우리 안의 우상을 깨뜨리고자 하시며 그 우상이 무너질 때에 우리는 주님의 영광만을 위해서 살 수 있다. 주님의 대사로서 우리는 자아를 죽이고 주님을 위해서 말하는 자가 되도록 부르심을 받았다.

하나님의 두번째 방법은 '용서함'이다. 주님께서 충만히 그리고 완전하게 우리를 용서해주셨다는 것은 오직 주님의 자비로운 사랑에 의해 설명될 수밖에 없기 때문에 참으로 놀라운 은혜다. 바울은 하나님께서는 인간의 죄악을 기억하지 않으신다고 말한다. 만약 우리의 왕이시며, 심판자이시고 홀로 거룩하신 하나님께서 우리를 기꺼이 용서해주신다면, 우리가 다른 사람들에 대해서 용서하지 못할 것이 무엇인가?(마태복음 18장 21-35절에 나오는 긍휼히 여기지 않은 종의 비유를 보라) 우리가 자신의 죄를 고백하기 위해 스스로 숨은 곳에서, 변명의 삶에서, 다른 사람의 잘못으로 돌리는 습관에서, 방어적인 태도에서, 자기 의를 주장하는 것에서 그리고 자기 방어적인 모습에서 나올 수 있는 것은 우리를 충만히 그리고 온전히 용서해주신다는 하나님의 약속 때문이다. 주님의 용서는 우리의 삶에 강력한 변화의 도구가 되어왔다. 우리가 다른 사람들에게 주님을 나타내는 사람이 될 때, 용서는 놀라운 변화의 도구가 될 것이다.

후회스럽게도 그날 밤 내가 아들에게 한 말들은 용서하는 마음에서 우러나온 것이 아니었다. 나는 아들의 방이 엉망진창이었던 것보다 내 자신이 훨씬 더 큰 죄를 용서받은 자임을 잊어버리고 있었다. 나는 십대의 방황하는 삶에 대해 전혀 이해하지 않았다. 자신의 죄를 용서받은 자의 모습 가운데 하나인, 듣기는 속히 하고 말하기는 더디 하는 모습이 없었다. 나는 우선 내 마음을 진정시키기 위해 아들에게 상황에 대한 설명을 요구하는 질문을 전혀 하지 않았다. 그의 대답을 참을성 있게 기다리지도 않았다. 격려의 말도 하지 않았다. 대신 나는 내가 아들이 받는 것보다도 훨씬 더 많은 하나님의 은혜를 필요로 하는 자임을 까맣게 잊어버리고 자기 유익을 추구하는 마음으로 가득 차서 거친 말을 주저없이 내뱉었다. 그 순간 우리 두 사람은 본질적으로 전혀 다른 점이 없었다. 우리는 과거에도 동일한 죄인이었고 그 순간에도 마찬가지였다. 우리는 마음에 진정한 변화를 일으키시는 하나님의 용서가 필요한 죄인들이다. 내가 받은 용서의 은혜를 어떻게 잊을 수 있겠는가? 동일한 용서의 은혜를 어떻게 내 아들에게 베풀지 않겠는가? 하나님께서는 우리를 사랑하신 것처럼 우리가 서로 사랑하고(요 13:34-35), 그분께서 우리를 용서하신 것처럼 서로 용서하라고 하신다(엡 4:32-5:2). 우리의 말은 성령의 권능으로 말미암아 하나님의 기준에 합당해야 한다.

왕께서 우리를 변화시키는 데 사용하시는 세번째 방법은 '관계 회복' 이다. 관계 회복이란 사람 사이에서 무너진 관계를 다시 맺게 하기 위해 문제를 해결하거나 화해하는 것을 의미한다. 이것은 죄로 끊어졌던 주님과 우리와의 관계를 회복시키기 위한 하나님의 사역이기도 하다. 아담과 하와가 금지된 열매를 먹은 후에 하나님과의 관계가 단절되었다. 하나님께서는 동산 시원한 곳에서 그들과 함께 거니시기 위해 내려오셨는데, 예전에 한 번도 없었던 일이 일어났다. 아담과 하와가 하나님을 피해 숨은 것이다. 죄는 하나님과의 관계를 끊어놓았다. 아담과 하와는 과거에 자신들과 온전한 교제를 나누던 하나님을 지금은 두려워한다. 그들은 주님을 피했고, 죄인인 그들은 그때부터 숨게 되었다. 하나님과의 관계는 아담과 하와의 분명한 존재 이유였는데 죄로 인해 이 관계가 깨어졌다. 그래서 인간에게는 하나님과의 관계를 회복시켜줄 중재자가 필요했다. 바로 예수님께서 그 중재자로서 이 땅에 내려오셨다. 예수님께서는 성육신과 십자가 죽음 그리고 부활로써 단절을 채우셨고 그 결과 우리는 다시 창조주 하나님과의 관계가 회복되었다.

이것이 복음의 내용이다. 또한 하나님께서 그리스도를 통해 인간과의 관계를 회복시키시는 사역이다. 주님은 끊임없이 우리 마음을 변화시키기 위해 관계 회복 사역을 하신다. 우리가 하나님의 자녀로서 그분의 백성으로서 그리고 교회의 한 지체로서 하나님과의 친밀한 관계로 다시 돌아갈 때, 비로소 우리는 마음의 변화를 경험한다. 하나님께서는 우리를 의롭다 하심으로써 우리를 거룩하게 하신다. 하나님께서는 관계 회복을 통해 우리가 그분의 거룩하심 같이 거룩한 자로, 신적 성품에 참예하는 자로 만드신다. 그리스도의 대사로서 우리는 삶에서 사람들에게 하는 말들을 그리스도인답게 결정하는 것이 목표임을 반드시 기억해야 한다.

　이것이 실제적인 삶에서 의미하는 것은 무엇인가? 사실 우리는 그 동안 우리의 삶에서 세상의 문제들이 해결되기를 원했다. 하지만 이제 우리는 그 이상을 원한다. 세상의 문제는 우리 주변의 사람들을 하나님과 더 풍성하고 깊은 관계로 이끌기 위해 사용할 수 있는 기회들이다. 이러한 고상한 목표가 우리의 모든 관계와 모든 상황에서 나타난다. 하나님께서는 모든 상황 속에서 오직 구원을 이루시기 위해 일하신다. 우리는 하나님의 사역에 우리의 말이 유익이 되기를 원한다. 그러나 만약 우리가 다른 사람들과 깨어지고 회복되지 않은 관계 가운데 있다면 회복의 도구로 사용될 수 없다. 우리는 평화의 말, 관계를 회복하는 말 그리고 연합과 일치를 격려하는 말을 하도록 부르심을 받았다. 우리가 이런 말을 하는 것은 우리의 행복만을 위한 것이 아니라 하나님께서 연합과 일치 속에서 구원 사역을 이루기 위해서다.

　이러한 목표에 대해 내게 가장 분명하게 깨달았던 경험이 목회 사역의 초기에 있었다. 우리 가족은 집주인과 그 딸이 사는 집 옆에 바로 붙은 셋집에 살았다. 얼마 동안 우리의 관계는 좋았고 그곳에서 사는 일이 즐거웠다. 그런데 언제부터인가 우리가 이해할 수 없는 상황이 생기기 시작했다. 집주인의 딸인 브리지트(Bridget)가 우리를 볼 때마다 화를 내면서 대하기 시작했다. 그녀는 우리 아이들에게 욕을 해댔다. 우리가 하지 않은 일들과 하지 않은 말들에 대해 비난을 퍼부었다. 밤늦게까지 오디오 볼륨을 최대한 크게 틀어놓아 아이들의 잠을 깨우곤 했다. 도저히 견디기 힘든 상황까지 이르렀다.

　우리는 적은 수입으로 근근이 살고 있었는데 이사한 지 얼마 되지 않아 냉장고가 고장났다. 브리지트는 우리에게 자신의 것을 빌려 쓰도록 해주었다. 어느 날 아내의 친정 부모님이 우리를 보기 위해서 오시기로 했다. 그들의 방문을 준비하면서 우리는 냉장고를 음식으로 가득 채워놓았다. 그런데 부모님이 도착한 다음 날, 브리지트는 냉장고를 지금 즉시 돌려달라고 전화를 했다. 나는 냉장고가 고장났느냐고 물어보았다. 그렇지 않다고 했다. 단지 냉장고를 지금 돌려받고 싶다는 것이었다. 나는 지금은 냉장고가 음식으로 가득 차 있으니 한 주 정도 후에 돌려주면 안 되겠느냐고 물었다. 하지만 그녀는 그날 당장 5시까지 돌려줬으면 좋겠다고 말했다.

나는 전화를 끊고 화가 치밀어올랐다. 이건 지난 몇 달 간 견뎌야했던 모든 일들 중에서 가장 최악의 모욕이었다. 우리는 냉장고에서 음식을 다 끄집어내어 30도가 넘는 찜통이 된 부엌의 탁자 위에 올려놓은 다음 냉장고를 그 집 앞에 갖다놓았다. 나는 브리지트에게 뭔가 항의해야겠다는 격한 마음으로 그녀의 집으로 갔다. 그러나 감사하게도 그녀를 만나지 못했다. 주님께서는 다른 계획을 가지고 계셨다.

그날 오후, 아내 루엘라는 빵을 만들기 시작했고, 나는 늘 그랬듯이 계피빵을 만들어달라고 했다. 그녀가 오븐에 빵 반죽을 올려놓다가 내게 돌아서서 말했다. "여보, 이 빵 한 접시는 브리지트에게 갖다주어야 할 것 같아요." 마침 나도 속으로 그런 생각을 하고 있었다. "하나님께서는 우리에게 선으로 악을 이겨야 한다고 하셨고 우리에게 악을 행하는 자들에게 선으로 갚아줄 방법을 찾아보라고 하셨잖아요. 빵을 다 만든 다음에, 당신이 그녀에게 얼마나 우리가 그녀를 사랑하고 있으며 좋은 관계를 갖기 원한다는 것을 말하는 쪽지를 써서 보내면 어떨까요?" 정말 나도 그렇게 하려고 했었다.

그렇지만, 그 쪽지는 지금까지 내가 썼던 글들 중에서 가장 힘들었다. 지금 뭔가 잘못되고 있다는 생각으로 가득 찼다. 나는 브리지트가 우리를 아프게 했던 대로 아픔을 당하기를 원했다. 나는 우리의 삶이 지난 수개월 동안 고통스러웠던 것처럼 그녀의 삶도 고통스러워지기를 원했다. 그녀도 우리처럼 어떤 일에든지 고함치는 것을 듣게 되고 항상 바늘 방석 위에 앉아 있는 듯한 기분을 느끼기를 원했다. 나는 나 자신으로 너무나 가득 차 있었기 때문에 하나님의 심판하심을(롬 12:19) 위해 한 걸음 물러난다는 것이 무척이나 힘들었다.

그러나 하나님의 은혜로 루엘라가 제안했던 대로 할 수 있었다. 나는 쪽지와 따뜻한 빵 한 접시를 들고 주인집으로 갔다. 집주인은 현관에서 맞아주었다. 내가 이 빵은 따님을 위한 것이라고 말했을 때 그녀는 내게 너무나 맘이 좋으신 분이라고 했다. 그녀는 딸의 행동을 알고 있었고 평소에도 그 일에 대해 무척 미안해했다. 나는 그저 이것은 하나님께서 내게 원하시는 일일 뿐이라고 말해주었다.

그 빵 한 접시는 개인적인 어려움에도 불구하고 하나님의 사명과 방법에 우리가 순종한다는 것을 보여주었다. 우리는 브리지트에게 선을 행하고 친절하게 말할 수 있는 모든 일들을 찾아보았다. 우리는 할 수 있는 한, 때와 장소를 가리지 않고 사랑으로 섬겼다. 예전에 있었던 분노는 여전히 사라지지 않았지만, 우리는 선으로 악을 이기기 위해 끊임없이 서로를 격려했다.

어느 늦가을 오후 나는 문을 두드리는 소리를 들었다. 밖을 내다보니 브리지트가 서 있었고, 내 마음은 철렁 내려앉았다. '이젠 또 뭐지? 우리는 잘 대해주려고 그렇게 노력을 했는데!' 그런데 놀라운 일이 기다리고 있었다. 내가 문을 열었을 때, 브리지트가 울음을 터트리기 직전의 얼굴로 서 있었다. 그녀는 집 안에서 잠깐 이야기를 나눌 수 있느냐고 물었다. 집 안으로 데리고 들어와 루엘라와 내가 그녀와 함께 앉았을 때 그녀의 뺨에는 눈물이 흘렀다. 그녀는 말했다. "함께 사는 것이 괴로울 정도로 아저씨와 아주머니의 삶을 힘들게 했다는 것을 잘 알고 있어요. 저 자신도 왜 그렇게 악독하게 되었는지, 왜 그렇게 화가 났는지 잘 모르겠어요. 저는 가족을 멀리했고, 친한 친구들도 전부 버렸어요. 그런데 아저씨와 아주머니는 정말로 저를 사랑해준 유일한 분이세요. 저는 도움이 필요해요." 그리고 그날 오후 시간 내내 우리는 식탁에서 오직 그리스도만이 주실 수 있는 도움에 대해서 브리지트와 이야기를 나누었다.

선으로 악을 이기라는 루엘라의 말은 옳았다. 그녀는 브리지트와 우리의 관계 속에서 하나님의 명확한 목표를 보았다. 자기 의로 가득 찬 화난 말들은 결코 이런 만남을 만들 수 없다. 더욱 악화되는 말의 전쟁에 내 자신을 내던지는 것은 결코 선한 일을 이룰 수 없다. 나는 모든 상황이 단순히 우연히 일어난 일이 아님을 깨달았다. 하나님께서 우리를 버리셨기 때문에, 시험을 당한 것이 아니었다. 그분은 오히려 이 일을 통해서 우리를 성화시키며 역사하셨다. 그리고 하나님께서는 우리를 통해서 일하셨다. 그분은 자신의 대사로서 그곳에 우리를 두셨고 그럼으로써 그분은 브리지트가 당신과의 관계를 회복하도록 하셨다. 그분은 사랑의 말과 선한 말을 하도록 우리를 부르셨다. 우리를 기꺼이 용서해주시며, 기꺼이 그분의 관계 회복의 사역의 일부를 감당하는 말을 하도록 부르셨다. 그래서 그분은 우리에게 자신의 굴레에서 벗어나도록 도우시는 성령을 주셨고, 그로 인해 우리의 말은 변화를 일으키는 은혜로운 도구가 되었다.

하나님께서는 그분의 대사로 살며 말하도록 우리 각자를 부르신다. 우리는 하루 24시간 늘 이 일을 담당하고 있다. 우리가 하는 모든 일과 모든 말은 우리를 통해 나타나시는 주님을 깨닫게 해야 한다. 하나님께서는 그 순간 개인적인 욕구보다 더욱 고상한 하나님의 목표의 일부분이 되도록 부르신다. 우리는 삶의 상황에서 구원을 이루시는 하나님의 말씀을 전하도록 부르심을 받고 있다.

 더 깊은 묵상을 위하여

대사로서 말하기

1. 당신의 삶의 어느 부분에서 주님의 목표가 아닌 자신의 목표를 이루려는 불평과 분노 혹은 좌절을 발견하는가?

2. 하나님께서는 다른 사람들의 삶 가운데서 그분이 이루시고자 하는 일들에 당신을 부르신다. 당신은 부르심에 순종할 수 있는 기회를 어떤 상황에서 발견하는가?

3. 당신은 어떤 상황 속에서 세상의 방법들을 사용하여 싸우려는 경향을 보이는가?

4. 하나님께서는 당신이 그분의 대사가 되어 개인적인 희생을 감수하도록 어떻게 부르시는가?

5. 당신이 용서하지 못한 사람들이 있는가?

6. 하나님께서는 어떤 상황에서 관계 회복의 일꾼으로서 당신을 부르시는가?

8장 올바른 방향으로 나아가라

> "내게 이르시기를
> 내 은혜가 네게 족하도다
> 이는 내 능력이 약한 데서
> 온전하여짐이라 하신지라
> 이러므로 도리어 크게 기뻐함으로
> 나의 여러 약한 것들에 대하여
> 자랑하리니 이는 그리스도의 능력으로
> 내게 머물게 하려 함이라"
> (고후 12:9).

이 책을 쓰고 있을 때, 나는 플로리다의 클리어워터(Clearwater)해변에서 휴가를 보내고 있었다. 그곳에는 바다를 가로지른 아름다운 방둑길이 해변의 섬들과 육지를 연결해준다. 한번은 함께 있던 친구에게 저 섬들을 육지 쪽에서 내려다보면 너무나 아름답고, 그곳으로 연결된 방둑길은 얼른이라도 내려가 걷고 싶게 만든다고 말했다. 그러자 그 친구는, 얼마 전에 큰 폭풍이 플로리다를 덮친 적이 있었는데 그때 해변을 연결해주던 저 방둑길이 완전히 물에 잠겨버렸다고 말해주었다. 그리고는 이렇게 말했다. "자네가 그때 왔더라면 저 해변을 볼 수 있었을 거야. 물론 해변이 얼마나 아름다운지를 바라보며 감탄했겠지. 하지만 방둑길이 완전히 잠겨 있었기 때문에 그곳에 갈 수는 없었을 거야."

아마 이것이 지금까지 이 책에 대해서 당신이 느끼는 마음일지 모르겠다. 나는 당신에게 나아갈 방향을 설명해주었다. 그곳은 하나님께서 의도하시고 계획하신 아름다운 대화의 세계다. 하지만 당신은 마치 방둑길이 물에 잠겨버려서 그곳에 이르는 길이 전혀 없는 것처럼 절망감을 느낄지도 모른다. 또한 당신의 모습이 하나님께서 원하시는 수준에 너무나 부족하다는 것을 깨닫고 이전보다 더 절망할지도 모른다. 그렇다면 안타깝게도 이 책이 당신에게 이전보다 더 큰 절망만 안겨준 셈이다.

그렇지만 이 책의 목표는 몰아치는 폭풍을 잔잔케 하고 건너갈 수 있는 새로운 방둑길을 만들어주는 것이다. 당신에게 희망과 도움을 줄 수 있기를 원한다. 당신이 자신의 언어 생활을 새롭게 만들어나가는 일을 시작하도록 돕기 원한다.

하나님이 원하시는 모습으로 변하기 위한 실천 단계

1. 자포자기하지 말라 ·· 자책감으로 스스로 무너지는 것은 우리에게 비일비재하다. 또한 '만약 ~했다면'이라는 생각으로 모든 의욕을 상실하고 하나님께서 계획하신 때를 의심함으로 중간에 낙심하는 일도 종종 있다. 그래서 우리가 마음속에 깊이 새겨두어야 할 중요한 원칙들을 소개한다.

첫번째, 하나님께서는 놀라운 상담자이시다. 그분은 온 우주에서 최고의 스승이시다. 그분은 우리가 이해하고 깨달을 수 있는 분량이 어느 정도인지를 정확하게 아신다. 십자가의 길이 가까워질 무렵, 예수님께서 제자들에게 들려줄 말씀이 많지만 그들이 이해하지 못한다고 말씀하신 적이 있다. 예수님께서는 제자들에게 그들을 계속해서 가르치실 또 다른 선생을 보내주실 것을 약속하셨다. 하나님께서는 항상 가장 정확한 순간에 진리가 무엇인지를 우리에게 보여주신다. 하나님의 계획 속에는 어떠한 실수도 존재하지 않는다. 그러므로 우리는 후회하며 눈물을 흘리지 말고 하나님의 주권적인 지혜를 온전히 의지해야 한다.

두번째, 하나님께서는 메뚜기가 먹은 것을 갚아주실 것이라고 성경은 약속한다(욜 2:25). 우리의 죄를 사해주신 하나님께서 또한 우리를 회복시키시고, 다시 세우시며 새롭게 해주실 것을 기억하는 일은 매우 중요하다. 우리는 하나님께서 말씀하신 새롭게 하시는 은혜 가운데 살기 때문에 이미 포기한지 오래된 옛 습관들조차 새로워지는 것을 경험한다. 이처럼 하나님께서는 새롭게 하시는 은혜에 순종하게 하심으로써 과거의 상처를 회복시켜 주신다. 이러한 일이 상담받는 사람들 가운데 끊임없이 일어났다. 그때까지 그들은 과거의 상처는 결코 회복될 수 없다고 믿도록 끊임없이 유혹받아온 사람들이었다.

  2. 복음의 소망을 간직하라 ·· 우리는 은혜로운 말을 해야 한다는 하나님의 뜻을 결코 도달할 수 없는 고지(高地)처럼 바라보아서는 안 된다. 바울은 디모데를 격려하며 이렇게 말했다. "하나님이 우리에게 주신 것은 두려워하는 마음이 아니요 오직 능력과 사랑과 근신하는 마음이니"(딤후 1:7). 우리는 그리스도 안에 있음을 잊어버릴 때 두려움에 압도되고 공포에 떨며 위축된다. 이를 피하기 위해 다음의 세 가지를 기억하라.

  첫번째, 우리는 우리의 죄악이 넘칠 때마다 하나님의 은혜 또한 넘치게 받은 자들이라는 사실을 기억해야 한다. 죄는 우리를 얽어매었지만, 우리의 구세주마저 얽어맬 수는 없었다. 그분의 삶, 죽으심 그리고 부활하심은 우리에게 죄에 대한 승리를 확증하셨다. 이것은 로마서 6장 14절에서도 언급한다. "죄가 너희를 주관치 못하리니 이는 너희가 법 아래 있지 아니하고 은혜 아래 있음이니라." 이 은혜는 우리 삶의 모든 환경과 관계 속에서 적용된다. 그리고 우리가 약할 때에 오히려 온전해지는 것이다.

  두번째, 우리는 삶의 어려운 문제들이 하나님께서 우리를 버리셨다는 것을 의미하지 않는다는 것을 기억해야 한다. 시편 기자는 시편 46편에서 하나님께서는 '환난 중에 만날 큰 도움'이심을 말한다. 이것은 하나님께서 어려움에 처한 우리를 단순히 돌보실 것이라거나 혹은 도우실 수 있다는 의미가 아니다. 주님은 그 이상이다. 그분은 피난처나 대피소처럼 어려움이 있을 때에 바로 그곳에 계신다.

세번째, 비록 그분의 부르심이 강렬해도 죄인으로서 우리 자신이 너무나 절망적이라서 용서의 은혜로 충분하지 않다는 것을 하나님께서 잘 아신다는 것을 기억하라. 그래서 그분은 죄를 사해주실 뿐만 아니라 성령을 통해 우리 안에 거하신다. 사도 바울은 주님께서 우리와 함께하시는 신비로운 연합을 이렇게 표현했다. "우리 가운데서 역사하시는 능력대로 우리의 온갖 구하는 것이나 생각하는 것에 더 넘치도록 능히 하실 이에게"(엡 3:20).

주님의 능력은 우리 안에 거하실 뿐만 아니라 능력으로 역사하신다. 그분은 죄를 사해주신다. 또한 능력으로 강하게 하신다. 하나님께서는 우리가 그 뜻을 행하는 데 필요한 것들을 공급해주시지 않으면서 어떤 것도 행하라고 요구하시지 않는다. 만약 주님께서 우리에게 홍해를 건너라고 하셨다면, 그분은 배를 보내주시거나, 다리를 만들어주시거나, 물을 갈라주시거나 아니면 최소한 헤엄쳐 건널 수 있도록 도와주신다.

3. 당신의 삶의 열매가 무엇인지를 살펴보라 ·· 당신의 언어 습관을 통해 생겨나는 열매가 무엇인가? 당신은 다른 사람들을 격려하고 희망을 주며 사랑하는가? 당신의 말은 용서와 화해와 평화를 가져다주는가? 당신의 언어 습관은 지혜를 주고 믿음을 격려하는가? 아니면 이런 것과는 달리 절망시키며 분열하게 하고, 남을 헐뜯게 만들며, 아프게 하며 다른 사람들을 웃음거리로 만드는가?

변화는 당신 자신이 뿌린 씨앗의 열매를 직시하는 겸손한 자세에서부터 시작된다. 갈라디아서 6장 7절은 이렇게 말한다. "스스로 속이지 말라 하나님께서는 만홀히 여김을 받지 아니하시나니 사람이 무엇으로 심든지 그대로 거두리라."

사탄의 교활한 속임수 가운데 하나는 우리로 하여금 우리가 뿌린 씨앗의 열매가 사실은 다른 사람 때문이라고 믿게 만드는 것이다. 예를 들면, "그가 나를 화나게 해요", "자식들이 생기기 전에는 전혀 이런 식으로 말한 적이 없어요", "만약 당신이 내 남편 같은 사람하고 산다면, 당신도 마찬가지로 악하게 변할 수밖에 없을 거예요", "내 상사가 늘 내 속의 악한 본성을 끄집어낸단 말이야!"

죄를 용서하시며 능력으로 함께하시겠다는 주님의 약속을 믿고 용기를 내라. 그리고 당신의 말로 뿌린 열매가 무엇인지 살펴보라. 주님 앞에서 그 열매들을 거두라. 바로 그곳에서 계속해서 변화하고자 하는 의욕이 생겨날 것이다.

4. 당신의 마음의 뿌리를 밝혀내라 ·· 누가복음 6장 45절에는 예수님께서 우리의 언어 습관에 대해 하신 아주 중요한 말씀이 있다. "선한 사람은 마음의 쌓은 선에서 선을 내고 악한 자는 그 쌓은 악에서 악을 내나니 이는 마음에 가득한 것을 입으로 말함이니라." 말의 문제는 항상 마음의 문제를 나타낸다. 우리의 말이 문제를 일으키는 곳을 살펴보면 우리의 마음을 다스리는 것이 무엇인지 알 수 있다.

내가 어렸을 때, 부모님께서는 외가에서 친척들이 모이는 행사가 있으면 우리 형제들을 데리고 가셨다. 외삼촌과 이모들은 모두 예수님을 믿지 않는 분들이셨다. 그래서 부모님께서는 식사 시간에는 함께 있다가 술을 마시는 분위기가 되면 얼른 우리를 데리고 빠져나오셨다.

그런데 한번은 어머니가 이모들과 대화하느라 정신이 없어서 외삼촌이 다른 방에서 술에 취하기 시작했다는 것을 알아차리지 못했다. 술에 취한 외삼촌은 마크(Mark) 형과 나에게 외설적인 얘기들을 해주고 있었다. 어머니는 무슨 일이 벌어졌는지 알아차리시자마자 쏜살같이 달려들어오셔서, 나와 형의 손을 와락 잡으시더니 차에 태워서 그 길로 외가를 떠나오셨다.

집에 오면서 어머니는 삼촌에 대해 이렇게 말씀하셨다. "술이 애초에 없던 마음을 새롭게 만드는 것은 아니란다." 지금도 나는 그 말을 결코 잊을 수가 없다.

이제 우리는 다른 사람들이나 어떤 상황들이 우리가 현재 하는 말을 하도록 만드는 것이 아님을 인정해야 한다. 우리의 마음이 우리의 말을 만들어 낸다. 다른 사람들이나 주변 상황들은 단순히 마음 자체를 드러내는 데 쓰이는 도구일 뿐이다. 당신이 이것을 솔직히 인정하고 고백할 때에 하나님의 용서와 그 풍성한 능력의 길이 열릴 것이다. "만일 우리가 우리 죄를 자백하면 저는 미쁘시고 의로우사 우리 죄를 사하시며 모든 불의에서 우리를 깨끗케 하실 것이요"(요일 1:9).

5. 용서를 구하라 ·· 옛말에도 죄를 고백하는 것은 자신의 영혼을 건강하게 만든다고 했다. 진실에 직면하여 당신의 생각과 행동 혹은 했던 말이 잘못이라고 깨달을 때 두 가지 길이 있다. 당신은 자신의 죄를 고백하고 그리스도의 용서의 은혜를 다시 한 번 의지할 수 있다. 아니면 하나님께서 죄라고 정하셨지만 그래도 당신의 양심이 자기 합리화의 근거를 애써서 세울 수도 있다. 우리는 얼마나 이런 일을 잘 해내는가! 때로는 사건을 완전히 재구성하기도 한다. "나는 전혀 화나지 않았어. 단지 내 요점을 강조하고 싶을 뿐이야." 다른 사람들을 비판하기도 한다. "그녀는 묘하게 날 화나게 만드는 독특한 재능이 있어!" 육체적인 연약함을 일부러 강조하기도 한다. "몸 상태가 별로 좋지 않았어. 평상시의 상태가 아니었던 거야." 상황 탓으로 돌리기도 한다. "오늘은 재수가 억세게 안 좋은 날이었어!" 이 모든 것들은 하나님께서 말씀하신 대로 살지 못했음을 변명하기 위한 말들이다.

후자의 행동의 열매는 무엇일까? 잠언은 이를 잘 말해준다. "자기의 죄를 숨기는 자는 형통치 못하나 죄를 자복하고 버리는 자는 불쌍히 여김을 받으리라"(잠 28:13). 용서를 구하는 것은 더러워진 정원을 정리하는 것과 같다. 그것은 영혼의 토양이 순종이라는 새로운 삶을 살아가도록 만든다. 그러나 고백되지 않은 죄의 씨앗은 영혼의 생명을 앗아간다.

당신의 언어 습관을 다시 세우기 위한 가장 중요한 일은 스스로에게 다음과 같이 묻는 것이다. 내가 주님과 다른 사람들에게 고백해야 할 언어 습관의 구체적인 죄는 무엇인가? 이 질문을 할 때 성령과 동행하라. 성령께서는 당신이 예수님의 형상을 따르도록 역사하신다. 이 질문을 통해 자신의 영혼의 토양을 정결하게 하고 성령께서는 그리스도의 인격이라는 씨앗을 당신의 영혼 속에 심어주신다.

용서를 구하는 것은 매우 중요한 전환점이 된다. 바로 거기서 우리는 하나님께서 우리 삶 속에서 원하시는 일들을 거부하는 저항을 그치고, 순종적이며 적극적인 하나님의 동역자가 된다. 언제나 그렇듯이 그 결과는 선한 열매를 맺는다. 우리 영혼은 그분의 영광스러운 정원이 되고, 사랑과 희락과 화평과 오래 참음과 자비와 양선과 충성과 온유와 절제의 성령의 아홉 가지 아름다운 열매로 충만한 과수원이 된다.

6. 다른 사람의 죄를 용서하라 ·· 언어 습관의 변화를 위한 이번 단계에는 두 가지 측면이 있다. 하나는, 법적인 측면에서 용서해야 하는 것이다. 이것은 하나님 앞에서 다른 사람의 죄를 더 이상 기억하지 않겠다는 자발적인 의지다. 실제로 이것은 원수 갚는 일에 대한 어떤 권리나 소원을 하나님께 맡기는 행위다. 이에 대해 사도 바울은 로마서에서 다음과 같이 말했다. "내 사랑하는 자들아 너희가 친히 원수를 갚지 말고 진노하심에 맡기라 기록되었으되 원수 갚는 것이 내게 있으니 내가 갚으리라고 주께서 말씀하시니라"(12:19).

하나님께서 '진노하심에 맡기라' 고 말씀하실 때는 사실 이렇게 말씀하시는 것이다. "나를 방해하지 마라. 그것은 내가 직접 처리할 일이다." 죄를 용서하는 것은 하나님과 사람 사이의 수직적인 관계를 의식하면서 시작된다. 그것은 원수를 주님께 맡기고 그분의 공의로우신 판단을 의지하는 것이다.

용서의 두번째 측면은 관계적인 면에서 용서하는 것이다. 이것은 용서를 바라고 오는 모든 사람을 기꺼이 용서해주려는 자발적인 마음이다. "서로 인자하게 하며 불쌍히 여기며 서로 용서하기를 하나님이 그리스도 안에서 너희를 용서하심과 같이 하라"(엡 4:32).

상담을 하면서 나는 한 사람이 변화하고자 할 때 다른 사람을 용서하지 않고 또한 용서하려고도 하지 않는 것보다 더 큰 장애물을 본 적이 없다. 다른 사람을 용서하려고 하지 않는 마음은 우리로 하여금 하나님께 순종하려 하지 않고 오히려 하나님을 대적하게 만들며, 서로 연합하지 못하게 만든다.

7. 삶의 습관을 바꾸라 ·· 새로운 방식의 언어 습관을 갖고자 하는 결심에는 기꺼이 다른 사람을 용서하겠다는 순종이 필요할 뿐만 아니라, 구체적인 죄의 고백이 필요하다. 하나님께서는 당신의 언어 습관이 어떻게 변화되기를 원하시는가? 옛 습관을 버리는 대신 세워야 할 새로운 방식의 언어 습관은 무엇인가?

어떤 부부가 이런 방식으로 자신의 죄를 고백했을 때, 나는 그들에게 언어 습관에 대한 새로운 목표를 세우도록 했다. 잘못된 말을 할 때마다 "그건 잘못이야"라고 말하라고 제안했다. 또한 둘 중 한 명이 잠시라도 옛 언어 습관을 다시 따를 때는 대화 중간이라도 잠깐 말을 중단하고 "우리 이런 식으로 말하지 않기로 했잖아. 잠깐 쉬었다가 주님이 기뻐하실 방법으로 다시 대화를 시작해보자"라고 말하라고 제안했다. 나중에 이 방법만으로도 부부의 언어 습관이 놀랍게 변화되었음을 확인할 수 있었다.

언어 습관을 바꾸기 위해서는, 우선 회개와 고백을 통한 옛 생활로부터의 '떠남'이 있은 후, 새로운 언어 습관을 갖겠다는 구체적이며 실제적인 헌신으로의 '부착'이 있어야만 한다. 언어 습관에 대한 결심은 성경 말씀에 기초한 살아 있는 신앙(나에게 요구하시는 것은 옳은 것이며 가장 좋은 것이다)과 주님의 면전 앞에 서 있음을 깨닫는 생동감 넘치는 믿음(그분은 내가 있는 곳마다 나와 함께하시며 내가 그분이 원하시는 일을 하고자 할 때 필요한 모든 것을 공급해주신다, 벧후 1:3-9)을 그 기초로 한다.

8. 기회를 찾으라 ·· 이것은 방향의 변화를 의미할 뿐만 아니라 관점의 변화를 뜻한다. 모든 갈등의 근원이었던 상황과 이기적이며 경건하지 못한 말들이 난무하던 순간들과 당신을 완전히 공포스럽게 했던 환경들이 이제는 주님의 은혜를 경험하며 새롭게 결심한 성품과 순종의 모습을 실험할 수 있는 절호의 기회가 된다.

옛 습관을 벗어버리고, 복음의 물결 속으로 당신 자신을 잠그라. 당신 자신의 죄를 직면하라. 그리고 다른 사람을 용서하도록 노력하며 또한 진심으로 용서하라. 그러면 당신은 더 이상 인생을 포악한 동물들과 맹독성 뱀들과 모든 것을 빨아들이는 모래 구덩이로 가득 찬 위험스러운 정글로 보지 않게 될 것이다. 오히려 주님의 자녀들을 위해 계획하신 하나님의 놀라운 일들을 경험할 수 있는 기회로 가득 찬 정원으로 보게 될 것이다.

잠언 28장 1절은 이렇게 말한다. "악인은 쫓아오는 자가 없어도 도망하나 의인은 사자같이 담대하니라." 이제 사자와 같은 담대함을 가지고 세상으로 나아가라. 냉소주의나 두려움에 빠지는 것을 거부하라. 두려움과 의심 그리고 도피로 일관된 삶을 중단하라. 담대하게 살라. 새로운 변화를 이룰 수 있는 기회들을 놓치지 말라. 그리고 주님께서 능력을 주신다는 약속을 꼭 붙들라. 주님은 당신에게 새로운 방식으로 은혜의 말을 할 수 있는 많은 기회들을 주신다.

9. 당신의 말을 주의 깊게 선택하라 ·· 잠언은 "의인의 마음은 대답할 말을 깊이 생각하여도 악인의 입은 악을 쏟느니라"(잠 15:28)고 말한다. 성급히 말하는 것이 어리석은 일임을 잠언은 깨닫게 해준다. 우리가 새로운 방식으로 말하기 위해 하나님께서 주시는 기회들을 찾기 시작할 때, 반드시 배워야 하는 것은 말하기 전에 생각하는 것이다. 우리는 현명하게 할 말을 선택하는 법을 배워야만 한다. 이 부분에 대해서는 이 책의 마지막 장에서 더 자세히 설명할 것이다. 나는 다음과 같이 말하면서 땅을 치며 후회하는 사람들을 많이 보아왔다. "그렇게 성급하게 말하는 게 아니었는데…", "내가 너무 신중하지 못했던 것 같아", "아까 내가 한 말을 다시 취소할 수만 있다면 좋겠어."

하나님께서는 두 가지 기준에 따라 말을 하도록 하셨다. 첫번째는 '그분의 영광' 이라는 기준이다. 우리의 입으로부터 나오는 말은 먼저 하나님께서 받으실 만한 것이 되어야 한다. 두번째는 우리 주변에 있는 '사람들의 유익' 이다. 하나님께서 원하시는 것은 이 두 가지 기준을 만족시키면서 말하는 것이다.

10. 당신의 연약함을 고백하라 ·· 우리가 진실로 복음이 무엇인지를 이해하지 못한다는 분명한 표시 중의 하나는, 자신의 연약함을 두려워하고, 그것으로 인해 낙심하며 그리고 연약함이 자신의 모습임을 수용하지 않는 것이다. 그리스도는 우리가 연약하기 때문에 이 세상에 오셨다. 성경은 우리가 주님께서 주시는 은혜의 공급이 필요하지 않을 정도로 성숙하다고 말하지 않는다. 만약 우리가 하나님께 완전하게 순종하며 산다고 해도 우리가

처음 예수님을 영접했을 때 그분의 은혜를 필요로 했던 만큼의 은혜가 여전히 필요하다.

연약함을 깨닫는 것은 아직도 성숙하지 못했다는 표시가 아니라 사실은 정반대의 의미다. 우리가 주님께로 가까이 나아갈수록, 그분과 함께 동행하는 삶이 오래될수록 그리고 그분의 말씀을 온전히 깨달을수록 우리 자신의 연약함과 무능력과 죄성을 더 많이 깨닫는다. 그래서 바울은 자신의 약함에 대해 "나의 여러 약한 것들에 대하여 자랑하리니"(고후 12:9)라고 말했다. 이것은 바울이 연약해지는 것을 좋아해서가 아니다. 오직 자신이 연약한 상태에 있을 때 그리스도의 능력이 함께하시기 때문이었다. 우리의 연약함은 주님의 역사하심을 결코 방해하지 않는다. 그러나 우리가 강하다는 환상은 주님의 역사를 방해한다. 하나님의 능력은 약한 자를 위한 것이다. 하나님의 은혜는 무능한 자를 위한 것이다. 하나님의 약속은 믿음이 없는 자를 위한 것이다. 하나님의 지혜는 어리석은 자를 위한 것이다.

오직 그분의 은혜로 모든 연약함과 무능력과 믿음 없음과 어리석음에도 불구하고 그분으로부터 도망가는 것이 아니라 그분을 향해 달려간다. 참으로 우리의 있는 모습 그대로 하나님께 갈 수 있다. 우리가 순간마다 올바른 말을 하려고 노력하는 상황보다 우리에게 그분이 필요함을 더 잘 나타내는 때는 없다. 당신의 연약함을 인정하고 능력의 유일한 근원되시는 그분께로 기쁨으로 나아가라.

11. 사탄에게 기회를 내주지 마라 ·· 바울은 에베소서 4장에서 우리의 잘못된 언어 습관에 대해서 말하면서, "마귀로 틈을 타지 못하게 하라"(27절)고 했다. 사탄은 거짓말하며 미혹하는 영이다. 그는 분열을 획책하며 파멸을 바란다. 그는 모든 선함과 진실함의 원수다. 의심과 절망과 반역의 씨를 뿌릴 기회만을 노린다. 생명력 있는 신앙을 미워하고 새로운 삶을 싫어한

다. 우리가 하나님으로부터 돌이켜서 서로 대적하기를 바란다. 우리는 이러한 미혹에 지혜롭게 대처하고, 미혹의 길에 빠지지 않도록 모든 노력을 다해야 한다. 사탄에게 어떤 틈도 주어서는 안 된다.

우리의 언어 생활에서 사탄에게 우리를 미혹하거나 멸망시킬 기회를 주지 않기 위해 두 가지 일을 할 수 있다. 첫번째는 정직할 수 있는 용기를 갖는 것이다. 진실하고자 하는 결심은 사탄이라는 원수가 어떻게든 우리를 넘어뜨리려는 술책으로부터 우리를 보호하는 훌륭한 예방책이다. 그는 어둠 속에 살고 있다. 그리고 은밀하게 일을 꾸민다. 우리가 빛 가운데로 나아와서 자신을 숨기지 않고 솔직히 드러내는 것은 사탄에게 죄를 짓도록 유혹할 기회를 조금도 주지 않는 것이다.

두번째는 겸손하게 듣는 노력이 우리에게 필요하다. 상대방의 말을 겸손히 듣고자 하는 의지로 진실하게 말하면 사탄의 술책은 발도 들여놓지 못할 것이다. 우리의 언어 습관에서 일어나는 대부분의 문제는 의식하지 못하는 상태에서 사탄에게 죄를 짓도록 미혹할 수 있는 기회를 주는 데서 일어난다.

하나님의 뜻에 순종할 때 따르는 축복

오래 전부터 나는 아내 루엘라의 관계를 통해서 언어 습관은 가장 변화하기 어려운 부분임을 알았다. 루엘라는 점잖게 말하도록 교육받은 가정에서 자랐다. 그녀의 집에서의 한 가지 원칙은 말싸움이 일어날 만한 것은 결코 말하지 않는다는 것이었다. 때로 서로의 뜻이 맞지 않게 될 때는 누군가가 재빨리 화제를 다른 데로 돌리곤 했다.

그 반대로 나는 모든 가족이 서로 먼저 말하려고 하는 분위기에서 자랐다. 논쟁은 때때로 고성을 지르는 단계까지 고조되곤 했다. 우리 집에서 한 가지 원칙이 있다면 그것은 생각하지 말고 가능한 빨리 말하는 것이었다.

그렇지 않으면 전혀 말할 기회를 얻지 못할 수도 있기 때문이었다.

이와 같은 두 가지 방식이 혼합된 우리 부부의 대화는 매우 고통스러운 것이었다. 말싸움을 할 때 우리는 둘 다 화를 내며 싸우기는 했지만, 나는 감정을 폭발하는 식이었고 아내는 입을 완전히 다물어버리는 식이었다. 그렇기 때문에 서로가 완전히 낙담하곤 했다. 그러던 가운데 한 가지 단순한 원칙이 변화를 가져왔고 우리의 언어 습관에 새로운 생명을 불어넣었다. 우리는 에베소서를 읽고 있었는데 다음과 같은 말씀을 읽게 되었다. "분을 내어도 죄를 짓지 말며 해가 지도록 분을 품지 말고"(4:26). 우리는 "바로 이거야!"라고 생각했다. 우리는 당연히 이 일을 할 수 있다고 생각했다. 그것은 우리의 언어 문제를 해결할 수 있는 매우 단순하면서도 괜찮은 방법이었다.

그래서 우리는 앞으로 갈등이 생기면, 그 문제를 해결하지 않고는 잠을 자지 않겠다고 결심했다. 처음으로 말싸움을 했던 날, 우리는 애써 잠들지 않고 버텼다. 서로 상대방이 먼저 사과하기를 기다리며 졸린 눈을 부릅뜨고 있었다. 그때까지도 우리가 깨닫지 못했던 것은, 우리가 단지 말의 문제를 해결하기 위해서가 아니라, 마음의 문제까지도 해결하기 위해서 말씀의 원리에 순종해야 한다는 것이었다. 사실 갈등이 정말 시작된 곳은 말이 아니라 마음이었다. 다행히도 우리는 하나님의 방법에 순종할 때 따르는 놀라운 유익들이 무엇인지를 깨닫기 시작했다. 얼마 지나지 않아 우리는 저녁까지 기다리지 않았다. 서로를 배려하지 못하고 함부로 말한 다음에는 곧바로 용서를 구했다. 이제 우리는 용서를 구하고 관계를 회복하는 데 조금도 주저하지 않는다.

소망 가운데 말한다는 것

아직도 당신은 이렇게 생각할지도 모르겠다. '여보세요, 작가 양반. 당신은 우리의 상태가 얼마나 나쁜지 모르시나봐요. 완전히 절망적이에요!' 나는 당신이 이스라엘 군대가 골리앗을 볼 때 크기만 보고 겁먹었던 것처럼 그렇게 자신의 언어 습관의 문제를 바라보지 말라고 조언한다. 오직 다윗의 시각으로 당신의 언어 습관의 문제를 바라보라. 그는 골리앗을 하나님의 엄청난 위엄과 영광에 비교하면서 작고 왜소한 골리앗으로 바라보았다. 하나님께서는 하실 수 있다. 그분은 변화를 일으키시는 위대한 주님이시다. 그분은 모든 것을 회복하는 분이시다. 그분의 말씀에 생명이 있다. 그분은 당신이 할 수 없는 것을 억지로 하라고 결코 강요하지 않으신다.

이 책의 핵심 요점들을 잊지 말라. 그것은 다음과 같다.

- 하나님께서는 우리의 언어 생활에 대해 원대한 계획이 있으시고, 그것은 우리의 계획보다 훨씬 더 탁월하다.
- 죄는 우리 언어 생활의 목표를 완전히 바꾸어버렸고, 그 결과 상처와 혼란과 갈등 관계만이 남았다.
- 주 예수 그리스도 안에서 우리는 하나님께서 원하시는 언어 생활을 위해 필요한 모든 것을 공급해주시는 은혜를 받았다.
- 성경은 우리의 현재 상태로부터 하나님께서 원하시는 상태로 어떻게 변화될 수 있는지를 가르쳐준다.

휴양지 섬과 도시를 연결하는 다리가 물에 잠겨버렸을 때는 절망감으로 클리어워터의 아름다움을 바라보았지만, 이제는 그럴 필요가 없다. 다리가 다시 놓여졌기 때문에 우리는 그곳에 갈 수 있다. 마찬가지로, 우리가 주님을 영화롭게 하며 사람들에게 유익을 주는 언어 생활로 갈 수 있는 다리를 다시 보수해야 할 때, 하나님께서는 필요한 모든 것을 허락해주신다. 우리는 믿음으로 새로운 용기를 갖고 앞으로 전진해야 한다. 그러면서 우리 자신의 죄와 연약함을 고백해야 한다. 또한 오직 주님의 죄 사함과 은혜 안에서만 발견되는 소망을 가슴 속에 품어야 한다.

옛 생활에 대한 미련은 접어두라. 그리스도의 임재와 사역 가운데서 나타나는 소망을 굳게 붙들라. 지금까지 당신의 언어 생활의 열매를 한 번 살펴보라. 그리고 그 열매를 돌아보며 마음에 있는 뿌리까지 살펴보라. 하나님께 죄를 사해주시기를 간구하고 당신 스스로 죄를 용서하라. 이것을 단지 일회성으로 그치지 말고 모든 순간마다 일어나는 행동 방식이 되게 하라. 스스로 잘 느끼지 못하는 잘못된 점을 바로잡기 위해 주변에 있는 사람들과 상의하라. 옛 사람의 생활 방식을 버리려고 노력하라. 그러면 나중에 정말 사라진다. 하나님 말씀의 놀라운 명령과 원리를 기쁨으로 실천하라. 하나님께서 당신에게 가르쳐주신 그분의 언어 생활 방식의 새로운 방법을 삶에 적용하라. 자원하는 마음으로 신중하게 선택된 말을 하라. 왜냐하면 그런 말들은 주님이 받으실 만한 것이며 더불어 다른 사람들에게는 유익을 주기 때문이다. 매일 당신의 연약함을 고백하고자 노력하고 또한 실제로 고백하라. 이것은 주님의 강하심을 경험하는 은밀한 기회이다. 마지막으로, 사탄에게 틈을 주지 말라. 그러기 위해서 용기를 내어 모든 일에 솔직해지라. 겸손하게 다른 사람의 말을 경청하라. 사탄에게 미혹할 수 있는 어떤 여지도 남겨두지 말라.

하나님께서는 당신의 필요에 대해서 알고 계신다. 만약 원수의 미혹이 너무 강하면, 하나님께서 직접 그들을 물리쳐주실 것이다. 만약 당신이 건너야 할 홍해 앞에 있다면 그분은 물을 갈라주실 것이다. 만약 당신이 목이 마르지만 마실 물이 없다면, 하나님께서는 반석 가운데서 물을 공급해주실 것이다. 만약 당신이 심한 굶주림을 느낀다면, 만나를 내려주실 것이다. 만약 죄를 짓고 있다면, 그 죄를 용서해주실 것이다. 또한 연약해져 있다면 강하게 해주실 것이다. 우리의 구속자께서 우리와 함께 계신다. 그러므로 우리의 언어 생활이 새롭게 변할 수 있는 소망이 있다.

 *Getting Personal*   더 깊은 묵상을 위하여

연결 다리 다시 세우기

1. 당신은 언제 낙심시키는 사탄의 거짓말을 믿게 되는 유혹을 받았는가?
(예를 들면,
'그는/그녀는/그들은 결코 변하지 않을 거야!'
'그가/그녀가/그들이 내뱉은 악한 말들을 절대 용서할 수 없어!'
'하나님께서는 네 말 같은 것에는 관심도 갖지 않으실 거야.'
'하나님께서는 더 중요한 다른 것에 관심이 있어.'
'네가 화내는 것은 당연해.'
'다른 사람이 너와 같은 환경 속에 있었다면, 그들 역시 악해졌을 거야.'
'네가 고분고분하면 다른 사람들이 너를 이용할 거야.')

2. 당신은 나쁜 언어 습관을 버리고 싶은가? 하나님께서 원하시는 언어 생활로의 변화를 막는 당신의 나쁜 버릇은 무엇인가?
(예를 들면, '~했더라면 ~하지 않았을 텐데' 라고 말하는 것)

3. 당신이 고백하기를 원하는 구체적인 언어 습관의 죄는 무엇인가? 주로 누구에게 그런 죄를 짓는가?

4. 모든 언어적인 갈등 속에서 소망을 잃지 않기 위해 당신이 매일 기억해야 하는 하나님의 약속은 무엇인가?

5. 언어 생활을 회복시키시는 하나님께 순종하고자 할 때, 당신은 어떤 부분에서 가장 먼저 변화되어야 하는가? 그분께서 당신이 행하기를 원하시는 가장 즉각적인 변화는 무엇인가?

9장 도움이 필요한 백성들

> "형제들아 너희가 삼가 혹 너희 중에 누가 믿지 아니하는 악심을 품고 살아 계신 하나님에게서 떨어질까 염려할 것이요 오직 오늘이라 일컫는 동안에 매일 피차 권면하여 너희 중에 누구든지 죄의 유혹으로 강퍅케 됨을 면하라"
>
> (히 3:12-13).

당신은 정말 하기 싫은 일을 해야 했던 적이 있는가? 그런 일은 끝없이 당신을 지치게 하는 일들이 아닌가? 대부분의 사람들은 무엇과 맞서는 대결, 혹은 직면의 상황에 놓일 때 아마 이런 기분일 것이다. 바로 그 대결한다는 말조차 우리에게는 불길한 일의 전조처럼 보인다. 머릿속에서는 서로를 공격하는 일촉즉발의 긴장된 상황과 상대에 대해 이글거리는 눈빛, 손가락질, 더욱 높아만 가는 고성 그리고 붉은 얼굴과 심한 욕설들이 떠오른다. 이런 모습들은 생각만 해도 우리를 불편하게 한다.

만약 내가 내일 당신의 집에 찾아가 당신을 심하게 비난하려 한다면 당신은 기대감에 넘쳐 들뜨겠는가? 당신이 아내나 친구에게 이렇게 말하는 것을 상상할 수 있는가? "정말 굉장한 소식이야! 폴 트립 씨가 내일 찾아와서 나를 질책한다고 했어. 정말 그때까지 못 기다리겠어. 난 이때까지 한 번도 질책을 받아본 적이 없거든. 드디어 그때가 왔어." 이런 모습은 절대 상상하지도 못한다. 우리는 본능적으로 불안해하고 두려운 마음으로 대결하며 직면 상황이나 질책을 받는다. 그러나 성경은 이러한 일들은 우리의 언어 생활을 위해서 하나님께서 마련하신 계획의 핵심적인 부분이라고 말한다.

왜 '직면'할 때 두려운가?

이 질문에 가장 쉬운 대답은 죄인으로서 인간은 자신의 죄를 숨기고 또 그 죄에 대해서 다른 사람을 비난하고 책임을 전가시키는 데 많은 시간을 보냈기 때문이다. 성경은 "그 정죄는 이것이니 곧 빛이 세상에 왔으되 사람들이 자기 행위가 악하므로 빛보다 어두움을 더 사랑한 것이니라"(요 3:19)고 말했다. 이것은 분명히 사실이다. 우리 자신을 포함한 모든 죄인들은 자신들의 삶이 정밀한 검사를 받을 때 편안할 수가 없다. 그래서 우리는 자신의 눈에 있는 들보를 보는 것보다 다른 사람의 눈에 있는 티를 더 잘 보는 것이다.

그러나 사실 더 큰 이유는 자신의 죄를 들여다보고 싶지 않기 때문에 우리는 '직면'을 두려워한다. 또한 그 죄를 다룰 때 느끼는 모든 수고와 비성경적인 방법들 때문에도 직면을 두려워한다. 뿐만 아니라 질책을 두려워하는 데에는 본질적인 이유가 있다. 그러나 우리는 '직면케 하는 것'도 하나님의 방법임을 모를 때가 있다. 이러한 사실을 잘못 이해하는 원인이 무엇인지 살펴보자.

1. '직면'은 성경적인 관점인데 종종 개인적인 불편과 분노라고 오해된다 ‥ 직면의 목적은 다른 사람의 의견을 조절하기 위해 우리의 의견을 정리하는 것이 아니다. 또한 우리 자신이 충분히 가진 다음에 다른 사람들로 하여금 갖게 만드는 것이 아니다. 죄의 직면은 누군가 죄를 지었거나, 다른 사람을 다치게 했거나, 화나게 만들었을 때 종종 일어난다. 그러나 그러한 상황에서 우선되어져야 할 성경의 관점은 우리에게 죄를 지은 사람에 대한 분노 때문에 대개 잊혀진다. 그 사람이 우리의 삶을 힘들게 만들었기 때문이다.

그래서 우리의 분노는 언급할 주제들을 왜곡시키고, 직면의 순간에 얻을 수 있는 유익은 우리의 분노로 인해 가려진다.

2. 정보 수집이 빈약하면, 사실에 대한 부정확한 가정(assumption)을 만들어 '직면'을 왜곡한다 ·· 직면에서 가장 중요한 단계는 정보 수집의 단계다. 우선 문제를 정확하게 바라보는지를 살펴보아야 한다. 그 다음에는 그 사람이 결과에 대해 책임이 있는지를 확인해야 한다. 만약 그렇게 하지 않으면, 왜곡된 관점이 상담자가 피상담자에게 잘못된 직면을 요구하게 된다. 분명히 일어난 일만 생각하고 바라보아야 한다는 것에 유의해야 한다.

3. 동기 판단으로 인해 오히려 '직면'이 흐려지기도 한다 ·· 잘못을 질책할 때에 그 사람이 실제로 행동한 것뿐만 아니라 행동 이면에 있는 동기에 대해서도 말하는 경우가 있다. 안타깝게도 이러한 일은 가끔씩 사람에 대한 오해와 잘못된 정죄를 하게 된다. 우리는 잘못을 지적할 때가 많다. 하지만 거기에만 머무르지 않고 있지도 않은 마음의 동기를 운운하면서 판단하기도 한다. 그러면 책망을 받는 사람은 정말 필요한 훈계를 바르게 받아들이지 못한다.

4. 분노를 자극하는 언어와 비난 섞인 말투 그리고 감정적인 어조 등은 '직면'을 망쳐놓기도 한다 ·· 직면의 분위기는 종종 긴장감이 감돌아 무겁게 느껴지기 쉽다. 성경이 말하는 잔잔한 책망의 말씀 이외에는 이야기가 온화한 것이기보다는 거친 말이 되기 쉽다. 그런 직면에 대하는 피상담자는 중요한 메시지들은 잊어버리고 그 순간에 분출된 분노의 말이나 어조만을 기억할 것이다.

5. '직면'은 질책이 필요한 사람을 위한 따뜻한 관심이 아니라 악마적인 것이 될 수도 있다 ·· 직면이라는 단계에서 상담자는 자신의 본분을 잊어버릴 수 있다. 하나님의 은혜가 아니고서는 지금의 피상담자가 처한 상황에 자신도 처할 수 있다는 사실을 잊어버리는 것이다. 때때로 그리스도인의 유일한 대적은 오직 하나뿐이라는 사실을 잊어버리는 것 같다. 그래서 지금 직면하는 그 사람을 적으로 생각하기도 한다. 그러나 그는 결코 우리가 넘어뜨려야 하는 적이 아니다. 직면의 목적은 상담자가 피상담자의 죄를 지적하고 깨닫게 만드는 것이 아니다. 하나님께 자신의 죄를 고백하고 용서하도록 권면하면서 주님 앞에 홀로 서게 하는 것이다.

6. 성경은 '직면'의 순간에서 자신을 비쳐보는 거울이나 유익한 지침서로 사용되기보다는 종종 질책의 도구로 사용된다 ·· 죄를 질책할 때 성경의 가장 중요한 기능은 처벌에 대한 경고가 아니라, 죄를 깨닫게 하는 놀라운 기술이다. 성경은 사람들이 있는 그대로의 자신들의 모습을 볼 수 있게 한다. 그것은 한 사람의 행동에서의 잘못뿐만 아니라, 그 마음속의 잘못까지도 나타낸다. 그러므로 직면의 일차적인 목표는 다른 사람을 판단하여 정죄하는 것이 아니라, 죄에 대한 고백으로 이끄는 것이다.

7. '직면'은 때로는 인간의 기대나 소원을 하나님의 뜻으로 오해하게 만든다 ·· 직면의 목적은 다른 사람에게 당신이 원하는 일을 하게 하거나 혹은 당신을 기쁘게 만드는 삶을 살게 하려는 것이 아니다. 직면의 목표는 당신의 뜻을 수용하거나 당신의 해석을 수긍하게 만들거나 아니면 당신이 제시한 방향에 따르도록 하는 것이 아니다. 직면은 항상 피상담자로 하여금 하나님의 뜻에만 순종하도록 하는 것이다.

8. '직면'은 종종 인간 관계가 깨지는 상황에서도 일어날 수 있다 ·· 어떤 때는 직면이 이루어지기 전에, 연루된 양측 사이에 이미 인간 관계가 심각하게 깨어지기도 한다. 그러면 양측은 자신들의 입장을 변호하려 하고 상대방에 대해 이미 어느 정도의 부정적인 판단을 내려버린다. 이런 환경은 직면을 시작하기도 전에 이미 잘못된 방향으로 나아가게 된다. 여기서 우리가 기억해야 할 사실은 직면은 상호간에 사랑과 신뢰가 형성되어진 관계 속에서 가장 효과적으로 나타난다. 그럴 때 직면은 무엇이 문제인지를 가장 정확하게 알 수 있는 진단법이 된다.

9. '직면'은 때때로 점진적인 변화가 아니라, 즉각적인 변화만을 고집하기도 한다 ·· 대부분의 경우 직면의 단계에서 우리는 성령께서 역사하실 여지를 남겨두지 않는다. 결코 성경은 한 번의 만남을 통해 마음과 행동의 완전하고도 극적인 변화를 경험해야 한다고 말하지 않는다. 실제로 성경은 변화를 어떤 사건으로 표현하기보다는 과정으로 보여준다. 우리는 피상담자로 하여금 변화의 시간을 가질 여유도 주지 않고 즉시 하나님께 고백하고 그분의 말씀에 순종하게 만드려는 경향이 있다. 하지만 그것은 마치 우리가 성령의 역사를 대신할 수 있는 것처럼 행하는 일일 뿐이다.

'직면'의 결과가 잘못될 때

우리는 지금까지 지적한 문제들에 의해 부정적인 영향을 받아왔다. 이러한 문제들은 피상담자가 '직면해야 한다'는 말을 들을 때마다 두려움을 갖는 원인이 되었다. 마치 치과에 가는 것을 두려워하는 것처럼, 직면할 때 우리는 상상할 수 있는 모든 끔찍한 공상들을 머릿속에 떠올린다. 그리고 만약 이런저런 공상들이 실제로 일어나면 어떻게 해야 하는지를 생각한다. 이러면서 직면을 통해 얻는 것을 두려워할 뿐만 아니라, 아예 직면하는 것조차 두려워한다. 우리는 올바른 것을 말하게 될지 아닐지를 두려워하고, 적절한 시간과 장소에서 하게 될지, 어떤 대답을 얻게 될지 그리고 직면이 끝났을 때 관계는 어떻게 될지를 초조하게 기다린다. 상담자들 대부분이 이러한 순간은 부자연스럽고, 긴장되며, 불편한 관계라고 생각했다. 그래서 하나님나라의 백성으로서 우리들은 언제든지 가능하면 '직면'을 피하려는 경향이 있다.

일전에 어떤 목사로부터 교회 성도의 직면을 돕는 모임에 참석해달라는 부탁을 받았다. 그 목사는 나에게 상담학을 배운 적이 있었다. 그날 저녁, 날씨는 우중충했고, 묘하게도 그런 일을 하기에 안성마춤이었다. 내가 도착했을 때 목사와 장로들 그리고 문제가 있는 성도는 매우 어색하고 부자연스러운 분위기로 나를 맞아주었다. 그렇지만 이들은 전에 매우 친밀한 관계를 형성했던 사람들이었다. 친밀하고 따뜻하게 대하려고 했지만, 모든 것이 매우 불편하고 힘들어보였다.

간단한 인사와 신변잡기에 관한 이야기가 끝나고 조용한 방에 앉아서 '본론'에 대해 이야기하기 전, 잠시 동안 영원토록 지속될 것 같은 침묵이 흘렀다. 긴장을 풀고 마음 편히 앉아 있는 사람은 아무도 없었고, 웃거나 즐거운 표정을 짓는 사람도 없었으며, 다른 사람과 눈을 마주치는 사람도 없었다. 나는 정말 벌떡 일어나서 이렇게 외치고 싶었다. "도대체 왜들 이러고 있습니까? 이건 원래부터 기대하던 상황이 아니라구요!" 하지만 나는 꾹 참았다.

기도로 시작하자며 목사가 기도를 드렸다. 그는 처음 그곳에 도여 인사를 나눌 때보다 기도할 때가 더 불편해보였다. 이윽고 그는 말했다. "밥(Bob), 우리가 왜 여기에 모였는지를 아실 겁니다. 우리는 오랫동안 심사숙고하던 몇 가지 일에 대해서 당신에게 말하려고 합니다." 밥은 마치 치과 의사 앞의 환자처럼 앉아 있었다. 그 다음에 목사는 서류 봉투를 열고 이 성도에 대해 지적된 죄가 적힌 여섯 장으로 된 문서를 꺼내들고 그 내용을 하나하나 읽어 내려갔다. 거기에는 어떤 대화나 의사 소통도 없었다. 밥은 죄가 낭독되는 동안 안절부절못하고 괴로워하며 앉아 있었다. 마지막 장까지 다 읽고 나서, 밥에게 이 모든 일에 대해 시인하고 회개할 준비가 되었는지를 질문했다. 밥은 혼란스럽고 감정이 상해 분노로 가득 차 보였다. 목사는 자신의 앉은 자리에서 마치 심판관처럼 그를 노려보고 있었다.

그 순간 나는 더 이상 잠자코 있을 수가 없었다. 나는 그 상황 속에 끼어들었고 몇 가지 제안을 해도 되겠냐고 물었다. 그것은 이 장에서 나중에 우리가 살펴볼 직면의 기본적인 원리들을 사용하자는 것이었다. 나는 그 자리에 모여 있는 사람들에게 끔찍하게 불편한 이 순간에서 벗어나 직면의 진정한 의미를 가르쳐주어야겠다고 생각했다.

전혀 다른 방법

그 후에 나는 그날 밤의 분위기에 대해 다시금 곰곰이 생각했다. 그런 식의 직면이나 질책은 당연히 부정적인 반응을 초래한다. 죄는 인정하기 힘들고 말하기조차 어렵다. 이런 접근은 문제를 더욱 어렵게 만들어버린다. 그래서 분명히 드러나야 할 많은 문제들이 심각해지기 전에는 결코 나타나지 않는다. 그리고 처음에는 간단한 문제가 심각하고 복잡해진다. 그렇게 되면 직면의 단계는 더욱 더 어려워진다.

직면에 대해서 생각할 때마다 내 머릿속에는 나단 선지자가 떠오른다(삼하 12장). 나단 선지자는 다윗 왕으로 하여금 자신의 죄를 직면하도록 하나님에 의해 부르심을 받은 선지자였다. 이 사건을 통해 우리는 직면에 대해 많은 것을 배울 수 있다.

우선, 우리는 다윗이 정말로 죄에 직면해야 하는 점을 주의 깊게 살펴보아야 한다. 나단이 지적해야 했던 문제는 자존심이나 이기심과 같이 깨닫기 어려운 미묘한 문제가 전혀 아니었다. 다윗은 간음 죄와 살인 죄를 저질렀다.

또한, 나단이 이스라엘의 기름부음을 받은 왕인 다윗의 죄를 직견하게 했다는 점에 대해 깊은 인상을 받는다. 나단 선지자는 하나님의 뜻에 순종하는 것에 대해 정말 완벽하게 준비된 사람이었다. 다윗은 분명히 주님의 율법을 잘 알고 있었다. 그런데 왜 그에게는 양심의 꺼림이 없었을까? 왜 그는 죄책감을 느끼지 않았을까? 왜 뻔뻔스러운 죄에 대해 지적할 사람이 필요했을까?

바로 이것이 이야기의 매우 중요한 핵심이다. 그리고 우리에게 사람의 마음을 들여다볼 수 있는 진정한 창을 제공한다. 하나님의 구속의 은혜를 통해 우리의 영적 무지와 반항성을 깨닫게 하시는 언약적인 약속을 보여준다. 다윗은 다른 사람의 아내를 자신의 아내로 삼았고, 그 남편을 살해했으며, 아무 일도 없었다는 듯이 하나님으로부터 기름부음을 받은 지도자의 자리로 돌아왔다. 나단이 가난한 남자의 작고 어린 암양에 대한 이야기를 해주기 전까지 다윗은 하나님과 우리야와 밧세바 그리고 이스라엘 백성에 대해 자신의 끔찍한 죄악을 깨닫지 못했다. 이것은 죄의 지적이 필수적이라는 것을 깨닫게 한다. 다윗과 마찬가지로 우리도 역시 하나님과 사람들에게 죄를 짓고 살아간다. 우리도 역시 아무 일도 일어나지 않은 것처럼, 전혀 괜찮은 것처럼 그렇게 살아갈 수 있다. 그래서 우리에게도 자신의 실체를 깨닫게 해줄 하나님의 부름받은 사람이 필요하다. 하나님께서 원하시는 것은 죄를 직면케 하는 일의 중요성을 다시금 깨닫는 것이다. 우리에게 죄의 지적이 필요하다는 의미는 무엇인가? 그리고 죄의 지적을 통해 하나님께서 우리에게 주시고자 하는 도움은 무엇인가?

우리는 예수 그리스도를 믿음으로 어둠의 권세에서 빛의 자녀로 새로워졌음에도 불구하고 여전히 은혜가 필요한 사람들이다. 이 말이 어둠의 권세로부터 구원받아 하나님의 자녀가 된 구원의 중요성을 축소시키는 것은 아니다. 또한 구원이 그리스도의 구속 사역의 끝을 뜻하는 것도 아니다. 오히려 그것은 시작일 뿐이다. 주님은 우리를 덮고 있는 어둠의 권세를 깨뜨리신 후에, 우리 안에 있는 모든 어둠을 제거하신다. 그래서 우리는 그분의 거룩하심과 같이 거룩해질 수 있다. 이것은 하나님의 나라에서 계속적으로 일어나는 사역이며, 바로 성화(sanctification)다. 모든 서신서의 저자들은 우리가 받은 칭의의 영광스러움을 기록하고 있다. 그러나 그들도 역시 계속적인 성화의 절실한 필요성을 말한다(이와 같은 두 가지 측면의 균형에 대한 구체적인 설명을 로마서 8장과 베드로전서 1장에서 찾아볼 수 있다).

성화의 우선적인 초점을 살펴볼 때 우리는 하나님께서 우리의 언어 생활에 대해 원하시는 것이 무엇인지를 좀더 구체적으로 이해할 수 있다. 여기서 다시 한 번 우리의 모든 대화에 대해서 성경의 가르침을 깨닫는다. 우리의 말은 하나님나라의 중요한 사역들을 나타내야 한다. 싸움은 아직 끝나지 않았다. 죄의 압제는 깨어졌지만 우리 속의 어둠은 완전한 빛 가운데 드러나야 하고 어둠이 존재했던 모든 마음의 뿌리까지 완전히 캐내져야 한다. 우리는 대화를 통해 하나님나라의 일들을 역동적으로 나타내야 하는 책임을 하나님으로부터 부여받았다. 하나님의 간섭은 때때로 죄가 발생할 때만 직면하게 만드는 것에 한정되지 않는다. 오히려, 그 간섭하심은 그리스도의 몸의 일부가 되도록 우리의 모든 삶을 이루시는 인생 전체의 약속이 된다. 이것은 우리의 대화가 세상의 대화와 완전히 다른 전혀 새롭고 숭고한 목표라는 것이다. 어떤 면에서 우리의 말은 항상 끊임없는 구원 사역을 증거해야 한다. 항상 매 순간의 표면적이고 일반적인 문제들 너머에 있는 더 큰 목표를 지향해야 한다. 그리고 항상 하나님과 인간 사이의 수직적인 측면을 고려해야 한다.

어쩌면 당신은 다음과 같은 고민을 할지도 모른다. '우리가 삶의 현실적인 문제들을 극복하도록 부르심을 받은 것은 아닐까? 저속한 말들, 지불되지 못한 고지서, 깨어진 약속, 가족 간의 불화, 무관심한 남편, 경멸하는 아내, 기름이 없어서 멈춰버린 자동차, 시끄러운 음악, 완고한 상사, 화장실 문제로 다투는 것 등 현실적으로 난처한 상황을 만났을 때 어떻게 해야 하는가? 우리는 그래도 정말 주님의 일을 해야만 하는가?'

문제는 당신이 이러한 일들을 다루어야 하는지의 여부가 아니라, 그 일을 어떻게 다루느냐이다. 우리 속에 숨어 있는 죄성에 대한 하나님의 성화 사역으로 우리는 매 순간의 문제를 해결하며, 거룩한 목적으로 언어 생활을 하도록 부름받았다. 우리는 우리의 말을 그분의 사용하시는 도구로 생각해야 한다. 그래서 우리의 말을 통해 역사하시는 하나님의 사역을 나타내는 방법으로 문제를 해결해야 한다. 또한 우리 속에 죄의 실체를 깨닫는 것은 하나님께 영광을 돌리는 대화의 삶을 가능하게 하는 주요한 요소가 된다.

당신의 말 그리고 죄의 속임수

우리 속에 있는 죄성을 깨달을 때 언어 생활에서 무슨 일이 일어나는지를 보여주는 매우 구체적인 성경 본문을 살펴보자.

> "형제들아 너희가 삼가 혹 너희 중에 누가 믿지 아니하는 악심을 품고 살아 계신 하나님에게서 떨어질까 염려할 것이요 오직 오늘이라 일컫는 동안에 매일 피차 권면하여 너희 중에 누구든지 죄의 유혹으로 강퍅케 됨을 면하라 우리가 시작할 때에 확실한 것을 끝까지 견고히 잡으면 그리스도와 함께 참예한 자가 되리라 성경에 일렀으되
> 　오늘날 너희가 그의 음성을 듣거든
> 　노하심을 격동할 때와 같이
> 　너희 마음을 강퍅케 하지 말라 하였으니" (히 3:12-15).

이 말씀은 우리가 벌떡 일어나서 정신을 차리게 만드는 것 이상의 의미가

있다. 뿐만 아니라 주님의 대사로서 말한다는 것이 실제로 어떤 의미인지 구체적으로 가르쳐준다. 그것은 우리가 비록 하나님나라에 속해 있지만 우리들의 인생은 여전히 죄 많은 현실임을 인정하는 것이다. 싸움은 아직 끝나지 않았다. 주님의 일하심도 아직 끝나지 않았다. 우리 모두는 여전히 도움이 필요한 하나님나라의 백성들이며 다른 사람들에게 도움을 주도록 부르심을 받았다. 그리스도인의 삶에 대한 어떤 시각도 이보다 더 이 말씀을 잘 설명하지 못한다.

본문에서 주님으로부터 멀어지는 위험성에 대해 경고하는 말에 특히 더 주목해보라. 다음과 같은 찬송가 가사가 있다.

> 죄인에게 주시는 은혜가 얼마나 크신지요.
> 날마다 나는 그 은혜에 사로잡힙니다.
> 주님의 선하심은 닻과 같아서
> 나의 흔들리는 마음을 주님께 고정시킵니다.
> 주여, 제 마음 방황하기 쉬우니
> 사랑하는 주님께 매이게 하옵소서.
> 여기 제 마음이 있사오니 받으시고 인쳐주소서.
> 당신의 보좌에 인쳐주소서.

이 찬송가 가사는 히브리서에 분명하게 나타난 경고를 다시금 환기시킨다. 우리는 구원받았다. 하지만 여전히 우리를 구원하신 분으로부터 자꾸만 멀어지는 경향이 있다. 하나님의 나라에 속한 백성들임에도 불구하고 계속 방황한다.

배우자나 자녀 등 가족들에게 화를 낼 때 우리는 주님으로부터 멀어진다. 친구에게 지나치게 의존할 때 주님으로부터 멀어진다. 명성이나 재물이나 사회적 위치에 대한 성경적인 가치관과 신념이 흐려질 때 주님으로부터 멀어진다. 음욕의 충동에 굴복할 때 주님으로부터 멀어진다. 하나님과 그분의 선하심을 의심할 때 주님으로부터 멀어진다. 빛과 소금이 될 수 있는 기회를 갖지만 여전히 침묵하고 수동적인 자세를 취함으로 이 세상의 욕심들이 하나님께 대한 변함없는 순종을 저버리게 만들 때, 우리는 주님으로부터 멀어진다. 이렇게 멀어지는 것은 단지 변절하거나 배교하는 것을 가리키는 것이 아니다. 우리의 방황의 대부분은 매우 미묘하면서도 은밀한 것들이다. 그러므로 우리는 믿음으로 죄를 지적해줄 수 있는 성도가 필요하다.

이 말씀이 '형제들아'라고 말하면서 믿는 성도들에게 전해주는 것임을 주목하라. 성도들이 주님으로부터 멀어진다는 표현을 이 말씀에서 네 가지 단어를 사용한다. 그것은 '믿지 아니하는', '악심', '하나님으로부터 떨어짐', '강퍅케 됨'이라는 것이다. 이를 통해서 히브리서 저자는 구체적인 죄를 언급하는 것보다 더 근본적인 것을 보여준다. 그는 하나님으로부터 마음이 미묘하게 돌아서는 우리에게 경고한다. 그것은 하나님과 우리 자신을 보는 시각을 변화시킨다. 뿐만 아니라 인생을 사는 방법을 전격적으로 변화시킨다.

성도들이 하나님으로부터 멀어져가는 모습을 말하는 이 말씀은 성도의 인격이 점진적으로 변화되는 과정을 보여준다. 우선 진리를 비추는 빛 아래에서 살고 싶지 않은 '악심'은 어둠 속에서 살기를 원하고, 따라서 약해지게 되고 '믿지 아니하게' 된다. 그 믿지 아니하는 마음은 하나님께 대한 믿음을 잃어버리고 자연스럽게 계속 타락하여 마침내 하나님으로부터 '떨어져 나가기' 시작한다. 그리고 그 마음은 더 이상 하나님의 진리에 민감하지 않고 주님의 일들에 대해서 점점 더 강퍅하게 된다. 그러므로 이 말씀이 보여주는 것은 사소한 죄라도 용납하면 살아 계신 하나님으로부터 떨어져 나가 강퍅하게 될 때까지 계속 타락한다. 이 얼마나 가슴 철렁한 경고인가!

아마 당신은 '어떻게 이런 일이 성도에게 일어날 수 있는가? 무엇보다도 그리스도께서 그를 구원하셨지 않은가? 그런데도 어떻게 신자가 그토록 강퍅해질 수 있다는 말인가?'라는 의문이 생길 수 있다. 이런 의문은 성경 말씀에 나타난 경고의 본질이다. 대화에 대한 하나님의 실제적이고 매일 적용되는 목표를 알 수 있다.

성도들이 죄의 길로 나아가는 이유는 무엇일까? 그것은 우리가 '죄의 유혹'으로 인해 강퍅해지기 때문이다. 이 간단한 말 속에는 심오한 신학적 세계관이 담겨 있다. 죄는 본질상 매우 유혹이 강하며 거짓되다. 인간의 마음도 본질상 부패하고 거짓되다(렘 17:9). 히브리서 기자는 개개인의 차이는 있을지라도 모든 죄인의 삶 속에 존재하는 영적 무지의 실체가 무엇인지를 우리에게 경고한다. 우리는 정말 제대로 우리 자신을 보지 못할 때가 많다. 죄는 유혹하며 속이는 것이다. 그 죄가 누구를 가장 먼저 속이게 될지 생각해본 적이 있는가? 나는 아내와 아이들의 죄를 쉽게 발견한다. 그들의 죄는 아주 명백하다. 그러나 나는 나 자신의 죄가 지적당할 때는 깜짝 놀라곤 한다. 그리고 자꾸만 내 죄에 직면하게 될 때는 나는 죄를 짓지 않았다고 항변한다. 사실은 내 행동과 의도가 자꾸만 오해된다고 주장한다. 바로 이것이 영적인 무지함이다. 우리들 모두가 어느 정도는 바로 이러한 영적 무지에 전부 사로잡혀 있다.

만약 당신이 이 점을 인정한다면, 그리스도인으로서의 삶과 인간 관계에 대해서 당신이 생각하는 옛 방식이 변화될 수 있다. 그리스도인이 된다는 것이 우리의 영적 무지나 혹은 잠재된 자기 기만의 충동을 완전히 벗어버릴 수 있다는 것을 의미하지 않는다. 우리 안에 여전히 죄가 있는 한, 영적 무지와 자기 기만도 역시 계속된다. 이러한 현실적인 문제 때문에 히브리서 기자는 우리에게 날마다 서로를 돌아보는 것이 필요하다고 말했다. 나 자신이 보지 못하는 것들을 다른 사람은 볼 수 있다. 진리 가운데 행하는 동안, 내가 혼자가 아니라는 사실을 다른 사람이 내게 분명히 깨닫게 해줄 수 있다. 나는 매일 다른 사람의 격려가 필요하다. 따라서 내 안에 있는 죄가 영적인 눈을 가리지 않는다. 다른 사람의 격려는 하나님께서 나를 죄와 불신앙으로부터 보호하실 때 사용하시는 주요한 도구다.

목회 초년 시절, 어느 날 오후 나는 교회에 출석하는 한 부부로부터 전화를 받았다. 그들은 도움을 간절히 바라고 있었고 자신들의 삶에 뭔가 변화가 일어나기를 기대했다. 하지만 그와 동시에 그들은 자신들의 영적 무지의 희생자들이었다. 그날 밤 나는 그들의 슬픈 인생 이야기를 들었다. 아내는 무기력한 우울증에 점점 빠져들었고, 남편은 마약과 술 중독이 점점 심해졌으며, 네 명의 자녀들은 거의 통제가 불가능한 상태에 이르렀다. 하지만 정말로 나를 안타깝게 한 것은 그들이 앞으로 계속 살아갈 아무런 이유도 발견하지 못한다는 것이다. 그들은 지금까지 내가 그토록 강조해왔던 두 가지 근본적인 삶의 실체에 전혀 무지한 상태였다.

첫번째, 그들은 자신의 본성에 대해 무지했다. 그들은 자신들이 뿌린 씨의 열매를 거두고 있다는 사실을 깨닫지 못했다. 그래서 도저히 문제를 해결할 방법을 알 수가 없었다. 두번째, 그들은 주님의 전능하신 능력이 우리와 함께하신다는 것을 모르고 있었다. 그래서 자신들이 아무런 도움을 받을 수 없고, 어떠한 소망도 발견하지 못한다는 절망에 빠졌다. 나의 임무는 이 두 가지 실체에 대해 그들의 눈이 열리도록 하나님의 도구로 쓰임받는 것이었다. 그리고 그들에게 삶에 대한 확신이 넘치고 확고한 소망을 주는 것이었다. 우리 모두에게는 이 사역이 필요하다. 이를 통해 우리는 죄와 불신앙에 굴복하지 않는다.

이것이 실제의 삶 가운데 의미하는 것은 이 세상에 사는 우리 모두는 도움을 필요로 하는 존재라는 것이다. 심지어 빛의 나라의 백성들조차 동료 백성들의 위로와 격려가 날마다 필요했다. 우리는 단지 상대방이 저지른 특별한 죄에 대해서만 날마다 서로를 격려하도록 부르심을 받지 않았다. 또한 우리는 '선'을 행하도록 서로를 감시하는 영적인 탐정으로서의 역할을 부르심받은 것이 아니다. 뿐만 아니라 죄 가운데 있는 죄인을 붙잡으라고 부르심을 받은 것이 아니다. 권면의 사역이 필요한 이유는 실제적인 죄의 행위가 있기 때문이 아니라, 죄의 유혹에서부터 나오는 전반적인 영적 무지의 상태에 빠지지 않게 하기 위함이다. 우리는 간혹 다른 사람들에게 분명하고 확실한 죄를 저지르지 않을 때라도 이런 상태로 인해 괴로움을 겪는다. 이것은 세상에서 우리가 서로의 도움을 필요로 하지 않을 때란 결코 없다는 것을 의미한다. 내 안에 죄가 있는 한, 당신이 날마다 나에게 주님의 사역을 행하는 것이 필요하다.

잠재된 죄성과 파괴력

나는 교회가 잠재된 죄성의 파괴력과 존재를 매우 근심스러울 정도로 간과하고 있으며, 그것이 성도의 영적 생활에 대해 미치는 악영향을 제대로 깨닫지 못한다고 생각한다. 이것을 기억하라. 비록 우리는 어둠의 나라로부터 구원을 받았지만 하나님께서는 여전히 우리 안에 있는 어둠을 제거하기 위해 일하신다. 잠재된 죄성과 그 결과 우리 안에서 일어나는 싸움에 대해서 자세히 알기 위해서는 로마서 7장 14-25절을 참고하라.

우리가 다른 사람들과 우리 자신 속에 있는 죄와 싸울 때, 우리가 다른 사람의 삶에 간섭하는 것은 무조건 비판하거나 판단하는 것이 아니다. 그것은 그리스도와 그분의 은혜의 영광스러움을 깨달아서 더욱 겸손히, 더욱 조심스럽게, 더욱 신실하게 주님을 따르도록 격려하기 위함이다.

우리는 돕는 자이며, 동시에 도움이 필요한 사람이다

히브리서 본문은 오직 겸손하게 상호간에 서로 존중하는 동역자적인 사역을 보여주고 있다. 성도는 자신이 매일 도움이 필요한 사람임을 겸손히 인정해야 한다. 그리고 날마다 하나님께서 다른 사람들을 위해 세우신 돕는 자가 되어야 한다. 우리 모두는 도움이 필요한 조력자다. 우리 각 사람은 서로를 섬기고 또한 섬김을 받도록 부르심을 받았다. 실제로 우리 자신의 필요를 겸손하게 인정하는 것은 우리가 다른 사람을 격려하는 하나님의 도구로 쓰임받는 것이다. 그리고 다른 사람에게 전해주는 모든 것이 바로 우리 자신이 먼저 필요하다는 사실을 깨닫는다.

앞서 본 성경 본문에서 보이는 사역은 전문 사역자에 의해서만 이루어지는 것은 아니다. 충분히 훈련되고 정규 신학 교육을 마치고 임직받은 사역자들만이 이러한 부르심에 따라 '모든 사람들이' '날마다' 행해야 하는 이 일을 다 맡아서 행한다는 것은 불가능하다. 그것은 그리스도의 몸된 교회에 속해 있는 모든 성도들에게 주어진 부르심이다. 하나님께서 전문적인 교육을 받은 사역자들에게 원하시는 바는 사역을 위해 교회의 성도들을 훈련시키고 잘 준비시키는 데 전념하는 것이다. 뿐만 아니라 이 사역은 교회의 정규적이고 공적인 모임이 있을 때만 일어나야 하는 것이 아니다. 가장 효과적이며 가장 절실하게 요청되는 때는 삶의 매 순간이다. 하나님께서 내게 맡겨주신 개인적인 일들과 가정의 일들, 교회 그리고 여러 소속된 공동체에서의 일들을 행할 때, 내게는 옆에서 힘을 북돋워주는 당신의 격려가 필요하다. 흔들리지 말고 견고하도록 나를 격려해주는 당신이 필요하다.

히브리서 본문의 주요 핵심이 한 가지가 더 있다. 그것은 '경계(warning)'일 뿐 아니라 '부르심(call)' 이라는 것이다. 이 본문에서 전환점이 되는 것이 바로 그 부르심이자 명령이다. 그 명령은 우리가 우리의 말을 통해 서로 돕는 사역을 할 때, '날마다 자주 할 것' 과 '올바른 마음가짐을 가질 것' 과 '말씀으로 권면할 것' 을 요구한다. 만약 우리가 이 세 가지 요소들을 이해한다면 우리의 대화에 대한 하나님의 목표를 비로소 이해하기 시작할 것이다. 이제 구체적으로 살펴보자.

주님의 사역에 준비된 삶

당신이 지금 우리가 말하는 돕는 사역이 어떻게 이루어지며 누가 그 일을 하는가에 대해서 생각할 때, 마음속에 무엇이 떠오르는가? 어쩌면 당신은 즉시로 '전문적인' 사역자들을 생각했을지 모른다. 그리고 당신이 생각한 그들은 전문적으로 교육을 받은 목사요, 상담가이며, 전도자이고 선교사일 것이다. 아마도 당신은 지역 교회에서 이루어지는 여러 프로그램을 머리에 떠올렸을 것이다. 주일 아침 예배, 주일 학교, 새신자반, 제자 훈련반, 구역 모임, 토요 성경 공부, 가정 예배, 단기 선교 여행, 여전도회, 남전도회 그리고 중고등부 등등. 우리는 분명 이런 프로그램에 대해 감사해야 한다. 하지만 히브리서 기자는 교회에서의 돕는 사역은 더욱 광범위하며 훨씬 구체적이어야 한다고 본다. 그것은 모든 사람들이 날마다 행하는 것이 되어야 한다.

날마다 사역으로 우리를 부르시는 것은 우리가 감당해야 하는 삶이 어떤 것인지를 생각할 때 너무도 당연하다. 주님께서 요구하시는 날마다의 사역이 있다는 사실은, 우리 모든 인생이 매일 감당해야 할 영적인 싸움이 있다는 것을 보여준다. 죄가 우리 안에 여전히 남아 있는 한 우리 마음속에는 어느 정도의 속임수와 유혹도 존재한다. 그로 인해 영적인 무지함도 함께 나타난다. 이러한 일은 언제든지 우리가 어떤 상황에 있든지 우리를 따라다닌다. 이 말은 모든 상황 속에서 그리고 모든 사람에게 날마다 돕는 사역이 필요하다는 뜻이다. 그래서 이 사역의 범위는 교회의 공적인 집회에만 국한되지 않고 더욱 광범위하게 확장된다.

그러므로 우리는 우리의 말을 하나님의 도구로 사용해야 함을 깨닫는다. 하나님께서는 이 도구를 사용하셔서 외적인 죄악의 유혹뿐만 아니라, 우리 자신의 죄성으로부터 보호해주신다. 예를 들어, 어떤 어머니가 자신의 아들과 함께 학교 생활에 대해서 이야기를 나눌 때 어머니는 어떤 다른 학습지

보다 자식에게 많은 것을 가르쳐줄 수 있다. 어머니는 자연스럽게 그리스도를 따라 사는 삶을 격려할 수 있는 기회를 갖는다. 또한, 커피숍에서 친구를 만나는 어떤 청년이 있다고 가정해보자. 그 순간 그는 최근의 사건, 사고, 날씨, 스포츠, 혹은 직장 일에 대해서 이야기하는 것보다 더 놀라운 일을 할 수 있다. 그가 하나님의 돕는 사역자로서의 부르심에 순종하여 그리스도인으로서 산다는 것이 힘들다는 것을 인정하고, 오직 주님께만 소망을 두도록 격려하고 북돋워줄 수 있는 기회를 얻는다. 또한 나들이 나온 부부의 경우도 마찬가지다. 그들이 서로의 영적인 필요를 깨달을 때, 어떻게 해서든지 서로를 영적으로 더욱 격려하는 거룩한 부르심에 초점을 맞추게 된다.

이 모든 사람들의 공통점은 언제든지 주님의 돕는 사역을 감당하도록 준비된 태도다. 그들 모두는 다른 사람을 돕는 사역이, 교회 프로그램이 공급하는 공적인 기회 이상의 더욱 방대한 범위로 확장되는 것임을 깨닫는다. 그리고 하나님께서 날마다 그들에게 주시는 선한 기회들을 선용할 수 있도록 준비한다. 그들은 정말로 하루하루 주의 돕는 사역을 행할 때 믿음이 성장한다. 그리고 죄인의 의미가 무엇인지를 깨닫는다. 하나님께서 자신을 그분의 도구로 사용하기를 원하시는 삶의 현장에 있게 하셨음을 인정한다. 자신의 필요를 알고, 그 필요를 공급받기 위해 도움을 받는다. 이것이 바로 그들이 경험하는 '모든 사람에게 날마다 적용되는' 돕는 사역의 현장이다. 그들은 자신들이 빛의 나라의 백성이라는 사실을 진실로 기뻐한다. 그러면서 동시에 여전히 도움이 필요한 백성임을 절실하게 인식한다.

복음 안에서의 겸손

말에 대한 하나님의 계획은 '겸손'이다. 그것은 히브리서 말씀에서 나타난 복음의 실천적인 삶을 살아가는 데 가장 올바른 우리의 반응이다. 그리스도의 복음에는 죄의 심각성과 하나님의 은혜의 놀라움이 나타난다. 이 두

가지 실체가 우리로 하여금 도저히 교만하지 못하게 한다(롬 3:23-34, 27-28, 고전 1:26-31, 갈 6:15, 엡 2:8-9).

겸손은 바울의 마음에서도 나타난다. 그래서 그는 자신을 '모든 죄인 중의 괴수'라고 말했다(딤전 1:15-17). 그것은 처음 믿을 때 주어지는 은혜를 통해서 깨달을 뿐만 아니라, 우리의 삶 속에 흘러넘쳐서 하나님께서 원하시는 대로 말하며 살게 하시는 매일의 은혜를 통해서도 분명히 깨닫는다.

서로가 죄 짓지 않도록 돕는 이 매일매일의 사역은 개인적인 경건의 성취나 체험, 지혜나 혹은 성공이라는 자신감에서 나오는 것이 아니다. 또한 성도들 간에 도움을 주고받는 이 사역은 둘 사이에 서로 은혜를 나누는 사역보다 본질적으로 우월하다는 믿음에서 나오는 것도 아니다. 오히려 이 사역은 내게 필요하지 않은 것을 다른 사람에게 줄 수는 없다는 것을 인정한다. 나는 매우 오랫동안 주님에 대해서 알았다. 하지만 처음 믿었을 때 받았던 그 은혜의 분량이 현재에도 동일하게 필요하다. 내가 그동안 어떤 진리를 깨닫거나, 생명을 얻었거나, 소망을 가졌거나, 은혜를 입었거나, 뭔가 내 삶에 좋은 것이 있었다면 그것은 전적으로 그분의 역사하심이다. 내가 자랑할 것이라고는 오직 나의 약함과 죄밖에 없다. 그래서 나와 같은 상태에 있는 다른 사람을 격려할 때, 도저히 나 자신의 강함과 지혜에서 나오는 자신감으로는 이 사역을 감당할 수 없다. 나의 연약함과 죄에도 불구하고 다른 사람에게 강함과 능력을 주실 수 있는 유일하신 분께 의지할 뿐이다.

바울이 성도들의 언어 생활에 대해서 이야기할 때, 그는 머릿속에 항상 이러한 마음가짐이 있었다.

> "그러므로 주 안에서 갇힌 내가 너희를 권하노니 너희가 부르심을 입은 부름에 합당하게 행하여 모든 겸손과 온유로 하고 오래 참음으로 사랑 가운데서 서로 용납하고"(엡 4:1-2).

겸손은 바로 예수 그리스도를 소개하는 것이라는 사실을 인정하게 한다. 우리가 동일한 영적 싸움을 싸우는 믿음의 형제, 자매라는 것을 인정하는 데서 모든 친절과 긍휼히 여김 그리고 인자함이 흘러나온다. 그리고 우리에게 유일한 소망은 오직 그분의 은혜뿐이다.

말씀을 통한 권면

우리가 부르심을 받아 매일매일의 돕는 사역을 감당할 기회를 사용하는 방법은 이렇게 말하는 것이다. "포기하지 마세요. 당신은 계속할 수 있어요. 용기를 내세요. 물러서지 마세요. 하나님의 약속을 믿으세요. 마음을 굳게 하고 계속 주님을 따르세요."

이러한 권면은 단순히 상황에 직면하게 만드는 것은 아니다. 또한 판단이나 비판 혹은 정죄의 말도 아니다. 우리의 부르심은 단순히 다른 사람들의 죄를 지적하는 것 그 이상이다. 우리는 승리를 얻을 때까지 영적 싸움에서 최선을 다하고, 격려하도록 부르심을 받은 것이다.

싸움에 지친 모든 하나님의 군사들에게는 이와 같은 격려의 사역이 필요하다. 때때로 우리 모두는 긴 여행길에 지쳐서 5분마다 한 번씩 '아빠, 아직 멀었어요?'라고 물어보는 어린 자녀들과 같다. 우리는 그 기나긴 여행을 막 시작했을 따름인데 삶을 힘들게 만드는 어려움에 봉착한다. 인생은 여행과 같다. 그리스도인의 삶은 인내가 필요한 싸움이다. 목표를 잃고 헤매기도 한다. 모든 것이 너무나 감당하기 어렵고 힘든 때를 지나기도 한다. 그저 도망가고만 싶은 때가 있기도 하다. 마음이 갈팡질팡할 때도 있다.

한번은 십대 소년인 조(Joe)와 그의 아버지를 상담한 적이 있었다. 나는 전에도 이런 경우를 많이 겪어보았다. 둘 다 상담을 받는다는 사실을 싫어했다. 아버지는 자신에게는 어떤 도움도 필요 없다고 생각하고, 단지 아들을 그곳에 데려다놓기 위해 왔을 뿐이었다. 반면에 아들은 의자에 앉아서

몸을 잔뜩 구부리고 바닥만 내려다보았다. 그 소년은 온몸으로 자신이 상담을 받을 준비가 되어 있지 않음을 말해주었다. 나는 재빨리 둘 사이의 감정이 별로 좋지 않다는 것을 알아차렸다. 따뜻함이나, 친근함이나 혹은 가족 간의 사랑 같은 것은 전혀 없었다. 그들은 부자 관계에서 갈등의 벽에 부딪쳤고, 둘 다 서로를 미워했다.

먼저 입을 연 쪽은 아버지였다. 그리고 얼마 되지 않아서 그의 얼굴은 붉어지고 음성이 높아졌다. 내가 아버지에게 질문을 했지만, 대답 대신 그는 아들에게 그저 쏘아붙일 뿐이었다.

"나는 널 먹이고 입혔어. 휴가 여행 때도 데리고 다녔잖아. 어린이 야구단에도 보내주었고 수영 팀에도 들게 해줬어. 운전도 가르쳐주고 네 차도 갖게 해주었지. 그런데 내가 너로부터 받은 게 뭐야? 비통한 마음뿐이야. 너 자신을 좀 보라구. 너에 대해서 할 수 있는 유일한 말은 실패자라는 거야. 넌 이제 직업도 없고 완전히 폐인이야. 네 방도 스스로 치우지 못하잖아. 네 방의 모든 것들이 다 네가 만들어 놓은 쓰레기야!"

"내가 너만 했을 때는 운동도 잘했고, 직업도 두 개나 있었고, 친구들 중에 늘 대장이었어. 그러면서도 학교에서는 항상 우등생이었지. 난 부모님을 존경했는데, 넌 뭐야? 어제도 네 방을 쓰레기장으로 만들어놓았더라. 네 문제가 뭔지 잘 모르겠다만, 빨리 해결하고 여기서 나와. 도대체 너 같은 녀석이 어디서 왔는지 모르겠다. 난 네가 누구며 무엇을 하고 다니는지 도저히 모르겠다. 자 이제 말해봐. 선생님께 네가 잘난 놈이고 집에서는 학대받는다고 말하지 그래?"

아마 가장 포괄적인 의미에서 이런 말을 '직면'이나 '질책'이라고 부를 수 있다. 분명 어떤 면에서는 아버지의 생각이 옳을 수도 있다. 하지만 하나님의 관점에 비추어본다면 전혀 그렇지 않다. 오히려 끔찍한 악몽 같은 직면이라고 생각되지 않는가? 이런 것이 직면이라면, 우리는 잔인하고 비생산적인 직면을 피하기 위해 발버둥칠 것이다. 이런 분위기의 대화는 언어 생활에 있어서 전혀 하나님의 기준에 맞지 않는다. 하지만 그 아버지는 계속해서 별로 달갑지 않은 투로 다음과 같이 말했다.

"넌 본질적으로 나와는 다른 것 같다. 넌 실패자이고, 난 승리자야. 넌 무책임한 녀석이지만, 난 항상 맡은 책임을 다했지. 난 늘 소망을 가져왔다만, 너한테는 별로 큰 기대를 하지 않는다. 내가 똑바로 행할 때에 넌 불행히도 죄만 짓고 살았지. 이제 심판이 곧 너에게 닥칠 거다."

나는 이런 말들이 그 아버지가 '사람들 앞에서' 자신의 신앙을 드러내는 것이 아니라고 확신한다. 너무나 흥분해서 아들의 죄악되고 불신앙적이며 타락하고 강퍅한 마음에 대해 자기 의로 가득 차서 인내심 없는 정죄함으로 쏘아붙였을 뿐이다. 아버지는 그 아들이 영적 싸움을 싸우기 위해 정말로 필요한 하나님의 은혜를 겸손하고 간절하게 구해야 한다고 말해주지 않았다.

하나님의 은혜는 우리의 죄를 약화시키는 것이 아니라 그 죄를 인정하고 고백하며 용서를 구할 능력을 준다. 그 은혜는 우리가 죄에 대해서 영적인 싸움을 계속할 수 있는 소망을 주는 유일한 근거다. 또한 영적인 눈이 어두워져서 하나님으로부터 떨어져 나가는 자들에게 우리가 전하도록 부르심을 받은 것이기도 하다.

이 아버지는 자신과 아들이 동일하다는 것을 깨닫지 못했다. 이 말은 그들이 동일한 죄를 지었다거나 동일한 태도를 보였다는 의미가 아니라, 매 순간마다 하나님의 은혜가 필요하다는 점에서 동일하다는 뜻이다. 그들은 하나님의 은혜가 아니면, 주님의 뜻에 따라 생각하고 말하며 행동하는 일이 자신들의 능력을 넘어서는 어려운 일이라는 점에서 동일했다. 그들 모두 매일의 삶에서 역사하시는 하나님의 손길이 필요했다. 또한 그들은 어떤 다른 것보다도 오직 주님만을 사랑하며 믿고 따라야 한다는 점에서 동일했다.

하지만 아무도 이런 일을 하지 않았다. 그들은 모두 자기 자리에 앉아서 자신의 방식대로 탈진했고, 절망했으며, 의심했고, 반항했으며, 속였고, 자기 의에 빠졌으며, 혼란스러워했다. 아버지는 나름대로 '나는 아들보다 훨씬 더 훌륭한 아버지이고, 이제는 아들을 포기할 권리가 있다'고 생각했다. 아들도 역시 나름대로 '나는 아버지보다 훨씬 훌륭한 아들이고, 이젠 아버지의 말을 듣지 않을 권리가 있다'라고 생각했다. 그들 모두 자신을 속이고 있었고, 자신이 처한 상황에서 책임 회피를 준비했다. 이들에게는 자신의 주장을 계속 고집할 근거가 필요했다. 마치 예전에 다윗 왕이 자신의 입장을 변호해줄 나단 선지자가 필요했던 것처럼, 그들은 자신의 모습을 적극 지원해주고 도와줄 사람을 원했다. 그래서 내게로 찾아왔던 것이다. 하지만 정작 그들에게는 인자하신 구원자의 능력으로 함께하심을 깨닫는 은혜가 필요했다. 그리고 자신들의 삶에 역사하시는 그분의 영광스러운 은혜를 깨달아야 했다. 그리고 그분의 사랑에 충만함을 입어 자신의 유익을 위해 사는 삶을 그만두고, 그분을 위해 사는 삶을 시작하는 것이 필요했다. 이것이 우리 서로가 대화 중에 나타내야 하는 매일의 격려와 권면의 사역이다. 우리는 영적 싸움에서 낙심하고 죄 때문에 영적 무지에 빠진 성도들을 만날 때 영적 싸움을 포기하지 않고 자신감을 가지고 계속 싸워나가라고 충분히 격려하는지를 스스로에게 물어보아야 한다.

성경적인 직면의 모델

조(Joe)의 아버지는 과연 어떻게 행동해야 할까? 올바른 성경적인 직면은 무엇일까? 이 장에서 우리가 논의했던 영적 침체의 단계들을 피하기 위해 해야 하는 일은 무엇인가? 이 질문에 대한 대답이 직면의 올바른 모델을 보여준다. 이것은 ENCOURAGE(격려)라는 단어의 첫글자를 따서 다음과 같이 나타낼 수 있다.

당신의 마음을 점검하라(Examine) ·· 직면은 항상 당신 자신으로부터 시작된다. 우리 모두는 마음속에 죄성이 있기 때문에, 가장 먼저 우리 자신부터 시작해야 한다. 우리가 자신의 분노와 인내하지 못함, 자기 의 그리고 고통과 씨름하고 있음을 잊지 말라. 우리가 먼저 스스로의 죄를 고백할 수 있을 때, 훨씬 더 잘 준비되어 다른 사람들도 자신의 죄에 대해 고백할 수 있도록 이끌 수 있다.

당신의 부르심을 깨달으라(Note) ·· 직면은 그 사람에 대한 당신의 판단에 근거하지 않는다는 사실을 기억하라. 당신은 하나님의 대사로 있으며 당신의 할 일은 왕되신 주님의 말씀을 그대로 나타내는 것뿐이다. 다른 말로 하면, 당신의 의무는 사람들이 자신들을 향하신 하나님의 뜻을 바라보고 받아들일 수 있도록 돕는 것이다.

당신의 태도를 살피라(Check) ·· 당신이 하는 말은 친절과 겸손과 온화함과 인내와 용서와 관용과 긍휼과 사랑을 나타내는가? 그렇지 못하다면 하나님의 영광과 변화를 가져오는 직면을 오히려 가로막는다. 우리는 우리가 말하는 내용과 함께 말할 때의 태도도 함께 살펴야 한다.

당신 자신의 죄를 인정하라(Own) ·· 우리가 정말 어떤 사람인지를 겸손하게 깨달으면서 직면할 때 놀라운 일이 일어난다. 주님의 용서하심이 우리에게 필요하다는 것을 인정할 때, 우리는 하나님께서 우리에게 도우라고 부르시는 그 사람에게 더욱 인내와 용서의 태도를 보일 수 있다.

당신의 말을 지혜롭게 사용하라(Use) ·· 효과적인 직면은 특히 할 말을 잘 준비할 때 이루어진다. 우리는 주님의 말씀을 가리거나 훼방하지 않고 잘

전달할 수 있도록 도와달라고 주님께 기도해야 한다.

성경말씀을 인용하라(Reflect) ·· 직면의 근거와 기준은 항상 성경이다. 성경이 우리가 말할 것과 어떻게 전할 것을 지도해준다. 우리는 당면한 문제에 대해서 성경이 가르쳐주는 것을 충분히 이해한 후 상대방을 직면하게 해야 한다. 이것은 근거가 되는 성경 본문을 찾아내는 것 이상을 의미한다. 이것은 성경의 주제와 원리와 관점과 명령이 무엇인지를 이해한다는 뜻이다. 그리고 이러한 것들이 현재 직면한 문제에 대한 우리의 판단을 결정짓는다.

항상 들을 준비를 하라(Listen) ·· 가장 훌륭하고 효과적인 직면은 상호작용하는 것이다. 우리는 직면하도록 돕는 대상자에게 말할 기회를 주어야 한다. 왜냐하면 우리가 그의 마음을 들여다보거나 읽어낼 수 없기 때문이다. 우리는 그의 질문을 환영해야 하고 그가 바라보아야 하는 것들을 제대로 보고 있는지 확인해야 한다. 그래서 진정한 죄의 고백과 회개의 구체적인 행동을 결심하도록 그의 이야기를 잘 들어주어야 한다. 뿐만 아니라, 이야기를 들을 때 전체적인 직면의 과정 중 어디쯤 와 있는지를 알 수 있다.

반응을 보일 시간을 주라(Grant) ·· 우리는 성령께서 일하실 시간을 드려야 한다. 성경에는 우리가 직면 사역을 잘 행한다면 그 사람이 즉시 자신의 죄를 고백하고 회개할 것이라고 약속하는 말씀은 없다. 오히려 그 반대로, 성경은 우리에게 변화는 대개 시간이 걸린다고 가르친다. 우리는 하나님께서 우리에게 보여주신 것과 동일한 인내심을 가져야 한다. 이러한 인내심은 하나님의 새롭게 변화시키시는 사역을 무시하는 것이 아니라, 그 사역에 대한 믿음에서부터 흘러나온다.

복음으로 피상담자를 격려하라(Encourage) ·· 사람을 죄에서부터 벗어나게 하는 것은 하나님의 놀라운 은혜와 그분의 무한한 사랑과 언제나 함께 하시는 도움 때문이다. 성경은 사람을 회개에 이르게 하는 것은 하나님의 인자하심이라고 말했다(롬 2:4). 우리의 직면에는 복음의 진리만이 드러나야 한다. 그 진리의 도전과 위로만이 드러나야 한다.

앞에서 이야기했던 사람이 죄를 직면하도록 목사와 장로 그리고 직면 상황에 처한 당사자 사이에서의 긴장과 어리석음으로 가득 찼던 장면을 기억하는가? 만약 목사가 지금 말한 직면의 단계를 따른다면 그들의 갈과 행동은 얼마나 달랐을까? 또한 아들과 함께 왔던 그 아버지가 이런 식으로 아들에게 대했다면 그 결과는 얼마나 달랐을지를 생각해보라. 또한 직면은 때리는 몽둥이가 아니라 진리로 나아가는 빛이 되며, 어떠한 도움 없이 선언하는 것이 아니라 마지막에 승리할 때까지 죄와 싸우도록 계속적으로 격려한다면, 과연 어떤 유익이 나타날까?

우리 모두가 나름대로의 방식으로 두렵게 하고, 낙심하게 하며, 의심하게 하고, 반항하게 하며, 속이는 것들과 싸운다. 우리 모두가 단순히 죄를 지적해주는 것 이상의 도움을 필요로 한다. 우리들은 모두 그리스도를 바라보게 하고 그분 안에서 가졌던 신뢰를 다시 일깨워주며 그리스도를 믿는 믿음으로 돌아오도록 불러주는 그 누군가를 필요로 한다. 또한 우리의 어두운 눈을 밝혀서 그리스도에게서 멀어지게 만들고 그리스도를 바라보지 못하도록 했던 모든 얽매이는 것들을 벗어버리는 것이 필요하다. 우리는 오직 그분의 은혜의 빛 가운데서 죄를 고백하고 용서를 구할 용기를 얻는다. 이것이 바로 매일같이 우리에게 필요한 '격려'다.

이제 절대 포기하지 말라. 당신은 계속 할 수 있다. 하나님의 진리에 눈을 뜨고, 그분이 죄를 깨닫게 하시는 은혜에 마음을 열며, 그분의 은혜에 삶을 맡기고, 믿음으로 주님을 따르기 바란다. 그곳에 주님의 도우심과 소망이 넘칠 것이다.

> "하나님은 우리의 피난처시요 힘이시니
> 환난 중에 만날 큰 도움이시라
> 그러므로 땅이 변하든지
> 산이 흔들려 바다 가운데 빠지든지
> 바닷물이 흉용하고 뛰놀든지
> 그것이 넘침으로 산이 요동할지라도
> 우리는 두려워 아니하리로다"
> (시 46:1-3).

 Getting Personal   더 깊은 묵상을 위하여

직면하는 방법을 점검하라

1. 최근 당신이 격려의 8단계('ENCOURAGE')를 사용하여 배우자나 자녀 혹은 친구 등의 직면을 도와준 경험을 기억해보라. 당신은 어떤 방법으로 그들이 직면하도록 도와주었는가? 당신이 다른 사람의 직면을 돕는 방법을 발전시키기 위해서 필요한 것은 무엇인가?

2. 당신은 어떤 부분에서 문제가 해결되지 않은 상태로 방치한다든지 혹은 관계가 완전히 회복되지 않은 상태로 놔둔 채로 직면의 단계를 회피했는가?

3. 당신은 올바른 직면의 기회들을 놓치게 만드는 피상담자의 분노나 중오 같은 것을 그냥 덮어두는가?

4. 최근에 당신도 하나님의 은혜가 필요한 존재임을 깨닫도록 하나님께서 지적하신 죄는 무엇인가? 그것이 다른 사람들의 실패를 자주 접하는 당신을 더욱 겸손하게 만드는가?

5. 당신이 자신의 죄를 깨닫고 끊임없이 그 죄와 싸우도록 돕는 성경 말씀은 무엇인가? 하나님께서 그 말씀을 다른 사람들과 함께 나누도록 어떤 기회를 주셨는가?

10장 왕되신 주님의 명령에 따라

> 이는 하나님께서 그리스도 안에 계시사 세상을 자기와 화목하게 하시며 저희의 죄를 저희에게 돌리지 아니하시고 화목하게 하는 말씀을 우리에게 부탁하셨느니라 이러므로 우리가 그리스도를 대신하여 사신이 되어 하나님이 우리로 너희를 권면하시는 것같이 그리스도를 대신하여 간구하노니 너희는 하나님과 화목하라"
> (고후 5:19-20).

어느 날 한 성도가 찾아와 자신의 이야기를 할 때, 나는 그 일이 쉽게 잊혀지지 않을 거라는 생각이 들었다. 그 사람과 그의 십대 자녀 사이에는 실패한 직면의 모든 요소가 들어 있었다. 아들에게는 아버지를 이용하여 오히려 지나친 간섭에서 벗어나고자 하는 의도적인 반항심이 있었다. 그런 일은 부모를 완전히 실망시키는 전형적인 결과를 낳았다. 그런데 이번엔 좀 달랐다. 서로에게 아픔을 주는 직면은 일어나지 않았다. 절망적인 상황에서 기대했던 것보다 더 선한 일이 생겨났다. 도대체 무슨 일이 있었던 것일까? 그 이야기는 이렇게 시작된다.

하루가 끝날 무렵이었다. 프랭크(Frank)는 하루 종일 고대하던 대로 집에 가서 맛있는 저녁을 먹고, 저녁때 이메일로 고객과 계약을 완료하기 전에 한두 시간쯤 쉴 생각이었다. 집으로 차를 몰고 가던 그는 혼자 이렇게 중얼거렸다. "오늘 완전히 녹초가 됐어." 그가 집 안으로 들어갔을 때, 아내는 아주 맛있는 음식을 준비하고 그를 기다리고 있었다. 신문을 보고 저녁 식사를 맛

있게 하고 나서 편안한 소파에서 잠시 쉰 다음에, 그는 다시 원기를 회복하고 서재에 들어가 컴퓨터 앞에 앉았다. 그러나 그는 자신에게 온 이메일을 확인하면서, 그날의 편안한 기분을 완전히 망쳐놓는 충격적인 일을 겪었다.

이메일 가운데 아들에게 온 편지도 섞여 있었다. 프랭크는 아들 리안(Ryan)의 편지를 훔쳐보는 사람은 아니었다. 하지만 아들에게 전해주기 위해서 프린트하려고 했을 때에 컴퓨터 화면 가득히 차 있는 온갖 음담패설들을 보게 되었다. 그는 프린트를 멈추고 가만히 메일을 읽어보았다. 그의 심장은 뛰기 시작했다. 메일에는 매우 저속하고 추잡한 말과 온갖 지저분한 일들이 담겨 있었다. 만약 그것이 사실이라면 지금까지 그가 아들이 착하고 순진하다고 알고 있던 것은 모두 거짓이었다.

그는 즉시 아들 리안이 이 편지를 보낸 친구에게 쓴 이메일이 있는가 찾아보기 시작했다. 그리고 얼마 되지 않아서 그는 그 편지들을 찾아낼 수 있었다. 아들의 편지는 더욱 심했다. 그 내용은 너무나 저질스러워서 프랭크는 그 편지를 도저히 참을 수가 없었고 다 지워버렸다. 그리고는 깊은 상심에 빠져 우두커니 앉아 있으면서 온갖 생각이 머리를 스쳐갔다. '이 추악한 글을 내 아들이 썼다. 하지만 리안은 늘 헌신된 그리스도인이 되기로 노력하던 애가 아니던가? 어떻게 리안이 이런 글을 쓸 수 있을까? 어떻게 내가 사용하는 컴퓨터에 이런 것을 쓸 용기가 났을까? 누가 보면 어쩌려고 이런 쓰레기 같은 글을 올려놓았을까?' 슬픔이 갑자기 분노로 변했다. 그는 손에 종이를 들고 아들을 미친 듯이 찾기 시작했다.

그때 리안이 집에 없었던 것은 하나님의 은혜였다. 하나님께서는 그에게 자신과 아들 모두에게 유익이 되는 일이 무엇인가를 고민하게 하셨다. 프랭크는 아내 앨런(Ellen)을 불렀다. 그는 아내의 손에 아들이 쓴 편지를 보여주면서 이렇게 말했다. "우리 애가 어떻게 자랐는지 한번 봐!" 프랭크와 마찬가지로 앨런 역시 아들이 쓴 편지를 읽고 나서 기가 막혀 눈물을 흘렸다.

"이 녀석 어디 갔지? 단단히 훈계를 해줘야겠어!" 프랭크는 아들 리안이 집에 없다는 것을 알았지만 호통을 치기 시작했다. "도대체 알 수가 없어! 정말 중요한 때는 이 녀석이 없단 말야." 프랭크는 열을 올리며 씩씩거렸다. 그러자 앨런이 그를 달랬다. "차라리 잘됐어요. 여보. 우리에게 좀더 생각할 시간이 생긴 거예요." 이 말은 그들 부부에게 참으로 지혜로운 말이었다.

그리고 서로 대화를 나누기 시작하면서 그들의 관점이 변하기 시작했다. 그날 저녁 내내 계속된 대화를 통해 프랭크는 이 문제를 아들이 자신의 기대를 무참히 저버린 일로서 보지 않고, 아들에게 하나님의 일을 행할 수 있는 기회로 보기 시작했다. 리안은 죄악된 세상의 유혹과 죄에 물들어 있는 상태였다. 앨런은 남편 프랭크의 화를 가라앉혔을 뿐만 아니라 더 나아가 그 상황을 심사숙고하여 바라보게 했다.

그들은 하나님께서 자신의 아들을 사랑하셔서 숨겨진 죄를 드러내셨다는 것을 깨닫고 큰 은혜를 느꼈다. 프랭크가 그날 밤 컴퓨터를 사용했던 일이나, 리안의 친구에게서 온 편지가 아직 읽지 않은 편지로 분류되어 있었던 것이나, 마침 그런 일이 일어났을 때 리안이 집에 없었다는 것이 모두 하나님의 계획의 일부였다. 하나님께서는 구원자가 되셔서 리안이 잘못된 길을 계속 가지 못하도록 막으셨던 것이다. 또한 하나님께서는 리안의 아버지와 어머니를 그의 삶 속에 역사하시는 하나님의 일의 동역자로 불러주셨다.

이 깨달음으로 인해 조금 전까지 실망과 슬픔 속에 가득 차 있던 그들은 기쁨과 소망으로 가득 찼다. 이러한 관점은 리안에게 해줄 새로운 말들을 생각하게 했고, 그것은 애초에 말하려던 것과는 전혀 다른 것이었다. 프랭크와 앨런은 처음 프랭크가 아들의 이메일을 발견했을 때 그 아이가 집에 있었다면 어떤 일이 일어났을지를 상상해보았다. 프랭크는 분노로 폭발했을 것이고, 리안도 맞서서 반항하든지 아니면 아무 말 없이 입을 굳게 다물든지 했을 것이다. 그러면 하나님께서 계획하신 선한 일들은 일어나지 않을 것이다.

  다음 날 아침 프랭크는 일어나서 침대 모서리에 앉아서 앨런에게 이렇게 말했다. "여보, 오늘 아침에 일어나서 생각해보니 이런 생각이 들어. 이번 일은 결코 우리 맘대로 해서는 안 되는 일인 것 같아. 이 일은 하나님께서 행하시는 일이야. 우리는 단지 그분의 도구로 쓰이는 거야. 난 밤새 리안이 우리의 소유가 아니라는 생각을 했어. 그 아이는 하나님의 것이라구. 하나님께서 우리에게 그 아이를 맡겨주신 거야. 그래서 우리는 그 아이의 인생에서 하나님의 도구가 되어 그 아이를 도와주어야 해. 처음에 나나 당신이 나 아이 때문에 얼마나 많이 화가 났는지 생각해봐. 하지만 이번 일이 리안에게 인생에서 가장 중요한 일을 깨닫게 해줄 절호의 기회가 될 거야. 아마 조금 이상하게 들릴지 모르겠지만, 어쩌면 우리 아들이 이번에야말로 진정한 구원을 받을 거라는 생각이 들어. 그것이 바로 리안의 삶 속에서 하나님께서 원하시는 일이실 거야. 그분은 우리 아들을 죄와 사망에서 건져내기 위해 일하고 계셔. 그리고 리안이 죄를 짓지 않도록 해주실 거야. 보라구! 하나님께서는 그 아이의 죄를 들추어내시잖아. 그 죄를 우리 앞에 드러나게 하셨어. 비록 우리가 그 일로 인해 낙심되고 좌절하기는 했지만, 오히려 그 아이의 삶 속에서 하나님의 구원의 도구로 사용될 수 있을 거야. 이젠 이 일을 하나님의 방법대로 처리하는 것이 매우 중요해. 우리는 어제의 상한 마음이나 분노를 가지고 하나님의 하시는 일에 방해가 되어서는 안돼. 난 우리가 리안에게 말하기 전에 기도하며 생각할 여유를 주신 것에 얼마나 감사한지 몰라."

  그날 저녁, 그들은 리안과 이야기를 했다. 프랭크가 리안의 얼굴에 이메일을 프린트한 종이를 들이대면서 "네 녀석이 어떻게 감히 이런 짓을 할 수가 있어!"라며 소리치는 일은 일어나지 않았다. 오히려 정반대였다. 프랭크는 이야기하기 전에 함께 기도하자고 했다. 그 말은 리안을 어리둥절하게 만들었다. 아버지가 이런 식으로 시작한 적이 결코 없었는데! 프랭크는 이어서 리안에게 자신이 어제 발견한 것에 대해서 말했다. 그리고 매우 조용한 어조로 그는 아들에게 그 일과 관련해서 자신이 느낀 점 두 가지를 말해 주었다. 첫번째는 리안의 거짓된 모습과 죄에 대한 슬픔이었다. 두번째는 그 모든 상황이 하나님께서 얼마나 리안을 사랑하시며, 죄에서 그를 구원하시기 위해 역동적으로 역사하시는가를 깨닫게 된 기쁨이었다. 그는 리안에게 이 모든 일 속에서 네가 하나님의 사랑하심을 가슴 깊이 깨닫기를 간절히 바란다고 말했다. 그 대화는 밤늦게까지 계속되었다. 그리고 그날 밤 분명한 변화가 리안의 마음속에서 일어나기 시작했다. 또한 그것은 단지 리안에게만 해당된 일은 아니었다. 역시 프랭크의 마음에도 놀라운 변화가 일어났다.

나중에 프랭크가 내게 그 이야기를 들려주었을 때, 그는 자신의 내면에서 일어난 변화를 분명하게 깨달았다. "가장 큰 변화는 제가 제 주변의 인간 관계에 대해서 하나님의 구원하심이라는 측면으로 바라보기 시작했습니다. 만약 하나님께서 리안에 대한 그분의 일을 이루시는 데 그러한 상황을 이용하신다면, 역시 동일하게 아내 앨런에게나 다른 자녀들과 그리고 저 자신에게도 그렇게 하실 것이라는 생각이 들었습니다. 이러한 생각은 제 가정에 대해 완전히 새로운 관점을 갖게 만들었습니다. 그리고 제 가정뿐만 아니라 친구들에게도 마찬가지였습니다. 제가 어떻게 말하고, 어떻게 상황에 대처하는가가 매우 중요하다는 것을 알았습니다. 이것은 둘 중 하나를 선택하는 것입니다. 제가 가장 마음에 드는 방식으로 문제를 다루고 처리할 것인가, 아니면 그 상황을 통해 하나님께서 하시고자 하는 일에 조력자가 되기 위한 방식으로 문제에 대응할 것인가 하는 것이지요."

이 깨달음은 얼마나 놀라운 일인가! 우리는 주변 사람들과의 관계에 대해 하나님의 구속적인 관점을 가져야 한다. 말하기 전에 먼저 그 상황 속에서 구원자이신 하나님께서 이루기를 원하시는 것이 무엇인지를 스스로에게 물어야 한다. 그리고 그 일에 도구로 쓰임받기를 다짐하는 사람들이 되어야 한다. 우리는 그분의 사명을 감당해야 하는 사람들이다. 하나님께서는 자녀들을 매일매일의 삶 속에서 신실하고, 경건하며, 성숙하게 만드신다. 그리고 부모들은 그 일을 위해 하나님께서 사용하시는 도구다. 프랭크와 앨런에게는 이러한 관점이 있었고, 그것이 아들의 죄를 다루는 방법을 완전히 새롭게 했다.

프랭크가 배운 교훈이 바로 이 장에서 말하려는 것이다. 그리스도의 대사로 말하기 위해 우리는 하나님의 부르심의 사명이 무엇인지를 이해해야 한다. 그리고 날마다 가정과 친구 관계와 교회 생활에서 일어나는 일들에 대해 어떻게 은혜롭게 대처할 수 있는지를 깨달아야 한다.

태초부터의 사명

이 세상에 죄가 처음으로 들어온 이후, 하나님의 대응 방법은 구속적인 것이었다. 이것은 타락 이후 사탄에게 한 말씀에서 분명하게 나타난다.

> "여호와 하나님이 뱀에게 이르시되 네가 이렇게 하였으니
> 네가 모든 육축과 들의 모든 짐승보다 더욱 저주를 받아
> 배로 다니고 종신토록 흙을 먹을지니라
> 내가 너로 여자와 원수가 되게 하고
> 너의 후손도 여자의 후손과 원수가 되게 하리니
> 여자의 후손은 네 머리를 상하게 할 것이요
> 너는 그의 발꿈치를 상하게 할 것이니라 하시고"(창 3:14-15).

다른 말로 하면, 하나님께서는 뱀에게 이렇게 말씀하신 것이다. "나는 네가 죄의 상태에 있도록 그냥 내버려두지 않을 것이다. 자기 자신의 고통을

이기고 너와 네 흉계를 무찌를 구원자를 여자의 후손으로 보낼 것이다." 사탄의 거짓말과 아담과 하와의 반역에 대한 하나님의 대응 방법은 단지 심판하시는 것만이 아니다. 구원까지도 포함되어 있다. 여기서 하나님께서는 성경 전체를 통해 펼쳐지는 구원 계획을 설명해주신다. 성경은 영광 가운데 영원하신 하나님께서 자신의 백성들을 구원하시는 역사를 담은 책이다. 우리는 이 영광스러운 사역의 동역자로 부름받은 사람들이다. 그리고 이 사역은 우리가 만나는 사람들과 경험하는 사건들에 대해 하나님의 구속의 역사 가운데 우리에게 가르쳐주시는 방법대로 행해야 한다는 것을 뜻한다. 인생에서 유일한 소망은 우리가 하나님의 구속의 역사 가운데 일부분으로 쓰임받는 것이다. 삶의 사건들을 지혜롭게 다루는 유일한 방법은 하나님의 구속의 은혜를 생각하며 해결하는 것이다.

이 사명을 위해 우리를 부르심은 아브라함을 하나님의 언약으로 부르셨던 장면에 분명하게 나타난다.

"내가 너로 큰 민족을 이루고
네게 복을 주어
네 이름을 창대케 하리니
너는 복의 근원이 될지라
너를 축복하는 자에게는 내가 복을 내리고
너를 저주하는 자에게는 내가 저주하리니
땅의 모든 족속이 너를 인하여 복을 얻을 것이니라 하신지라"(창 12:1-3).

이 말씀은 아브라함에게 주신 하나님의 언약에 대한 기록이다. 이 말씀을 인용하는 목적은 우리 역시 이 약속을 그대로 받고자 한다. 이것은 '위로'이자 '부르심'이다. 하나님의 축복을 받는 자로 선택되었다는 것보다 더 큰 위로가 어디 있겠는가! 하지만 하나님께서는 아브라함이 단지 하나님의 축복을 받을 대상이 되었다는 것만을 말씀하지 않으셨다. 아브라함이 다른 민족에게 하나님의 복의 근원이 되는 것은 하나님의 뜻으로 만세 전부터 계획된 것임에 주목하자. 아브라함을 통해 세상 모든 민족이 복을 받을 것이다.

이때로부터 아브라함은 자신만을 바라보는 것을 넘어서 자신의 삶을 구속사적으로 보도록 부르심을 받았다. 아브라함 안에서, 아브라함을 위해서 역사하실 뿐만 아니라 아브라함을 통해서 일하시는 하나님의 사역에 동참하도록 부르심을 받은 것이다. 바로 여기에 성경 전체에서 발견되는 모든 사람들을 하나님의 사역의 도구로 초청하시는 부르심이 나타난다. 성경 전체를 통해서 나타나는 것은 하나님께서 사역의 씨앗에 물을 주고 자라게 하심으로 그리스도의 장성한 분량에 충만해질 때까지 일하시는 모습이다. 이 약속의 말씀에서 명백한 것은 백성을 구원하기로 결심하신 하나님께서 당신의 백성을 동일한 사명에 헌신하도록 부르셨다는 것이다. 우리는 다른 사람에게 하나님의 사랑을 나타내는 도구로 우리 자신을 생각하지 않고, 스스로를 하나님의 언약적인 사랑의 대상이라고 생각해서는 안 된다.

구원은 우리의 유익만을 위한 것이 아니다. 그것은 항상 하나님의 목적에 따라 행해지며 그분의 영광을 위해 이루어진다. 하나님께서 우리를 구원으로 부르신 것을 마치 우리 스스로가 매우 존귀한 사람이라서 잔치에 초대받은 것처럼 생각해서는 안 된다. 우리는 무엇으로도 갚을 수 없는 하나님의 은혜로 초대받은 것이다. 우리처럼 낮고 비천한 자들을 초대하신 그분께 감사 찬송을 올려드린다. 그러나 우리가 감사 찬송하는 것은 우리가 단지 주님께 초대받았다는 사실 때문만은 아니다. 우리는 하나님을 기뻐한다. 그리고 다른 사람들도 그분을 알고, 섬기며, 찬송하도록 도와줌으로써 우리의 감사를 주님께 표현한다. 이것은 그분을 위한 잔치다. 우리가 말하고 행동하는 모든 것은 하나님의 구원 사역의 도구로 쓰시길 원하는 열망을 나타내야 하고, 마땅히 그분께 영광을 돌리는 것이 되어야 한다.

하나님의 사명의 구체적인 목표

주님께서는 구약에서 자신의 백성들에게 율법을 주실 때도 이러한 사명을 분명하게 보여주셨다. 이스라엘 자손들은 하나님의 구속 사역에 완전히 순종하도록 부르심을 받았다. 이 사역은 각 사람의 삶을 놀랍게 변화시켰다. 그들은 다른 사람과 대화를 나눌 때도 그 사람의 삶 속에서 일하고 계시는 하나님의 사역을 도우라는 명령을 받았다. 오늘날 왕되신 주님의 명령을 충실히 수행할 수 있는 방법이 레위기 19장에 가장 잘 나타난다. 이 내용은 마태복음 22장에서 예수님께서 율법을 설명해주실 때 암시하셨던 본문이기도 하다.

> "너희는 재판할 때에 불의를 행치 말며 가난한 자의 편을 들지 말며
> 세력 있는 자라고 두호하지 말고 공의로 사람을 재판할지며
> 너는 네 백성 중으로 돌아다니며 사람을 논단하지 말며
> 네 이웃을 대적하여 죽을 지경에 이르게 하지 말라 나는 여호와니라
> 너는 네 형제를 마음으로 미워하지 말며
> 이웃을 인하여 죄를 당치 않도록 그를 반드시 책선하라
> 원수를 갚지 말며 동포를 원망하지 말며
> 이웃 사랑하기를 네 몸과 같이 하라 나는 여호와니라" (레 19:15-18).

이 말씀이 우리의 대인 관계에 대해 무엇을 말하는가? 하나님께서는 우리에게 마치 죄가 존재하지 않는 것처럼 산다는 것은 불가능하다고 말씀하신다. 왜냐하면 우리가 죄인이고 또한 다른 죄인들과의 관계 속에서 살기 때문에 죄에서 완전히 자유로울 수 없기 때문이다. 이것은 인간의 삶 속에서 결코 피할 수 없는 현실이다. 문제는 우리가 그 죄를 하나님의 구속적인 방법으로 다루는가 아니면 우리 자신의 죄악된 마음의 욕심과 목적에 따라 다루는가이다.

네 이웃을 네 몸과 같이 사랑하라

레위기 본문에서 맨 처음 발견할 수 있는 것은 '다른 사람들의 죄를 하나님의 뜻대로 다루라'는 명령이 '네 이웃을 네 몸처럼 사랑하라'는 명령에 직접적으로 연결된다는 것이다. 이웃을 내 몸처럼 사랑하라는 명령은 많은 의미를 담고 있다. 하지만 그 가운데 우리가 분명히 알 수 있는 한 가지는 그들의 죄에 대해 절제되고 철저히 성경적인 방법으로 다루라는 것이다. 그 이유는 우리가 그들의 삶 속에서 일하시는 하나님의 사역의 도구가 되도록 부르심을 받았기 때문이다. 따라서 우리는 자신이 좋다고 판단되는 방법대로 해결해서는 안 된다. 우리가 어떤 피해를 당했을 때, 가장 중요한 것은 우리가 만족함을 느끼거나 복수심을 풀 수 있는 방법대로 행하는 것이 아니라 하나님의 계획과 그분의 영광에 따라서 행하는 것이다.

우리가 하나님의 부르심을 깨닫는다면, 비록 우리에게 많은 유혹이 있을지라도 마음과 혀로 저지르는 여러 종류의 죄에 빠져서는 안 된다. 기억하라. 우리는 주님이 오실 때까지 항상 다른 사람들의 죄를 상대해야 한다. 따라서 그때까지 네 이웃을 네 몸과 같이 사랑하라는 명령은 구속적인 의미를 갖는다. 그것은 당신이 단순히 희생자라고 생각하고 죄를 다루라는 것이 아니라, 죄를 사해주시는 하나님의 종이라는 생각을 가지고 죄를 다루라는 뜻이다.

우리가 아무리 선하다고 해도 이웃을 자신의 몸처럼 사랑하기는 힘들다. 우리 모두는 자아중심적인 경향이 있다. 또한 자신의 뜻과 방법대로 이루어지기를 원하고 자신의 만족과 기쁨을 위해 살고자 한다. 그래서 어떤 식으로든 자신의 뜻이 관철되지 않을 때는 심한 불만과 조바심에 쉽게 빠져버린다. 나는 지금 우리가 심각한 죄를 짓는 상황을 말하는 것이 아니다. 우리는 자신에게 기쁨을 주지 못하는 죄인들을 사랑하지 못하는 것뿐이다.

내가 좋아하는 일 가운데 하나는 아내 루엘라가 내 옆에 있을 때 잠이 드는 것이다. 그녀는 나의 절친한 반려자요, 최고의 친구다. 나는 늘 하루를 마칠 때 아내와 정겨운 담소를 나누며 잠드는 것을 좋아했다. 루엘라는 매우 낭랑한 목소리를 가졌고 나는 그 목소리를 들으며 잠이 들면 행복했다. 그녀 옆에 누워서 도란도란 이야기를 나누는 시간은 무엇보다도 값진 것이었다.

어느 날 밤 10시 쯤, 나는 자야겠다고 생각했다. 그러면서 루엘라도 나와 함께 자려니 생각했다. 그런데 내가 그녀를 찾으러 부엌에 들어갔을 때, 도저히 믿을 수 없는 광경이 펼쳐져 있었다. 루엘라가 물통과 솔을 가지고 부엌 바닥에 앉아서 바닥을 닦을 준비를 하는 게 아닌가! 그 즉시 내 마음은 실망으로 가득 찼다. 나는 그녀가 밤늦게 왜 이런 일을 하는지 도저히 이해할 수 없었다. 그녀는 나와 함께 잠자리에 드는 시간이 내게 매우 특별한 시간이라는 것을 모른단 말인가? 부엌 바닥 청소는 지금 당장 해야만 하나? 내게는 그런 아내의 모습이 그녀가 자기의 남편보다 부엌 바닥에 더 충실한 것처럼 보였다.

다행히도, 나는 내 생각을 입 밖으로 말하지 않았다. 하지만 나는 혼자 침실로 가면서 이렇게 중얼거렸다. "도대체 왜 지금 그런 일을 하는지 알 수가 없네." 그 이후에 나의 그러한 모습에 대해 많이 생각했다. 그러면서 깨달은 것은 내 인내심이 부족한 것이 아니라 그 중얼거림 속에 들어 있는 내 이기심이었다. 나는 아내를 바라볼 때 함께 도란도란 이야기하면서 잠이 들고 싶은 사랑스럽고 헌신적인 여자로 본 것이 아니라, 내게 뭔가 해주어야 할 의무가 있는 여자로 보았다. 그때 나는 아내의 머릿속에 가득 차 있는 것이 무엇인지를 알았다. 더러운 부엌 바닥은 그녀를 미칠 것 같이 만들었다. 집 안에는 여섯 명이나 되는 식구들이 우글거리고 있어서 바닥은 항상 더러웠다. 그러다가 마침 바닥을 청소할 기회가 생겼다. 왜냐하면 그 시각은 늦은 밤이었고 부엌에 드나드는 아이들도 없었기 때문이었다. 그녀는 가족들에 대한 헌신적인 사랑 때문에 투정이나 불평 없이 묵묵히 바닥을 청소하기로 결심했다.

그렇지만 그날 밤 나는 루엘라를 나와 함께 침실로 가야 하는 의무를 가진 아내로만 보았다. 그때 내 마음속에는 루엘라나 하나님께 대한 감사가 없었다. 그저 루엘라가 내가 아니라 부엌 바닥을 선택했기 때문에 혼자 잠을 자러 가야만 했다는 것 때문에 불쾌했을 뿐이다.

내 이야기가 사소하게 들릴지도 모른다. 우리는 이렇게 사소한 일들 때문에 다툰다. 그러면서도 어떻게 해서든 좀더 경건하게 이야기하려고 노력한다. 이것은 심각한 죄를 지은 상황은 아니다. 우리는 화장실에 들어가지 못할 때, 자동차를 쓰지 못할 때, 누군가가 TV 리모콘을 고장냈을 때, 신문이 제자리에 있지 않을 때, 다른 사람 때문에 지각했을 때, 기대했던 감사의 말을 받지 못했을 때, 누군가 앞자리에 끼어들 때, 복도에서 부딪힐 때, 문 잠그는 것을 잊었을 때, 자동차 연료가 다 떨어졌을 때, 전화가 빨리 연결되지 않을 때 분노에 찬 험악한 말들을 사정없이 내뱉는다. 그리고 이러한 경우는 셀 수 없이 많다.

이것이 매일 우리가 사는 삶이다. 만약 우리가 받은 것이 있어야 주려고 하는 이기적인 인간 관계만을 쌓는다면, 어떻게 우리가 실제적인 죄에 대해 하나님의 구원을 생각하면서 반응할 수 있겠는가? 만약 우리가 일상적인 상황에서조차 이웃을 사랑하지 않는다면, 갈등이 더욱 깊어진 상태에서는 결코 사랑할 수 없다. 우리는 날마다 하는 말에 대한 하나님의 부르심과 그 원하시는 바의 경이로움에 온전히 사로잡혀야 한다. 그리고 하나님께서 우리에게 명하신 일에 순종하는 데 필요한 모든 것을 이미 공급해주셨다는 진리를 강하게 붙들어야 한다(벧후 1:3-4).

죄를 어떻게 다루어야 하는가?

우리는 어떤 식으로든 다른 사람의 죄에 의해 영향을 받기 때문에 날마다 죄를 접하며 살아간다. 이런 의미에서 레위기가 우리에게 제시하는 질문은 다음과 같다. "우리가 죄를 하나님의 방법대로 다룰 것인가, 아니면 나 자신의 방법대로 다룰 것인가?" 확실히 이 둘 사이에는 극명한 차이점이 있다.

레위기는 우리에게 죄에 대응하는 법을 제시한다. 그 핵심은 사랑이다. 사랑은 하나님께서 인간 관계를 맺을 때 따르라고 말씀해주신 방법이다. 이 양쪽 끝에는 각각 미움의 계곡이 있다. 한쪽은 계곡의 움푹 들어간 모양처럼 수동적인 태도로 미움을 나타내고, 또 다른 한쪽은 계곡의 툭 튀어나온 모양처럼 적극적인 태도로 미움을 나타낸다. 우리는 사랑이라는 가운데 길로 행하고 튀어나오거나 움푹 들어간 그 어느 쪽으로도 치우치지 말라고 명령받았다.

수동적인 미움은 편들기와 편애와 같은 내적인 마음 자세다. 이런 태도는 겉으로가 아닌 마음으로 미워하는 것이고(17절), 원한을 품는 것이며(18절), 원수를 갚는 것이다(18절). 확실한 것은 이러한 마음 가운데 그 어떤 것도 이웃을 우리 자신의 몸과 같이 사랑하라고 하신 하나님의 부르심에 일치되는 것은 없다. 그 모든 것들은 자신을 즐겁게 해주지 않고 욕구를 만족시켜주지 않을 때 생기는 분노와 자기애(自己愛)만을 나타낸다. 여기서 알 수 있는 것은, 마음의 반응은 하나님의 사역에 동참하는 영광에 의해서 나타나는 것이 아니라 자신의 이기적인 기대감에 의해 드러난다는 것이다. 분명 이보다 더 큰 부르심이 없지만 우리는 삶 속에서 이 점을 쉽게 잊어버린다.

또 다른 면으로 적극적인 미움은 사람들을 대할 때 편애와 편들기로 대하고(15절), 불공정하게 사람들을 판단하며(15절), 사람을 헐뜯고(16절), 복수하기 위해 기회를 노린다(18절). 다시 말하면, 이러한 반응들은 하나님께서 우리에게 요구하시는 모습과는 정반대의 태도다.

하나님께서는 우리가 사랑이라는 길에서 벗어나서 소극적인 미움이든지 혹은 적극적인 미움이든지 한쪽 극단에 치우치는 것을 원치 않으신다. 그러므로 죄 중에 거한다는 것은 하나님께서 우리에게 요구하시는 삶을 거역하는 것이다. 우리가 상처받은 대로 다른 누군가가 상처입기를 바라는 것은 그분의 요구하심을 거역하는 일이다. 잘못된 일을 마음에 담아두는 것도 그분의 요구하심을 거역하는 일이다. 다른 사람의 죄에 대해서 수군거리는 것도 마찬가지다. 복수를 계획하고 실행하는 것도 부르심을 거역하는 일이다. 우리가 우리 자신의 삶을 돌아보면, 하나님의 뜻에 어긋나는 일들을 많이 발견하게 될 것이다(마 18:15-19).

한 아내가 자신에게 남편이 뭔가 섭섭한 일을 했다고 해서 남편에게 침묵으로 일관하는 것은 복수다. 그렇게 함으로써 자신이 받은 구속적인 부르심을 거역하는 것이다. 부모에게 실망한 딸이 자기 방으로 가서 문을 닫아걸고 엉엉 울면서 자신에게 한 일들을 마음속에 간직하는 것은 하나님의 부르심을 저버리는 것이다. 교회의 성도가 다른 사람에게 찾아가서 기도 제목을 빌미로 은밀한 문제를 알아내서 그것을 소문낸다면, 그것은 사랑의 길에서 실족한 것이고 하나님의 부르심을 거역한 것이다. 아침에 다른 가족들이 늑장을 부리는 바람에 늦게 출근했다며 화를 내면서 일하러 간 남편이, 가족들이 없다면 자신의 삶이 얼마나 편할까를 상상하는 것은 하나님의 부르심을 거역하는 일이다.

우리가 사랑의 길에서 치우쳐 미움에 사로잡히기가 얼마나 쉬운가! 반면 하나님의 사랑의 명령을 따르는 일은 얼마나 어려운가! 레위기의 말씀처럼 서로 사랑해야 하는 우리들의 어려움에 대해 겸손하고 정직하자. 하나님께서 우리에게 명하시는 길에서 얼마나 자주 멀어지는지를 솔직히 인정하자. 하나님과 사람 앞에서 우리의 부족함을 고백하고 구체적인 회개의 모습을 나타내자. 그리하여 하나님께 영광을 올려드리자.

사랑의 길

사랑의 길은 죄를 짓는 사람들에게 친절히 대하거나 한없이 참아주는 것이 아니다. 사랑은 적극적인 것이다. 하나님께서는 우리가 다른 사람들의 죄를 볼 때 그들을 구원하는 하나님의 도구가 되기를 원하신다. 그분은 우리가 이웃을 공정하게 판단하고, 진실하며 정의로운 방법으로 서로의 죄를 경계하기를 원하신다.

이 점을 생각하면서 그 동안 우리가 자기 의에 집착하여 재판관처럼 행동하지는 않았는지 혹은 다른 사람의 삶 속에서 발견하지 못한 죄를 찾아내려는 형사처럼 행동하지는 않았는지 생각해보기를 원한다. 아니면 무례하거나 신중하지 못한 태도로 죄를 직면하게 하면서 말을 함부로 하는 사람은 아니었는가? 하나님께서는 다른 사람의 죄를 우리에게 드러내실 때, 우리는 자기 희생적이며 구속적인 사랑을 나타내야 한다고 말씀하신다. 우리는 이웃에게 진실과 사랑으로 그가 자신의 죄를 직면하게 해야 한다. 그러므로 그는 우리의 판단의 대상이 되는 것이 아니라, 하나님의 판단의 대상이 되어 그분의 긍휼과 은혜를 구하게 된다. 우리는 사람들과 나누는 모든 대화에 우리 자신이 아니라 하나님과 그분의 뜻과 긍휼하심이 가득 차기를 원한다.

레위기 말씀은 또 다른 의미가 있다. 만약 이러한 사랑의 길을 행하지 못한다면, 우리가 하나님과 다른 사람을 사랑하는 것보다 우리 자신을 더 사랑한다면, 우리가 미움의 극단에 빠져버린다면 우리는 다른 사람의 죄에 참여하는 것이다. 가인처럼 우리들은 형제를 지키는 자다(창 4:9) 하나님의 부르심이 이보다 더 강할 수는 없다. 구속적인 사랑으로 다른 사람의 죄에 대처하지 못하는 것은 그의 죄에 동참하는 것이다. 에스겔 선지자를 통해서 하나님께서 말씀하신 대로, 파수꾼이 적의 출현을 살피지 못하고 사람들에게 경고하지 않으면 나중에 그 사람들이 흘리는 피는 파수꾼에게 돌아간다(겔 33:1-9). 하나님의 구속의 은혜에 참여하라는 것은 숭고한 부르심일 뿐 아니라 우리의 도덕적인 의무다.

우리에게는 헌신된 파수꾼의 마음이 필요하다. 파수꾼의 임무는 사람들이 자신의 경고에 따르도록 강요하는 데 있는 것이 아니다. 그 임무는 단지 시의 적절한 경고를 하는 것이다. 그는 자신의 경고가 충분히 이해되었는지 그리고 사람들이 경고에 따를 수 있도록 적절하게 주었는지를 확인해야 한다. 이러한 일을 했다면, 그의 임무는 완수된 것이다. 그는 자신의 부르심에 충실히 행한 것이다.

우리가 받은 부르심은 다른 사람들로 하여금 구원자되시는 주님의 보호와 구원의 은혜를 구하도록 경고하는 것이다. 프랭크와 앨런은 그들이 받은 부르심을 저버리지 않았다. 그들은 파수꾼으로서 아들 리안의 방에 들어갔다. 그리고 그들의 훈계는 아들의 마음을 움직이시는 주님의 사역에 사용되기를 바라는 사랑이 깃든 마음에서 나오는 경고였다. 그들이 말한 모든 것은 하나님께서 하시는 일에 동참하기를 간절히 바라는 마음에서 나왔다. 이 점을 잊지 말라. 리안의 마음을 움직이기 위해 하나님께서는 부모의 말을 사용하시기 전에, 먼저 부모의 마음에 역사하셨다. 그리고 바로 그러한 일들이 우리에게도 나타나야 한다.

끝으로, 이 본문이 "나는 여호와로라"는 말을 두 번이나 강조하고 있음을 주목하라. 하나님께서는 이렇게 말씀하신다. "이 말은 왕의 말이요 이것은 너희에게 대한 나의 뜻이다. 나는 여호와다. 나는 너희가 이러한 방법으로 서로 사랑하기를 바란다. 여기에는 어떤 항변이나 변명이나 질문도 허용되지 않는다. 나는 여호와다. 지금 곧 가서 너희의 주변에 내가 둔 사람들에게 죄를 경계하게 하고, 그들을 구해내는 일의 도구가 되어라."

대위임령(The Great Commission)

이 세상에서 왕되신 주님의 사명을 이루라는 가장 명확한 부르심 중의 하나는 마태복음 28장에 나타난다. 부활하신 후에 예수님께서는 제자들에게 갈릴리에 있는 산으로 자신을 만나러 오라고 부르셨다. 그곳에서 예수님께서는 모든 성도들에게 복음 전파의 사명을 말씀하셨다. 하지만 나는 프랭크와 앨런이 아들의 문제에 이 명령이 적용된다고 생각했는지는 잘 모르겠다. 그리고 사람들이 매일의 인간 관계에 이 명령이 적용된다는 것을 아는지 모르는지도 잘 모르겠다. 하지만 확실한 것은 이 말씀은 전통적으로 한 가지 의미만으로 해석되어 그 명령이 갖는 많은 능력들을 상실했다.

그리스도의 대위임령이 그분의 제자들과 교회들에게 하시는 말씀이라는 사실을 잘 생각해보라. 그리고 스스로 물어보라. 이 사역은 과연 무엇인가? 이 명령이 우리의 매일의 대화에 어떤 영향을 미치는가? 이 명령이 우리의 모든 대화에서 요구하는 것은 무엇인가?

> "열한 제자가 갈릴리에 가서 예수의 명하시던 산에 이르러 예수를 뵈옵고 경배하나 오히려 의심하는 자도 있더라 예수께서 나아와 일러 가라사대 하늘과 땅의 모든 권세를 내게 주셨으니 그러므로 너희는 가서 모든 족속으로 제자를 삼아 아버지와 아들과 성령의 이름으로 세례를 주고 내가 너희에게 분부한 모든 것을 가르쳐 지키게 하라 볼지어다 내가 세상 끝 날까지 너희와 항상 함께 있으리라 하시니라"(마 28:16-20).

예수님께서는 승리하신 왕으로 제자들 앞에 서 있었다. 지상에서의 모든 사역을 마치시고 아버지의 우편에 앉으실 예수님께서는 제자들에게 이 세상 모든 나라에 당신의 메시지를 전하라고 명령하셨다. 우리 모두는 이 말씀에 근거하여 세계 선교의 사명에 동참하라는 부르심을 받았다. 선교의 소명은 필수적이다.

하나님의 백성들이 이 말씀의 의미를 외국에 가서 선교하는 것으로만 제한하면, 그 풍성한 의미를 놓치게 된다. 또한 전문 사역자들에게만 적용되는 것으로 제한할 때도 많은 의미를 놓친다. 물론 그 명령은 전임 사역자, 일반 사역자, 하나님의 선교 명령에 순종한 외국 선교사들에게 주시는 말씀이다. 그러나 분명한 것은 그 말씀 안에는 더욱더 많은 뜻이 담겨져 있다는 것이다.

나는 교회가 이 명령을 어느 정도 무시함으로써 연약해진다고 믿는다. 예수님께서는 우리에게 가서 제자 삼으라고만 말씀하지 않으셨다. 오히려 모든 그리스도의 명령에 순종하는 삶을 살 것을 가르치라고 하셨다. 그것은 위로요, 격려이며, 가르침으로의 부르심이다. 이로써 우리는 점차적으로 예전의 죄된 생활에서 벗어나서 그리스도의 모습을 나타낸다. 대위임령은 단지 사람들을 빛의 나라로 인도하라는 부르심만이 아니라, 죽을 때까지 빛의 아들들로서 생활을 가르치는 삶으로의 부르심이다. 우리가 대위임령의 두번째 핵심을 간과할 때("내가 너희에게 분부한 모든 것을 가르쳐 지키게 하라"), 우리는 매일의 대화에서 어떻게 말하며 살아야 한다는 부르심을 따르지 못한다.

삶의 방식으로서의 대위임령

이 사역을 누가 해야 하며, 언제 어디서 하는지를 묻는 중요한 단계가 남았다. 신약 성경은 곳곳에서 이것은 모든 성도들의 사역이며 언제 어느 곳에서나 행해져야 한다고 말한다. 사역을 전문적으로 하라는 부르심일 뿐만 아니라, 근본적으로는 삶 자체가 사역이 되게 하라는 부르심이다. 우리의 일상적인 삶으로부터 이 사역을 분리할 수 없다. 그렇다면 우리가 어디에서 하나님의 자녀로 순종하며 살라는 것을 가르치고 또 배울 수 있겠는가? 그것은 교회 공식적인 프로그램에서 이루어지는 것이 아니라, 매일의 삶의 경험에서 이루어지며 그곳에서 우리는 대적의 유혹과 죄된 본성의 욕심과 씨름한다. 그래서 남편과 아내의 관계는 대위임령의 사역의 현장이다. 부모와 자녀와의 관계도 대위임령이 이루어지는 삶의 자리다. 교회 안에서의 모든 관계도 역시 대위임령이 적용된다. 대위임령은 주님 앞에서 죄 사함 받도록 도울 뿐만 아니라, 점진적인 성화를 이루어가게 한다.

이는 내가 아내에게 우리 관계에서의 어려움과 서로 실망한 것에 대해 이야기하려고 할 때, 대위임령 속에 들어 있는 마음 자세를 가지고 대화해야 한다는 것을 의미한다. 나는 우리의 대화의 가장 중요한 목적이 우리 둘 사이에서 역사하시는 하나님의 사역을 더욱 촉진한다는 것을 안다. 우리가 대화를 나눠야 하는 바로 그 사실이 주님의 사역이 아직 완성되지 않았음을 보여주는 것이다. 아주 사소한 갈등조차도 우리가 아직은 그리스도의 명령에 완전히 순종하지 않음을 보여준다. 그러므로 우리가 서로를 이해하고 함께 문제를 풀려고 할 때도 우리가 더욱 빛의 자녀들로 살도록 도우시는 하나님의 역사하심이 증진되기를 기도해야 한다. 다시 한 번 말하지만, 그 문제를 어떻게 다루느냐가 중요하다. 하나님의 사역이 더 이상 필요하지 않을 때까지 우리의 모든 노력이 진리를 따르려는 열망에서 생겨나고 있는가?

"삶은 사역의 현장이다"라는 마음 자세는 우리의 모든 말을 다스리도록 한다. 우리는 주님의 사역에서 삶을 제외시킬 수 없다. 하나님의 부르심은 삶의 모든 부분을 포함한다. 이에 대한 우리의 반응은 네 이웃을 네 몸과 같이 사랑하라는 도덕적인 의무에 순종하는 것이어야 한다. 그리고 이러한 순종은 우리 자신의 행복과 만족 그리고 편안함이 아닌 그 이상의 동기에 의해 이루어져야 한다. 그럴 때 우리는 주변 사람들의 삶 속에서 일하시는 왕 되신 주님의 동역자가 된다.

사역의 기회가 어쩌면 처음 기대했던 것과는 다를지도 모른다. 그래서 이렇게 말하는 사람들은 거의 없다. "성경은 이런 상황에 대해서 뭐라고 말합니까?", "저는 저의 삶이 하나님의 뜻에 순종하지 않는 것을 잘 알고 있습니다. 저는 당신의 도움이 필요합니다", "제 삶의 문제에 적용해야 하는 성경 말씀들이 더 있나요?" 그렇지만 주님의 사역이 가장 강하게 역사하는 순간은 크고 작은 다양한 문제들 가운데서 일어난다. 우리는 주님께서 우리의 삶 속에서 그분의 일하심을 더욱 역동적으로 증진하기 위해 어려운 상황들을 사용하신다는 것을 안다. 그래서 우리가 주님의 행하시는 변화의 우선적인 도구 가운데 하나로 사용되면, 가장 놀라운 사역의 기회들은 오히려 우리가 피하고 싶어하던 그 순간에 찾아올 것이다.

그 순간에 우리가 자신의 감정에 너무 몰입해 있거나(상처, 두려움, 실망, 분노, 수치, 낙심 등), 자신의 욕망에 사로잡힐 때는(빠른 대답을 원함, 공정한 대우를 요구함, 합당한 보상을 기대함, 피하고 싶은 마음, 이기고 싶은 마음, 최소한의 희생으로 빠져나오기를 원함, 안전함과 용납되는 것을 원함 등) 하나님의 구원 사역을 이루시기 위해 말하도록 우리에게 주신 기회들을 잃어버린다. 프랭크가 처음 리안의 이메일을 읽었을 때에 그는 '야! 이 얼마나 좋은 사역의 기회인가! 감사합니다. 하나님!' 이라고 생각하지 않았다. 그 반대로 그의 마음은 아버지로서의 비통함으로 가득 찼다. 그것은 당연한 일이었다. 그렇지만 리안이 직접 쓴 편지의 음란한 글들은 하나님께서 아버지 프랭크와 어머니 앨런으로 하여금 아들 리안을 죄로부터 구원하시는 데 사용된 도구였다. 프랭크와 앨런의 시간은 슬픔의 시간이 아니라 하나님의 시간이었다. 하나님께서는 이미 알고 계셨던 리안의 마음속의 것들을 이 사건을 통해 드러내셨다. 하나님께서는 고통스럽지만 리안의 부모에게 그것을 알리고 그의 부모가 인생을 변화시키시는 하나님의 영광스러운 사역에 동참하게 하셨다.

프랭크와 앨런은 격렬한 감정과 권위 의식에 사로잡힌 말의 수준을 넘어서야만 했다. 감정적이고 권위적인 말들은 이런 식이다. "네가 어떻게 우리에게 이럴 수가 있니?" "우린 네게 모든 것을 해주었는데, 고작 이게 그 은혜에 보답하는 거니?" "이따위 이메일이나 쓰다니, 넌 인생에서 실패할 거야!" "넌 이제 다시는 컴퓨터 쓰지 마! 평생 동안 컴퓨터랑은 끝이야!" "네가 내 아들이라니 믿기지가 않는다. 살면서 이런 일을 겪으리라고는 꿈에도 생각 못했어!" "제발 한 번이라도, 엄마 아빠가 좋아할 만한 일을 좀 해봐라!"

하지만 그들은 하나님의 구속적인 사랑에서 나오는 마음으로 아들 리안에게 말했다. 그 사랑이 바로 사명의 기회를 누리는 이유였다. 그리고 그 사랑이 그들로 하여금 독선적이고 자기애(自己愛)로 가득 찬 말을 버리고 은혜로 충만한 온유한 말을 하게 했다. 그들은 구원자이신 주님의 손으로 직접 간섭하심을 경험한 모습으로 리안에게 다가갔다. 그리고 그들은 자신들이 경험한 것과 동일한 죄 가운데서 구원하시며 능력이 넘치는 은혜를 아들 리안도 경험하기를 간절히 원했다.

질책은 비난이 아니라 주님의 사명으로 부르는 것이다. 권고는 판단이 아니라 주님을 따르도록 격려하는 것이다. 직면은 선고가 아니라 미리 경고하는 것이다. 우리는 하나님의 말씀을 서로에게 전해준다. 그것은 우리가 다른 사람보다 더 낫거나 더 경건해서가 아니고 우리가 사람들을 변화시킬 수 있다고 자신하기 때문도 아니다. 우리는 가르치고, 격려하며, 권면하고, 바르게 하고, 권고한다. 왜냐하면 하나님께서 우리에게 명하셨기 때문이다. 이러한 부르심은 너무나 바쁜 우리의 삶에서 단지 일부만 차지하는 일이 아니다. 그것은 삶 그 자체다. 그것은 우리가 어디에 있든지, 누구와 함께 있든지 해야 하는 일이다.

이 사역은 전혀 예기치 않은 상황에서 다가온다. 그리고 종종 어려운 일이기도 하다. 그렇지만 주님의 사역에 동참할 때 우리들은 우리의 나누는 대화가 하나님의 부르심에 일치하기를 원해야 한다. 왜냐하면 우리는 왕되신 주님의 사명에 따라 선택받은 자들이기 때문이다.

 더 깊은 묵상을 위하여

누구를 위해 이 사명을 감당해야 하는가? 당신인가, 왕인가?

1. 갈등이 생길 때 평소 당신은 어떻게 그 문제에 대응하는가?(자기 연민에 빠지는가? 하나님을 의심하는가? 다른 사람을 욕하는가? 상황에 책임을 돌리는가? 하나님의 도우심을 찾는가? 섬기기보다는 섬김을 받으려 하는가?)

2. 주님의 사역을 행할 때 당신이 좌절과 불평과 분노에 빠지기 쉬운 상황은 언제인가?

3. 인간 관계를 구속적인 관점으로 본다는 것은 무슨 뜻인가? 이런 관점으로 관계를 바라보지 못했던 적이 있는가?

4. 당신은 두려움 때문에 진리를 왜곡하거나 문제를 회피하거나 혹은 다른 사람의 죄를 깨닫게 해주기보다는 덮어준 적이 있는가?

5. 당신은 어떤 상황에서 공적인 문제를 사적으로 처리하여 구속적으로 말하는 하나님께서 주신 기회를 놓치는가?

6. 당신의 삶에서 하나님의 대위임령을 따를 수 있는 기회에는 어떤 것이 있는가?

7. 당신의 주변 사람들과의 관계 속에서 복음의 약속을 잊어버리고 하나님께서 주신 기회들을 놓치는 경우는 언제인가?

8. 이러한 질문들을 통해 지금까지 깨닫지 못했던 죄를 알았다면 그 죄를 하나님과 사람에게 고백하라. 그리고 요한일서 1장 8-9절의 약속을 의지하라.

"경우에 합당한 말은
아로새긴 은쟁반에 금사과니라" (잠 25:11).

3부

말의 영적 전쟁에서 승리하기

주님, 오늘 하루
    저를 필요로 하는 자에게
    삶의 짐을 함께 들어주는 손이 되게 하시고,
    길 잃은 자를 인도하는 눈이 되게 하시며,
    사랑의 법을 가르치는 마음이 되게 하소서.
그리고 나의 손이 게으르지 않게 하시고,
    나의 눈이 흐려지지 않게 하시며,
    나의 마음이 우둔하지 않게 하소서.
오히려, 더 강하게 하시고,
    분별력 있게 하시며,
    진실함으로 가득 차게 하소서.
주님, 저는 주님께서 저를 필요로 하실 때에
    준비되지 않고, 성실하지 않아서
    신뢰할 수 없는 자가 되지 않기를 바랍니다.
주님의 뜻에 따라서
    모든 이웃들에게 유익을 끼치게 하시고
    주님 안에서
    저를 도우시고 저를 사용하소서.

예수님의 이름으로 기도드립니다. 아멘.

11장 가장 먼저 해야 할 일들

> "선한 사람은 마음의 쌓은 선에서 선을 내고 악한 자는 그 쌓은 악에서 악을 내나니 이는 마음에 가득한 것을 입으로 함이니라 너희는 나를 불러 주여 주여 하면서도 어찌하여 나의 말하는 것을 행치 아니하느냐"
> (눅 6:45-46).

이 책을 읽으면서 당신은 이렇게 말할지도 모른다. "나는 하나님께서 내 말이 선한 사명을 갖기 원하신다는 것을 이해하겠어요. 내가 지금까지 구속적으로 말하지 않았다는 것도 알겠어요. 나의 말은 지금까지 나 자신의 욕심을 따랐지요. 이제야 나는 내 죄의 열매와 여러 가지 실패의 원인들을 알았어요. 그런데 앞으로 어떻게 해야 하는지는 잘 모르겠군요."

이 장은 바로 이러한 사람들을 위한 내용으로, 구체적인 변화의 방법에 대해서 다루고 있다. 우리는 하나님의 회개의 방법이 무엇인지를 살펴보려고 한다. 당신이 과거의 언어 습관에서 탈피하려고 할 때, 가장 먼저 할 일은 마음으로부터 출발하는 것이다. 성경에서 보여주는 회개란 '삶에 획기적인 변화를 일으킬 수 있는 마음에서의 변화'다. 하나님께서 이스라엘에게 회개를 촉구하실 때 이렇게 말씀하셨다. "너희는 옷을 찢지 말고 마음을 찢고 너희 하나님 여호와께로 돌아올지어다 그는 은혜로우시며 자비로우시며 노하기를 더디하시며 인애가 크시사 뜻을 돌이켜 재앙을 내리지 아니하시나니"(욜 2:13).

'옷을 찢는다' 는 것은 구약 성경에서의 비통함의 표현이다. 그래서 옷을 찢지 말라는 말씀은 본질적으로 이렇게 말씀하시는 것이다. "나는 회개의 상징적인 표현 그 이상의 것을 원한다. 나는 진정으로 변화된 마음을 원한다."

회개의 본질 – 복음을 붙드는 마음

하나님께서 우리의 죄와 그 참담한 결과를 드러내시는 것은 우리를 비난하기 위해서가 아니라, 구속적인 사랑 때문이다. 하나님께서는 우리를 거룩하게 하기 위해서 훈련시키신다. 그분은 결코 파멸과 멸망을 원하지 않으신다. 훈련이 비록 고통스럽고 슬퍼도 그 목적은 우리 가운데서 의와 화평의 열매를 맺으시기 위함이다(히 12:1-13).

그러므로 미리 좌절하거나 포기하지 말라. 너무 늦었다든지 결코 돌이킬 수 없을 것이라는 사탄이 주는 생각에 속지 말라. 실패했다는 생각으로 죄의식과 부끄러움에 빠져 주님으로부터 멀리 떠나지 않도록 하라. 오히려 주님께로 돌아가서 그분의 사랑에 넘치는 용납하심을 바라보라. 하나님 아버지는 우리가 자신의 실제 모습을 바라보게 하신다. 왜냐하면 하나님께서는 진심으로 우리를 사랑하시기 때문이다.

이 책을 읽는 동안 당신은 그 사랑을 깨닫는 은혜를 경험할 것이다. 그리고 예전에 보지 못했던 자신의 언어 생활에 대한 여러 가지를 알고 상심할 수도 있을 것이다. 그 상심한 마음을 가지고 주님께 나아가라. 그분의 용서와 도우심을 간구하라. 만약 하나님께서 당신을 정죄하신다면 그것은 회개의 순간이 될 수 있고, 강퍅케 되는 순간이 될 수도 있다. 용기를 내어 회개하라. 당신은 주님의 사랑스러운 자녀다.

진정한 회개는 예수 그리스도를 향한 믿음과 죄의 권세에 대한 승리로 말미암는 주님의 많은 약속에서부터 시작된다. 나는 이러한 약속들 가운데 여섯 가지를 특히 강조한다. 왜냐하면 그것들은 어둠에서 나와 진리의 빛으로 들어가도록 우리를 이끌어주기 때문이다. 죄는 죄의식과 부끄러움과 두려움을 낳는다. 그러나 주님의 완전한 사랑은 이 모든 것을 물리친다. 우리는 주님의 위대하시고 고귀한 약속 안에서 우리에게 분부하신 것들을 할 수 있는 모든 필요들을 발견한다(벧후 1:3-4).

우리가 붙들어야 하는 첫번째 복음의 약속은 '용서'다. 하나님의 용서의 약속은 완전하다. 예수님께서는 우리의 죄를 결코 기억하시지 않겠다고 말씀하셨을 뿐만 아니라, 동이 서에서 먼 것 같이 우리를 죄에서 멀어지게 하겠다고 약속하셨다. 이 얼마나 놀라운 약속인가! 내 영혼을 짓누르며 내 믿음을 상하게 만드는 후회와 절망의 짐을 지고 다닐 필요가 없다. 예수님께서 친히 죄의 짐을 맡아주셨다. 그래서 나는 더 이상 그 짐을 가지고 다닐 필요가 없다.

여기에 놀라운 자유가 있다. 이 자유가 있기 때문에 그리스도인은 결코 죄의식과 부끄러움이라는 어둠 속에서 두려움으로 갇혀 살지 않는다. 예수님께서 모든 죄의 빚을 갚아주셨다. 그래서 비록 죄 많고 흠이 많아도 충만한 믿음과 소망 가운데 얼마든지 그리스도께 나아갈 수 있다. 그리고 하나님의 자녀로서 마땅히 용서받는다.

복음의 두번째 약속은 '구원'이다. 그리스도께서는 우리의 죄를 사해주시기 위해 오셨을 뿐만 아니라 죄로부터 구원해주시기 위해서 오셨다. 주님께서는 십자가에서 우리를 얽어매고 있던 죄의 권세를 깨뜨리셨다(롬 6:1-44). 우리는 이제 혀로 짓는 죄에 더 이상 얽매이지 않아도 된다. 상황은 달라졌다. 우리는 새로운 방식으로 말할 수 있다.

복음 안에서 우리는 '용서'와 '구원'을 얻을 뿐만 아니라, '강함'도 얻는다. 주님께서는 바울에게 약속하셨다. "내 은혜가 네게 족하도다 이는 내 능력이 약한 데서 온전하여짐이라"(고후 12:9). 그렇다. 우리는 하나님의 기준에 형편없이 부족한 자들이다. 우리 자신을 살펴보면 우리는 선한 것이 전혀 없는 자들이다. 그러나 주님께서는 그 상태로 우리를 홀로 버려두지 않으신다. 그분은 능력으로 임하셔서 성령으로 충만케 하신다. 그래서 우리는 다른 사람을 유익하게 하고, 그분을 영화롭게 하는 방식으로 말할 수 있다. 그리스도를 죽은 자 가운데서 일으키신 것과 동일한 하나님의 능력이 우리 안에 거하신다(엡 1:19-20). 그래서 우리는 연약함에 굴복할 필요가 없다. 우리는 그리스도 안에서 강해져서 주님의 뜻대로 말할 수 있다.

복음의 세번째 고귀한 약속은 '회복' 이다. 지나온 삶을 돌아볼 때, 주님이 주신 사역의 기회를 놓쳤던 실패를 깨닫는 것은 그리 어려운 일이 아니다. 우리가 했던 말을 다시 주워 담고 싶어하며, 때에 맞는 말을 하지 못했음을 후회하는 때가 얼마나 많았던가! 우리의 말이 그토록 하나님의 기준에 합당치 못했음을 왜 이제야 깨닫게 하시는지에 대해 우리는 매우 안타깝게 생각한다.

주님의 회복의 약속은 굉장히 은혜롭다. "내가 전에 너희에게 보낸 큰 군대 곧 메뚜기와 늣과 황충과 팟종이의 먹은 햇수대로 너희에게 갚아주리니 너희는 먹되 풍족히 먹고 너희를 기이히 대접한 너희 하나님 여호와의 이름을 찬송할 것이라 내 백성이 영영히 수치를 당치 아니하리로다"(욜 2:25-26). 하나님께서는 회복의 하나님이시다. 하나님께 버려지는 시간이란 없다. 그분의 주권적인 사랑 안에서 우리에게 가장 적절한 순간에 통찰과 확신의 깨달음을 얻게 하신다. 그분의 때는 항상 정확하다. 그 과정은 약속하신 의의 열매를 이루시기 위해 정교하고 치밀하게 이루어진다. 그리고 놀랍게도 하나님께서는 그 과정 중에 잃어버린 것을 회복하신다고 약속하신다. 그래서 하나님의 백성들은 부끄러움에 떨어지지 않는다(욜 2:27).

복음에서 우리가 발견하는 네번째 약속은 '화목' 이다. 복음의 핵심은 평강의 왕께서 오신 것이다. 그분 안에서 우리는 하나님과 화목할 뿐만 아니라, 서로간의 화목함을 얻는다. 그분은 사람들 사이에 막힌 담을 허무실 수 있는 유일하신 분이다(엡 2:14-18). 그분만이 미움이 가득한 마음에 사랑을 불어넣으실 수 있다. 그분은 무정하고 이기적인 사람들을 인자하고 사랑이 많은 자들로 만드신다. 하나님께서는 인간의 죄와 실패로 망가져버린 우리를 거룩한 보화로 만들어내신다. 그분은 우리에게 오셔서 아버지의 마음을 자녀에게로 돌이키게 하시고 자녀의 마음을 아버지에게로 향하게 만드신다(말 4:6). 그분은 우리에게 오셔서 자신의 교회가 연합과 사랑의 공동체가 되게 하신다(요 17:20-23). 그분은 오셔서 남편과 아내가 한 몸으로 살게 하신다. 그래서 상처 입고 심지어는 파괴된 곳에도 소망이 있으며, 진정한 치료와 회복이 일어날 수 있다. 당신의 구원자는 바로 평강의 왕이시다.

다섯번째, 복음이 주는 약속은 '지혜'다. 야고보는 그 지혜에 대해서 아주 적절한 교훈을 전해주었다. "너희 중에 누구든지 지혜가 부족하거든 모든 사람에게 후히 주시고 꾸짖지 아니하시는 하나님께 구하라 그리하면 주시리라"(약 1:5). 얼마나 간단하면서도 우리에게 커다란 소망을 주는 말씀인가! 당신은 어쩌면 이렇게 생각할지 모른다. '나는 내 언어 생활에 변화가 필요하다는 것을 안다. 하지만 어디서부터 어떻게 시작해야 할지 모르겠다.'

당신은 지혜가 필요하다. 하나님께서는 지혜를 주실 뿐만 아니라, 후히 주시고 꾸짖지 않으신다. 우리는 '모든 지혜와 지식의 보화'가 그리스도께 감추어져 있음을 몰랐다는 것에 대해 비통해할 필요가 없다(골 2:3). 그분의 부르심은 간단하다. "오라. 구하라. 그러면 내가 주리라!"

여섯번째, 복음이 우리에게 약속하는 것은 '긍휼'이다. 히브리서 기자는 예수님께서는 우리와 같이 모든 부분에서 시험을 받으셨으므로 우리의 연약함을 이해하시고 체휼하신다는 것을 상기시킨다. 우리는 그분께로 가서 도움이 필요할 때 도우시는 긍휼과 은혜를 받을 수 있다(히 4:14-16). 가장 힘든 상황 속에서, 가장 참기 어려운 인간 관계에서 단지 우리 자신의 개인적인 능력만으로는 그 모든 일들을 해결할 수 없다. 우리는 그리스도 안에 있고, 바로 그 안에서 불가능해보이는 일들을 할 수 있다.

나는 원수를 사랑할 수 없다. 나를 박대했던 사람들에게 친절을 베풀 수가 없다. 나를 분노하게 만드는 사람 앞에서 참고 견딜 수가 없다. 모욕당했을 때 그대로 물러설 수가 없다. 원수 갚는 것을 주님께 맡길 수가 없다. 희생적인 섬김에서 기쁨을 느낄 수가 없다. 다른 사람이 화낼 때 부드럽게 말할 수가 없다. 날 때부터 친절하고, 사랑이 많으며, 인자하고, 용서할줄 아는 사람이 전혀 아니다. 하나님의 기준은 내 힘으로 완수하기에 너무나 높고 그분의 부르심은 버겁다. 하지만 그것이 바로 예수님께서 오신 이유다. 그분 안에서 우리는 필요한 모든 것을 다 얻을 수 있다.

복음은 진정한 회개가 일어나는 토양과 같다. 주님의 약속은 주저하지 않고 죄를 깨닫게 하며 그 죄로부터 돌이킬 수 있는 능력을 공급해준다. 진정한 변화를 위한 참된 소망은 그리스도 안에서 발견된다. 회개는 그 기반 위에 세워진다.

이제 다음 질문은 이런 것이다. 진정한 회개란 과연 어떤 것인가? 우리의 언어 생활 속에서 진정한 마음의 변화는 어떻게 나타나는가? 이것이 진정한 회개의 단계들이 무엇인지를 알게 한다. 그리고 회개한 마음의 변화는 인생을 변화시킨다.

회개의 첫번째 단계 – 성찰

회개의 과정에서 첫번째 단계는 우리가 영적으로 무지한 자임을 고백하는 것이다. 우리는 자신의 죄와 실패보다는 다른 사람의 죄와 실패를 더 분명하고도 자세히 안다. 또한 우리는 변명함으로써 비난을 모면하려고만 한다. 그러면서 실제 우리의 모습과 한 일에 대해서는 왜곡한다.

이에 대한 치료법은 아주 간단하다. 우리는 자신의 실제 모습이 어떤지를 보기 위해 하나님의 말씀을 거울처럼 주의 깊게 들여다보아야 한다. 그리고 변화가 필요한 부분이 어디인지를 살펴보아야 한다(약 1:22-25). 우리가 하나님의 말씀의 거울을 들여다볼 때, 스스로에게 질문해야 한다. '하나님께서 보여주시는 내 언어 생활에서 미처 깨닫지 못한 잘못은 무엇인가?'

언어 생활에 대해 성경이 강조하는 것은 새로운 기술의 습득이 아니라 악한 말에서 은혜가 넘치는 선한 말로 새로워지는 마음의 변화다. '구속적으로 말한다'는 의미는 대화의 실제적인 성경적 원리를 가르쳐준다. 이 원리를 따를 때 우리의 말은 낙심과 포기 그리고 절망의 굴레에서 벗어날 수 있다. 그리고 사랑과 진실, 은혜와 소망, 믿음과 용서, 평화가 넘치는 모든 의의 열매를 맺는 말을 할 것이다.

갈등하는 마음

몇 년 전 내가 상담했던 한 부부는 우리의 말을 지배하는 마음을 성찰해야 하는 필요성을 명확하게 보여준다. 밥(Bob)이 아내 메리(Mary)에게 가진 불만 가운데 하나는 그녀가 세 자녀에게 너무나 심하게 그리고 자주 화를 낸다는 것이었다. 나는 밥에게 메리의 분노에 대해서 나한테만 불평하지 말고 직접 메리에게 그 사실을 직면하게 하라고 권해주었다.

밥이 메리와 함께 나를 찾아왔고, 그는 일이 어떻게 되었는지 말해주었다. "저는 당신의 조언을 받아들여서 메리에게 분노에 대해서 말해주었어요. 저는 그녀가 그렇게 화내는 것이 얼마나 애들을 망가뜨리는지 그리고 그 아이들의 삶 속에 하나님께서 하고자 하시는 일들을 얼마나 방해하는지 알아야 한다고 말해주었어요."

밥의 이야기를 듣던 나는 마음속에 두 가지의 서로 모순되는 갈등에 빠지게 되었다. 하나는 밥의 말이 옳고 잘했다는 마음이었고, 다른 하나는 밥이 말하는 동안 메리의 모습을 보면서 그가 말한 것이 잘못된 것이라고 생각했다. 그녀는 전혀 남편의 말을 수긍하려 하지 않았다. 사실 그녀는 밥이 말한 상황 설명이 너무나 과장된 것이라고 화를 냈다.

　나는 말했다. "메리, 당신은 남편이 말한 내용 때문에 더 화를 내는 것 같군요. 당신이 생각하는 것이 무엇인지 말해주지 않겠어요?" 메리는 이렇게 자신의 상황을 설명했다. "나는 오랜만에 새로운 음식을 준비하기로 생각했어요. 사실 다섯 살짜리 한 명과 세 살짜리 쌍둥이 두 명을 키우는 것은 쉬운 일은 아니에요. 하지만 그날 오후에 일어난 일은 도저히 감당하기 힘들 정도였어요. 사내 녀석들은 내가 음식을 준비할 수 없도록 뭔가 계획이라도 세운 듯이 나를 힘들게 만들었어요. 그래도 난 저녁 식사를 준비했지요. 하지만 우리가 저녁을 먹기 위해 식탁에 앉았을 때, 나는 기절하는 줄 알았어요. 밥을 먹으려고 하자마자 세 살짜리 쌍둥이 중의 한 명이 사방에다 음료수를 흘리고 다니는 거예요. 아, 그때 난 자제력을 잃었어요. 그래서 소리를 질렀고, 다른 애들한테도 음료수를 똑바로 먹으라고 했어요. 그게 좀 과했던 것뿐이에요."

　"그때 난 밥을 쳐다보았죠. 그 사람 역시 서서히 감정이 상하는 것을 알 수 있었어요. 처음에 그는 자기 자리에서 나를 노려보기만 했죠. 그 다음에는 애들이 있는 앞에서 나한테 이렇게 말하는 거예요. '당신은 언제쯤 달라지겠어? 아직도 그렇게 이기심으로 가득 차서 그 결과가 무엇인지도 모르겠어? 당신은 어쩌면 그렇게 자신이 어떤 모습인지를 깨닫지 못하지? 당신은 우리 아이들의 인생을 망치는 사람이야. 아이들이 당신한테서 받은 마음의 상처를 제대로 극복할지가 걱정이야. 어떤 때는 차라리 우리 아이들이 당신에게서 태어나지 않았으면 좋겠다는 생각도 들어! 난 당신이 변화될 거라는 소망을 완전히 포기했어! 물론, 지금 당신은 미안하다고 하겠지. 하지만 당신은 돌아서면 모든 것을 잊어버려. 당신 자신의 행동을 완전히 바꾸든지 아니면 애들에게서 떨어지든지 해! 날 보라구. 내가 아이들에게 당신처럼 심하게 대한 적이 있어? 나는 단지 당신이 자신을 좀 돌아보고, 자신의 모습이 어떤지를 좀 깨달았으면 좋겠어.' 내가 그 이야기를 다 듣고 난 뒤에 옆을 쳐다보니까 마음을 찢는 그 모든 말을 세 아이들이 모두 주의 깊게 듣고 있더라구요."

 이 가족의 갈등에 대해서 말할 수 있는 것이 더 많지만, 여기서 나는 하나님의 대변자로서 남편이자 가장의 역할을 맡은 밥에게 좀더 초점을 맞추고자 한다. 남편이자, 아버지요, 성도인 그는 하나님으로부터 그분의 대사로 부르심을 받았다. 또한 그는 파수꾼으로 부르심을 받았다. 그리고 인내하도록 격려하며 구원과 회복의 도구로 부르심을 받았다. 아내인 메리는 매우 중요한 영적인 갈등의 상황 속에 있었다. 그녀는 자신과 하나님의 임재하심과 그 능력에 대해서 너무나 무지했다. 확실히 그녀는 도움이 필요했다. 그리고 밥은 분명히 메리의 삶 속에서 하나님의 조력자가 되어야 했다. 그러나 밥은 조력자의 역할로서 메리를 바라본 것이 아니었다. 그는 아내를 자신의 삶을 엉망으로 망치는 사람으로 보았다. 자신의 도움이 필요한 사랑하는 사람이 아니라, 그로부터 자유로워지고 싶은 멍에로 보았다. 밥의 말은 도움을 주는 것도 아니고 선한 결과를 맺는 것도 아니었다. 그의 말은 도움은커녕 좋은 방향으로 이끌지도 않았으며 의의 열매를 거두지도 못했다. 그 말은 오직 메리를 더욱 방어적으로 만들었을 뿐이다. 밥의 말은 그녀의 영적 무지를 열어주기는커녕, 오히려 그녀의 영적 무지를 더욱 심각하게 만들었다.

 당신은 밥이 아내에게 말한 내용이 어쨌든 모두 사실이라고 주장할지도 모르겠다. 메리의 분노는 아이들에게 치명적이다. 그녀는 정말 자신의 모습에 대해 너무나 무지했다. 이에 대해 그녀 스스로도 인정하고 고백하기는 했다. 하지만 그때뿐이었고 지속적인 회개는 없었다. 그렇지만 밥의 말

속에 있는 진실이란 자신의 죄악된 행동에 의해 크게 왜곡되었고, 그 결과 그의 말이 완전한 진실이 될 수 없었다. 우리는 단지 아내와 똑같이 영적인 무지에 빠져 있던 단단히 성이 난 한 남편의 의견을 들은 것뿐이었다. 밥은 가장 먼저 해야 할 일을 간과해버렸다. 그는 자신의 마음 자세를 돌아볼 시간을 갖지 못했다. 그래서 그의 말은 해결 방법을 제시하지 못했고 어떠한 위로도 줄 수 없었다. 오히려 상대방이 갖는 불만의 이유가 되어버렸다.

만약 밥이 그날 밤 식탁에서 했던 말을 차라리 하지 않았다면 어떻게 되었을지 한 번 생각해보라. 만약 그가 자신의 마음속의 영적 전쟁에서 승리할 수 있도록 좀더 시간을 갖고 기다렸다면 어떻게 되었을지 생각해보라. 만약 그가 메리에게 대한 자신의 분노를 고백하고 하나님께서 이루기를 원하시는 것에 초점을 맞추었다면 어떻게 되었을지 생각해보라. 만약 그가 하나님의 구속의 은혜와 회복의 역사의 눈으로 그 순간을 바라보았다면 어떻게 되었을지 생각해보라. 분명 그가 인내와 온유와 긍휼히 여김과 사랑으로 진실을 말했다면 상황은 전혀 달라졌을 것이다.

메리는 하나님께서 자신의 삶 가운데 밥을 사용하시는 것에 대한 감사가 없었다. 그녀는 사랑에서 우러나온 남편의 솔직함을 알아채지 못했다. 오히려 그 반대로 남편이 말한 그 '매정한' 말들에 대해 분노할 뿐이었다. 그녀는 그저 남편이 그 매정한 말들을 어떻게 말했으며, 어디서 말했는가에 대해 분개했다. 메리의 눈은 밥의 눈이 메리에게 고정되어 있듯이 밥에게만 고정되었다. 그곳에는 어떤 구속적인 변화도 일어나지 않았고, 대화의 문제는 서로에게 깊은 골만 파놓은 채 더욱 심각해졌다.

하나님의 말씀이라는 거울 앞에서 당신 자신을 들여다보는 시간을 가지라. 먼저 당신 자신의 마음을 살펴보지도 않고서 다른 사람에게 함부로 말한 적은 없는가? 당신이 하는 말은 죄와 갈등하며 싸우는 사람들에게 소망과 위로를 주는가? 아니면 당신의 언어 생활은 이미 존재하는 상처에 오히려 더 큰 괴로움만을 더해주고 있지는 않은가? 말씀을 통해서 역사하시며 구속자되신 하나님의 그 온유한 음성을 들어보라.

회개의 두번째 단계 - 고백

 진정한 회개는 항상 고백을 동반한다. 우리는 하나님과 사람 앞에서 한 말과 행동에 대해 책임을 져야 한다. 고백은 하나님께서 우리에게 하신 말씀을 겸손하게 받아들인다는 뜻이다. 그 말씀은 우리가 본질적으로 죄인이며 우리의 죄는 생각과 말 그리고 행동을 통해 나타난다고 가르쳐준다. 우리는 말을 만들어내는 죄악된 마음을 고백하지 않고서는 언어 생활의 죄를 고백할 수가 없다. 이것이 바로 밥과 메리의 이야기가 주는 교훈이다. 밥이 메리에게 한 말 속에 담겨 있는 마음은 어떤 것인가? 메리만이 영적 전쟁의 한가운데 있는 것이 아님을 기억하라. 밥도 마찬가지다. 말의 영적 전쟁은 항상 내면의 더 치열한 전쟁을 보여준다. 밥과 메리는 가정을 분열시키고 파멸시키기를 원하는 대적과 싸우고 있다. 그 대적은 밥의 마음속에서 몇 가지 악한 마음을 부추겼다. 당신도 이러한 마음을 가지고 있음을 고백할 수 있는가?

 1. **의심** ·· 메리가 화를 낸 것은 밥이 가지고 있던 많은 의심 때문이었다. 먼저 그는 자신이 메리와 결혼했을 때 '완전히 하나님의 뜻에 순종하고 있었는지'에 대해서 자신이 없었다. 그는 그녀의 외적 아름다움에 마음을 빼앗겨서 그녀에 대해 충분히 알지 못한 것은 아니었는지 고민했다. 그리고 하나님을 의심했다. 그는 이렇게 말하고 있었다. "저는 정말 하나님께서 왜 저런 여인하고 결혼하게 하셨는지 이해하지 못하겠습니다. 제 결혼 생활만큼 하나님께 대한 믿음이 흔들리게 만드는 것이 없었습니다."

2. **두려움** ‥ 밥은 두려움을 이렇게 표현했다. "저는 우리 아이들을 볼 때 그들이 얼마나 패배주의적인 인생을 살지 두려운 생각이 듭니다. 아이들은 상담 선생님에게 집이 끔찍하게 싫다고 말한 적이 있다고 합니다. 집에 들어갈 때마다 메리가 어떤 일 때문에 극도로 흥분해서 화내는 모습을 보는 것 같습니다. 정말 이런 생활이 언제까지 계속될지 끔찍하기만 합니다."

3. **분노** ‥ 밥은 이렇게 말했다. "이젠 정말 지긋지긋합니다. 저는 안정되고 사랑이 넘치는 가정을 원합니다. 그게 지나친 욕심인가요? 저는 제 할 일을 다했습니다. 제가 바라는 것은 이제 메리가 자기 역할을 해주는 겁니다."

4. **대가를 치르게 함** ‥ 밥은 메리가 날마다 죄를 범하지만 아무런 일도 일어나지 않는 것처럼 느껴졌다. "왜 하나님께서는 이 상황을 그대로 놔두시는 거죠?" 밥은 의아해했다. "왜 하나님께서는 가만히 계시기만 하지요? 메리가 아이들과 저에게 아픔을 주는 것처럼 아내도 어려움을 당했으면 좋겠어요."

5. **자신의 의로움** ‥ "저는 메리가 왜 화를 내는지 이해할 수가 없어요. 우리는 정말 다르다고 생각해요. 저는 메리처럼 흥분하며 화를 낸 적이 없고, 심지어 화가 나더라도 절대 겉으로 나타내지 않아요. 아내가 아이들에게 심한 말을 하리라고는 결코 상상도 못했어요. 때로는 그녀가 그리스도인인지 의심이 들 때가 있어요. 만약 그녀가 그리스도인이라 해도 도저히 신앙인의 모습을 발견할 수가 없어요."

6. **이기심** ‥ "남자는 쉴 곳을 원하기 마련입니다. 제게는 쉴 곳이 없습니다. 녹초가 되어 집에 들어오면, 저는 이제 고된 하루 일과가 끝났으면 하고

생각하죠. 저는 직장보다 집안이 더 고통스러운 것은 질색입니다. 하루 24시간을 신경 쓰며 살아야 할 필요는 없잖아요? 도대체 제가 편안히 쉴 수 있는 시간은 언제입니까?"

7. 절망감 ·· 밥은 자신이 얽매어 있고 변화를 일으키기에는 너무나 힘이 없다고 생각했다. "제가 보기에는, 저는 결코 메리를 변화시킬 수가 없어요. 그저 하나님의 은혜로 하루하루 그녀와 함께 사는 것뿐이지요. 만약 계속 함께 산다면, 제 삶은 매일 화내는 일로 엉망이 되어 결국 망하게 될 거예요. 그렇다고 해서 떠나버린다면, 하나님의 심판을 받기 때문에 역시 망할 겁니다. 매일 기도하지만 하나님께서는 제 기도를 들으시는 것 같지 않아요. 교회에 갈 때마다 함께 예배드리는 행복한 가족들을 보면 제 속이 뒤틀리는 같아요. 저는 완전히 절망에 빠졌고 어떻게 해야 할지 모르겠습니다."

밥의 마음에 대해 점검할 것이 많지만, 우리가 지금 살펴보고 있는 주제를 놓치지 말자. 그것은 밥이 전혀 구속적으로 말하지 않는다는 것이다. 그는 하나님의 대사요 파수꾼의 역할을 제대로 감당하지 못하고 있다. 자신의 마음속에서 일어나는 영적 전쟁을 전혀 다루지 않는 그의 말은 마음속의 갈등을 나타낼 뿐이었다. 밥은 메리에게 영적 전쟁이 일어나고 있음을 보았다. 그리고 그 영적 전쟁이 어떻게 그녀의 언어 습관을 형성하는지도 깨달았다. 하지만 밥은 동일한 영적 전쟁이 자신에게 일어나고 있음을 알지 못했고, 그 갈등이 메리에게 가혹하게 퍼붓는 말을 만든 것을 알지 못했다.

밥은 메리의 삶에서 하나님께서 하시는 일에 조력자가 될 기회를 놓쳤을 뿐만 아니라, 그의 행동은 상황을 더욱 악화시켰다. 메리는 더욱더 방어적이 되었고 밥의 말을 들으려 하지도 않았다. 그리고 더욱더 자신의 죄가 아니라 밥의 죄에 초점을 맞추었다. 밥은 그녀의 영적 무지를 벗어버리게 하시려는 하나님의 계획에 전혀 쓰임받지 못했다. 그는 오히려 그 영적 무지를 강화하는 대적의 도구가 되었다. 그 이유는 가장 먼저 살펴보아야 할 것을 돌아보지 못했고 자기 자신의 마음의 문제를 깨닫지 못했기 때문이었다. 그러므로 그는 '사랑으로 진실을 말하는 일'에 전혀 준비되지 않았다.

회개의 세번째 단계 – 결심

우리 모두는 밥처럼 실수하기 쉬운 사람들이다. 적절한 마음의 준비 없이 성급하게 말하기 쉽다. 그래서 우리에게는 자신의 마음에서부터 출발하겠다는 확고한 결심이 필요하다. 야고보는 우리가 말하기를 더디 해야 한다고 말했다(약 1:19-21). 잠언은 의인의 마음은 대답할 말을 깊이 생각한다고 했다(잠 15:28). 하지만 우리는 자신의 마음을 성찰하기보다는 다른 사람들의 죄를 더 강조하는 경향이 있다. 우리가 이런 경향에 휩쓸릴 때, 변화의 도구가 되기는커녕 더 큰 문젯거리가 된다.

골로새 교회에 보내는 바울의 편지 속에서 마음의 문제에 대한 가장 명확한 주님의 가르치심이 나타난다.

> "그러므로 너희는 하나님의 택하신 거룩하고 사랑하신 자처럼 긍휼과 자비와 겸손과 온유와 오래 참음을 옷 입고 누가 뉘게 혐의가 있거든 서로 용납하여 피차 용서하되 주께서 너희를 용서하신 것과 같이 너희도 그리하고 이 모든 것 위에 사랑을 더하라 이는 온전하게 매는 띠니라 그리스도의 평강이 너희 마음을 주장하게 하라 평강을 위하여 너희가 한 몸으로 부르심을 받았나니 또한 너희는 감사하는 자가 되라 그리스도의 말씀이 너희 속에 풍성히 거하여 모든 지혜로 피차 가르치며 권면하고 시와 찬미와 신령한 노래를 부르며 마음에 감사함으로 하나님을 찬양하고 또 무엇을 하든지 말에나 일에나 다 주 예수의 이름으로 하고 그를 힘입어 하나님 아버지께 감사하라"(골 3:12-17).

이 말씀은 성경에서 개인적 사역을 명하시는 가장 직접적인 부르심 가운데 하나다. 바울은 종종 전문적이고 공적인 사역의 영역으로 인식되는 일들을 공동체 안에서 행하라고 명령한다. 그는 우리 각 사람이 선생이 되어야 한다고 말한다. 그리고 우리 각 사람이 훈계자가 되라고 한다. 그는 또한 우리 모두가 서로에게 진리를 이야기해주어야 한다고 말한다. 우리는 모두 구속자이신 하나님께서 행하시는 일에 조력자가 되도록 주시는 기회를 선용해야 한다. 이러한 부르심은 개인적인 사역으로 이 말씀의 내용은 우리에게 뭔가를 하라고 말씀하시는 것이 아니다. 이것은 그 일을 준비하는 것이다. 사역이 가능하도록 마음의 자세를 준비하라는 것이다.

우리 모두는 서로 영향을 주고받는 사람들이다. 우리는 삶에서 뭔가 의미를 발견하려고 다른 사람과 삶에 대한 해석을 나눈다. 이렇게 서로 영향을 주고받는 세계에서 '서로에게 사역하는 것'은 피할 수 없는 일이다. 상담을 주고받는 것은 인간 관계의 일부분이다. 문제는 우리가 사역에 헌신되었는가 또 하나님의 방법으로 그 사역을 하는가이다. 우리는 그분의 대사로서의 역할을 감당하고자 하는가? 우리를 통해 주님의 뜻을 이루도록 스스로를 준비시키는가?

12절에서 바울이 개인적인 사역을 위해 필요한 마음의 준비에 대해서 말할 때, 그는 우리가 잘 이해할 수 있는 아주 일상적인 예를 들었다. 바울은 우리가 특별한 마음 자세를 '옷 입어야' 한다고 말한다. 그가 핵심적으로 말하는 것이 바로 이것이다. "만약 너희가 서로를 그리스도의 사역으로 섬긴다면 너희는 그 일에 더 잘 준비되는 것이다. 너희가 구속적으로 말할 수 있도록 여기 하나님께서 공급하시는 마음의 옷이 있다."

1. 긍휼히 여김 ·· 긍휼히 여긴다는 것은 상대방의 필요를 깊이 깨닫는 것일 뿐만 아니라, 그 필요를 채워주기 위해 할 수 있는 한 무엇인가를 행하려

는 마음이다. 우리는 긍휼히 여기시는 아버지요, 모든 위로의 하나님이요, 모든 환난 속에서 우리를 위로하시는 하나님의 자녀들이다. 그래서 우리 스스로가 하나님께로부터 받는 위로를 가지고 환난 중에 있는 자들을 위로할 수 있다(고후 1:3-4). 그렇게 놀라운 위로를 받았음에도 불구하고 다른 사람들에 대해서 강퍅하고 매정하게 대한다는 것은 있을 수 없는 일이다.

2. 친절 ·· 친절하다는 것은 관용이 있고, 부드러우며, 따뜻한 마음씨를 가졌다는 뜻이다. 이것은 이해와 배려의 마음으로 말하고 행동하는 것을 의미한다. 하지만 결혼 생활에서, 자녀 교육에서, 교회에서 정말 위로가 필요할 때에 오히려 인자함을 잃어버리는 때가 더 많지 않은가? 언제 당신이 죄를 깨닫게 하고, 권고하며, 위로하고, 가르치는지 자신에게 물어보라. 그리고 이러한 일을 할 때 따뜻하고 배려를 하는가?

3. 겸손 ·· 종종 개인적인 사역을 할 때 '섬기는' 자세가 부족할 때가 있다. 하지만 우리는 근본적으로 우리가 사역하는 사람들과 별다를 바 없는 사람들이다. 우리는 주님의 용서와 구원과 강하게 하시는 은혜가 순간마다 필요한 자들로서 우리가 섬기는 사람 옆에 서 있어야 한다. 겸손은 간단히 말해서 주님 앞에서 성경적으로 정확하게 자신이 누구인지를 안다는 뜻이다. 이것은 자신도 그리스도를 동일하게 필요로 한다는 겸손한 마음으로 말하게 할 것이다(히브리서 2장 10-18절에서 나타난 그리스도의 모범).

4. 온유함 ·· 막내 아들 다네이(Darnay)가 세 살 정도 되었을 때 엄마를 위해서 꽃을 꺾어준 일이 있었다. 하지만 그가 들고온 것은 꽃이라고 하기엔 너무나 형편없는 것이었다. 다네이가 자신이 만든 꽃다발을 들고 집에 들어왔을 때, 줄기는 뒤틀어지고 꺾여 있었으며 시들어서 축 늘어졌고, 꽃

잎도 망가지고 찢겨졌다. 아내 루엘라는 그 꽃을 장식할 유일한 방법은 다행히 크게 손상되지 않은 몇몇 꽃송이들만 커다란 유리 쟁반 그릇에 띄워놓는 것이라고 생각했다. 다네이가 한 일은 결코 잘못된 일이 아니었다. 단지 그의 문제는 꽃을 부드럽게 다루는 온유함이 부족했던 것뿐이었다. 다행히도 루엘라의 부드럽고 자애로운 행동이 그 문제를 덮어주었다.

온유함이란 다른 사람을 대할 때 부드러움으로 대하고 상냥하고 조심스럽게 말하는 것을 의미한다. 잠언은 우리에게 거친 말은 문제를 해결하기보다는 문제를 더 만들어낸다고 말한다(잠 15:1). 또한 온유함은 내가 돕고자 하는 그 사람에게 해를 끼치지 않겠다는 것을 의미한다. 그렇다고 해서 온유함이 진리와 타협하는 것을 의미하지 않는다. 오히려 거친 말과 무례함으로 인해 진리가 타협되는 일을 막는 것을 의미한다.

5. 인내 ·· 하나님께서 다른 사람들에 대해서 우리에게 원하시는 것 가운데 가장 어려운 일이 바로 인내다. 우리는 추수를 위해서 오랫동안 기다리는 것을 기뻐하지 않는다. 우리는 아침에 씨를 뿌리고 오후에는 다 자란 열매를 거두기 원한다. 그러나 우리 자신과 다른 사람들에 대한 하나님의 변화의 사역은 오랜 과정이다.

우리가 획기적인 변화를 원한다면, 재촉하는 말을 하고 죄의식을 자극하거나 최후 통첩과 같은 형식으로 어떻게 해서든지 압력을 가하려고 한다. 그러면 문제는 더욱 복잡해지고 해결책을 제시하더라도 그것들은 일시적이며 피상적인 것이 되어버린다. 인내란 어려움을 당할지라도 계속 기다리고자 하는 의지다. 그리고 인내는 단지 기다리는 것만을 의미하지 않고 조용하게 기다린다는 것도 의미한다. 인내하지 못함은 순간순간 터져나는 분노를 통해 나타난다. 인내는 견딜 수 없는 말이나 행동에도 굴하지 않는 조용한 기다림이다.

6. 관용 ·· 관용은 여러 가지 압박 속에서 참는 것이다. 가장 참기 어려운 시간은 우리가 자극받을 때다. 관용은 격동하게 하는 상황 속에서도 참으면서 원수 갚으려는 마음을 버리는 것을 의미한다. 이와 관련하여 베드로는 그리스도의 관용에 대해 이야기했다. "욕을 받으시되 대신 욕하지 아니하시고 고난을 받으시되 위협하지 아니하시고 오직 공의로 심판하시는 자에게 부탁하시며"(벧전 2:23). 이 얼마나 놀라운 모범인가! 그리스도의 관용은 아버지 하나님의 공의를 전적으로 의지하는 데서 생겨났다.

7. 용서 ·· 다른 사람이 내게 죄를 지었을 때, 나는 분노와 괴로움과 원수를 갚고자 하는 욕구를 버려야 한다. 이것은 내게 죄를 지은 그 사람이 죄를 고백하고 용서를 구할 때는 그 죄를 용서해주도록 나를 준비시킨다. 얼굴을 대면하면서 용서해줄 때 나는 잘못으로부터 그 사람을 자유롭게 하며 어떠한 보상의 책임도 면제해준다. 본질적으로 죄성이 있는 우리들은 다른 사람으로부터 용서받는 데는 열심이면서도 우리 스스로가 죄를 용서해주는 일에서는 소홀하다(마 18:21-35).

8. 사랑 ·· 사랑은 궁극적인 인격이며, 다른 모든 사람들을 감싸 안는 덕목이다. 또한 사랑은 구속의 근본적인 요소이므로, 우리가 주님의 사역을 할 때 가장 기본이 되는 성품이기도 하다. 사랑은 자신의 사회적 위치와 재산, 욕구 그리고 좋은 것을 갖고 싶어하는 욕심 등을 기꺼이 희생하려는 마음이다. 그리고 사랑은 기꺼이 기다리고, 일하며, 고통을 감수해서 다른 사람들에게 유익을 주려는 마음이다. 그래서 사랑이 뜻하는 바는 다른 사람들을 위해서 자신의 삶을 기꺼이 낮추고자 하는 마음을 의미한다.

9. 평화 ·· 평화는 갈등이나 다툼이 없는 상태를 의미하는 것이 아니라,

주님의 사역을 행하는 마음의 상태를 의미한다. 우리에게 요구되는 평화는 '그리스도의 평화'이다. 이것은 우리를 좌우하는 상황과 관계와 손쉽게 타협하려는 것이 아니라 우리의 마음을 다스리는 것이다.

부모들은 자녀들이 거짓말을 하고 금지된 곳에 갔거나, 학교에 결석했거나, 잘못된 행동을 한 것을 알았을 때 있을 수 있는 모든 최악의 일들을 상상하면서 쉽게 흥분해버린다. 예를 들면, '내가 알지 못하는 뭔가 더 나쁜 일을 한 것은 아닐까? 마약을 하는 것은 아닐까? 지금까지 고백하지 않은 다른 거짓말이 있지 않을까? 학교는 지금까지 얼마나 많이 빠졌을까?' 등이다. 자녀의 죄가 드러나는 것이 하나님의 존재하심과 사랑하심의 결과임을 깨닫기보다 걱정으로 가득하고 비난을 퍼부으면서 정말 필요한 변화의 길로는 이끌어주지 못한다. 대화를 할 때 그리스도의 화평함으로 말하지 않고 상황에 대한 두려움으로 말하면 실수한다.

평화는 내면에서의 편안함과 만족이며, 안정감이고 그리스도의 존재하심과 능력, 다스리심과 은혜에 적극적으로 머무르려는 소망이다. 바로 이것이 그리스도 안에서 날마다 평화를 누리는 습관을 갖게 한다. 평화는 하나님에 대한 확실한 지식과 그분이 주와 구속자로서 하시는 일에 대한 지식으로 삶을 바라볼 때 생긴다.

10. **감사** ·· 우리는 권리와 명성의 시대에 살고 있다. 오늘날은 "나는 ~을 하는 게 당연해"라고 말하는 시대다. 그래서 자신이 받는 모든 좋은 것들에 대해서 감사하기보다는 당연한 것으로 여긴다. 하지만 우리가 누구이며 어떠한 일을 하면서 살아야 하는가에 대해 기억한다면, 넘치는 감사의 마음으로 말하며 사는 것은 결코 어려운 일이 아니다. 감사가 넘치는 삶은 우리가 받을 만하지도 않고 자신의 능력으로 획득한 것도 아닌 하나님의 선물과 은혜에 대해 감사하는 마음이다. 그것은 주님으로부터 놀라운 긍휼하심을

끊임없이 받는 것을 지금도 잊지 않음을 보여준다. 우리는 이러한 마음으로 말을 하도록 부르심을 받았다.

이러한 인격적 자질은 하나님의 사역의 도구로서 우리가 '옷 입어야' 만 하는 것들이다. 이러한 목록에 대해서 덧붙여야 할 주의 사항이 두 가지가 있다. 첫번째는 우리는 이 기준에 비해 크게 부족하다는 것을 겸손하게 인정해야 한다. 그것은 우리가 인간이기 때문에 도달할 수 없다는 뜻이 아니라 하나님의 긍휼하심과 전능하심을 구해야 한다는 뜻이다. 그분께서는 우리가 간구할 때 필요한 것들을 공급해주신다.

두번째, 바울이 우리에게 '옷 입으라'고 한 이유를 분명하게 이해해야 한다. 그는 "그리스도로 옷 입으라"고 말했다. 지금까지 보았던 목록은 그리스도의 성품에 대한 것임을 뜻한다. 그는 이렇게 말했다. "너희가 서로 이야기할 때 그리스도의 성품을 본받으라. 그분이 지상에서 하나님 아버지를 나타내 보이셨던 것처럼 너희의 사역 중에서 그리스도를 나타내라. 사역을 할 때 그리스도께 영광을 돌리라. 그분은 너희의 유일한 변화의 소망이시다. 서로에게 죄를 깨닫게 할 때는 인간의 말과 지혜, 인간의 논리로 하지 말라. 그리스도의 임재하심과 그 영광스러움을 통해 서로의 죄를 직면하라. 그분이 이곳에 계셔서 역동적으로 역사하심을 더욱 굳게 하라. 그분의 영광을 나타내는 문이 되어라."

이 말은 우리가 변화를 가져올 수 있다는 소망을 가지라는 뜻이다. 당신이나 내가 다른 사람에게 변화를 가져오게 만들 수 있는 것이 아니다. 그것은 항상 하나님의 역사하심과 은혜로 나타나는 결과다. 그러므로 우리는 인간의 욕심을 버려야 한다. 우리는 우리가 얼마나 많이 아는지, 혹은 얼마나 많은 경험을 했는지를 가지고 다른 사람에게 좋은 인상을 심어주려고 노력하지 않는다. 우리는 인간적인 술수로 변화를 일으키려고 하지도 않는다.

소리지르거나 격동하게 하는 말로써 변화를 일으키려고 하지도 않는다. 뇌물을 주지도 않고, 타협을 하지도 않으며, 협상하지도 않는다. 죄의식과 비난과 판단이라는 도구를 가지고 반응을 일으키려고 하지도 않는다. 우리의 정교한 논리력을 신뢰하는 것도 아니다. 우리가 만약 이러한 방법으로 사람의 마음에 지속적인 변화를 일으킬 수 있다면, 그리스도께서 그토록 고통당하시고 십자가에 죽으실 필요가 없다. 우리의 개인적 사역에 있어서 가장 중요한 만남은 사람들이 우리들과 만나는 것이 아니라, 바로 하나님과 만나는 것이다. 우리는 단지 그 만남을 준비하도록 부르심을 받았다.

그렇기 때문에 우리는 개인적인 사역을 위해 그리스도로 옷 입음으로써 준비한다. 그리고 성경의 진리로 무장한다. 이러한 일들이 순적할 때, 우리는 구속적으로 말할 준비가 된다.

회개의 마지막 단계 – 변화

반드시 기억해야 할 회개의 원리가 있다. 그것은 행동의 변화는 마음의 변화가 일어나기 전에는 일어나지 않는다는 것이다. 회개는 당신의 삶 속의 인간 관계와 매일의 환경에 놀라운 변화를 일으키는 마음의 변화다. 입으로 말하는 것은 마음으로부터 나오기 때문에, 마음의 변화는 항상 언어 생활의 변화로 이어진다. 그리스도께 헌신된 마음은 그리스도를 닮은 말을 할 것이다. 회개는 단지 불경건하게 살지 않겠다고 말하는 것만이 아니라, 절제되고 올바르며 경건한 삶을 살겠다는 것이다. 회개는 항상 '죄로부터의 떠남'과 '의로운 삶에로의 회심'을 포함한다(엡 4:22-24).

한 사람이 그리스도의 인격을 닮게 만드는 것은 무엇일까? 또 무엇이 우리를 그분의 형상을 닮지 못하게 만드는 것일까? 갈등 속에 있는 많은 부부들을 상담하면서, 나는 많은 사람들이 결혼에 관한 성경의 가르침을 분명히 알고는 있지만, 그리스도의 인격에 대한 지식이 없기 때문에 결혼 생활에 심각한 문제가 있다는 것에 다소 충격을 받았다. 그들의 성경 지식은 그들의 삶을 순탄하게 만들지 못했다. 왜냐하면 그들의 마음은 그리스도께 순종하지 않기 때문이다. 실제로 많은 갈등 관계 속에서 성경 지식은 부부 싸움 중에 무기로 사용될 뿐이었다. 왜 그리스도를 닮은 모습은 교회에서 열심히 봉사하며 진실한 신앙을 고백하는 성도들에게서 나타나지 않는 것일까?

베드로는 이 문제를 자신의 두번째 서신서에서 다루고 있다.

> "그의 신기한 능력으로 생명과 경건에 속한 모든 것을 우리에게 주셨으니 이는 자기의 영광과 덕으로써 우리를 부르신 자를 앎으로 말미암음이라 이로써 그 보배롭고 지극히 큰 약속을 우리에게 주사 이 약속으로 말미암아 너희로 정욕을 인하여 세상에서 썩어질 것을 피하여 신의 성품에 참예하는 자가 되게 하려 하셨으니
>
> 이러므로 너희가 더욱 힘써 너희 믿음에 덕을 덕에 지식을 지식에 절제를 절제에 인내를 인내에 경건을 경건에 형제 우애를 형제 우애에 사랑을 공급하라 이런 것이 너희에게 있어 흡족한즉 너희로 우리 주 예수 그리스도를 알기에 게으르지 않고 열매 없는 자가 되지 않게 하려니와 이런 것이 없는 자는 소경이라 원시치 못하고 그의 옛 죄를 깨끗케 하심을 잊었느니라"(벧후 1:3-9).

베드로는 어떤 자들은 주님을 알지만, 그들의 삶은 '무능하며 별 유익이 없는' 삶이라고 말한다. 그들의 삶은 우리가 기대하는 성도로서의 선한 열매를 맺지 못한다. 도대체 무엇이 잘못되었는가? 베드로는 이들은 선한 열매를 맺게 하는 인격적인 자질을 갖추지 못했다고 말한다(선한 열매는 믿음, 선함, 지식, 절제, 관용, 경건, 형제 우애, 사랑 등이다). 이것은 또 다른 의문점을 낳는다. 왜 성도는 선한 열매들을 부지런히 좇지 않았는가? 베드

로는 이에 대해서 다음과 같이 대답한다. "이런 것이 없는 자는 소경이라 원시치 못하고 그의 옛 죄를 깨끗케 하심을 잊었느니라."

베드로는 우리가 누구인지를 잊어버릴 때, 또한 우리가 죄성의 심각성을 잊어버리고 하나님의 용서의 은혜를 망각할 때 그리스도 안의 모든 선한 것을 따르던 모습을 잃어버릴 것이라고 말한다. 당신이 죄와 그분의 용서를 잊어버릴 때, 주님으로부터 멀어졌음을 망각하며, 선한 것이 더 이상 당신 안에 거하지 않는다. 그러면 스스로를 그렇게 나쁘지는 않다고 생각하기 시작하고 심지어는 전체적으로 보면 꽤 괜찮은 사람이라고 생각한다. 그렇게 되면 점점 당신의 말 속의 죄 정도는 별로 심각하게 여겨지지 않는다. 당신은 스스로를 볼 때, 바울이 자신의 사역 말기에 고백했던 죄인 중의 '괴수'라고는 여기지 않는다(딤전 1:15). 당신은 복음 속에 나타난 정체성을 잃어버리고, 결국 그렇게 하면서 그리스도를 따라야만 하는 필요성을 상실한다.

이 구절의 끝 부분에서 베드로는 하나님의 자녀로서의 우리의 정체성에 대해 두 가지 의미심장한 말을 한다. 첫번째, 하나님께서 우리의 가장 큰 문제는 우리 밖에 있는 죄악이 아니라, 우리 안에 있는 죄악이라는 것을 깨닫기 원하신다. 그리스도는 우리를 구원하시기 위해 오셨지만 이 타락한 세계의 모든 죄악으로부터 우리를 구원하시려는 것이 아니라, 우리 자신의 죄악으로부터 구원하기 위해 오셨다. 그분이 오심으로 우리는 '정욕을 인하여 세상에서 썩어질 것을 피하여 신의 성품에 참예하는 자'가 되었다. 우리는 타락한 세상으로부터 구원이 필요할 뿐 아니라, 우리를 타락에 굴복하게 만드는 자신의 마음의 악한 정욕으로부터의 구원도 필요하다. 우리는 우선 자신으로부터 구원받아야 한다. 이러한 우리에게 합당한 구원의 방식은 '죽는 것'이었다. 우리는 죄된 본성의 욕구에 늘 얽매여 있었다. 우리의 상황은 너무나 절망적이었으며, 성경은 우리 안에서 전혀 선한 것을 찾을 수가 없다고 말했다.

나는 많은 성도들이 이 부분을 놓치고 있다고 확신한다. 그들은 스스로를 꽤 괜찮은 신앙인이라고 생각하지만 그러한 생각은 그리스도를 따르는 삶에 나쁜 영향을 미쳤고, 그들이 다른 사람들의 죄를 다루는 방식에도 부정적인 영향을 미쳤다(누가복음 18장 9-14절, 예수님께서 하신 바리새인과 세리에 대한 비유).

또한 그것은 결정적으로 그들의 언어 생활의 문제를 바라보는 관점에 영향을 미쳤다. 야고보가 혀를 가리켜 '악의 세계'라고 말한 것은 그것이 단지 나쁘기 때문만은 아니었다. 하지만 복음을 깨닫는 사람들은 자신들이 이미 경험한 죄악된 욕심으로부터의 구원을 기뻐할 뿐만 아니라, 자신들의 구원에 대한 끊임없는 필요를 깨달아야 한다. 그럴 때 비로소 자기 자신을 위해 살지 않고 계속해서 예수님을 위해 살 수 있기 때문이다. 그리스도인들은 단지 구원받은 것으로 만족하지 않는다. 그들은 하나님 앞에 거룩하고 흠이 없게 서기를 간절히 바라고 영광의 찬송이 되기를 원한다. 복음의 정체성이 당신의 마음을 사로잡을 때 당신은 언어 생활에 있어서 자신의 죄들을 결코 간과할 수 없다. 그리고 그리스도께 영광을 돌릴 수 있는 방식으로 말하기를 간절히 원하게 된다.

베드로가 말하는 두번째 교훈은 이 메시지가 전체적으로 균형을 이루게 한다. 복음은 단지 우리의 죄의 심각성에 대해서 말하는 것이 아니라, 그리스도 안에서 감당할 수 없는 은혜를 누리는 것에 대해서 말한다. 베드로는 우리가 '우리의 생명과 경건함에 필요한 모든 것을 공급받았다'라고 말한다. 경건함이란 매일의 삶과 모든 관계 속에서 주님의 성품을 따르는 것을 의미한다. 베드로는 말한다. "너희의 초라한 죄악의 모습이 그리스도의 은혜의 모든 영광스러운 풍성함에 압도된다는 사실을 알지 못하느냐?" 하나님께서 원하시는 대로 살기 위해 필요한 모든 것이 당신에게 있다.

이러한 생각이 그리스도를 섬기고자 하는 마음을 낳는다. 우리는 자신이 얼마나 부족함이 많은지 잘 알고 있다. 하지만 또한 그분이 얼마나 풍성하게 공급해주시는지를 깨닫는다. 우리는 그리스도께서 우리에게 주시는 그 모든 것을 간절히 필요로 한다. 우리는 어느 정도의 믿음이나, 어느 정도의 선함으로는 만족하지 못한다. 우리는 상황에 따라 가끔씩 나타나는 사랑으로도 만족할 수가 없다. 어쩌다가 간신히 스스로를 통제하기를 원하지 않는다. 이번 달에 몇 번 죄를 저지르지 않는 정도로 위안을 삼지 않는다. 평소대로 화를 내지 않았다고 해서 마음이 편한 것도 아니다. 여전히 이기적이고 불평하며 자기 의로 가득 찬 마음으로 말하는 사실에 마음이 불편하다. 그렇다. 그리스도 안에서 우리에게 공급된 더 좋은 것들을 누리기를 우리는 간절히 원한다.

이것은 개인적인 사역이 효과적으로 성장할 수 있는 올바른 토양이다. 여기서부터 우리는 자신의 부족함을 깨닫고 그리스도의 사역을 더 깊이 이해하는 모습으로 은혜를 끼치는 말을 할 수 있다. 우리는 다른 사람과는 본질적으로 다르다고 생각하면서 스스로를 바라보지 않을 것이다. 하나님께서는 다른 사람들 안에서 일하실 뿐만 아니라, 바로 우리 자신 안에서도 일하심을 깨닫게 될 것이다.

이것이 회개의 마음이 당신의 말 속에서 나타나는 방식이다. 당신의 말은 달라질 수 있다. 당신의 언어들은 다른 사람에게 은혜를 끼칠 수 있다. 당신의 언어 생활은 하나님께서 구속하시고 변화시키는 도구가 될 수 있다. 그러므로 회개함으로 하나님께로 돌아오라. 이 점을 깊이 묵상하라. 고백할 때는 지극히 겸손함으로 하라. 새로운 결심을 구체적으로 세우라. 그러한 결심을 당신의 매일의 삶과 모든 인간 관계 속에 적용하라. 그리고 선한 열매를 거두도록 주님께서 축복하심을 경험하라.

더 깊은 묵상을 위하여

자신의 마음 들여다보기

시편 기자는 이렇게 기도했다. "하나님이여 나를 살피사 내 마음을 아시며 나를 시험하사 내 뜻을 아옵소서 내게 무슨 악한 행위가 있나 보시고 나를 영원한 길로 인도하소서"(139:23-24).

이 순간을 당신의 언어 생활 속에서 '악한 행위'를 발견할 기회로 삼으라. 하나님께 당신의 말 속에 숨겨진 마음을 깨닫게 해달라고 간구하라. 그 동안 두려움과 분노와 의심, 원수 갚음 그리고 이기심으로 말했던 모습들을 깨닫게 해달라고 기도하라. 주님의 일을 당신의 말로 얼마나 방해했는지를 알게 해달라고 기도하라. 당신의 마음을 채워서 새로운 언어 습관을 갖게 할 새로운 마음가짐은 어떤 것인지 물어보라. 환경을 탓했고("만약 오늘 내가 이런 일을 하지 않았다면 그렇게 흥분하지 않았을 텐데!"), 다른 사람을 탓했으며("그가 날 화나게 만들어!"), 심지어는 하나님을 탓했던('만약 좀더 일찍 알았더라면, 이렇게 되지는 않았을 텐데') 스스로의 죄를 용서해달라고 간구하라. 그리고 그리스도의 복음 안에서 나타나는 구원과 용서의 약속 가운데로 침잠(沈潛)하라.

끝으로, 스스로 회개의 삶을 살기로 결심하라. 매일매일 회개의 각 단계에 순종하도록 준비하라.

- 성찰. 당신의 언어 생활 속에서 하나님께서 원하시는 모습은 무엇인가?
- 고백. 당신의 말과 상황 속에서 하나님께서 감당하기를 원하시는 책임은 어떤 것인가? 하나님과 사람들 앞에서 고백해야 하는 것은 무엇인가?
- 결심. 하나님께서 당신에게 원하시는 새로운 마음 자세는 무엇인가?
- 변화. 이러한 새로운 마음 자세와 새로운 행동들이 매일의 삶 속에서

어떻게 나타나도록 할 것인가? 새로운 방식의 언어 생활을 지금 당장 어디서부터 시작할 수 있는가?

 기억하라! 하나님께서는 이미 '생명과 경건에 속한 모든 것'을 우리에게 주셨다(벧후 1:3).

12장 말의 영적 전쟁에서 승리하기

> "이와 같이 너희도 너희 자신을
> 죄에 대하여는 죽은 자요
> 그리스도 예수 안에서
> 하나님을 대하여는 산 자로 여길지어다
> 그러므로 너희는 죄로 너희 죽을 몸에
> 왕 노릇하지 못하게 하여
> 몸의 사욕을 순종치 말고
> 또한 너희 지체를 불의의 병기로
> 죄에게 드리지 말고 오직
> 너희 자신을 죽은 자 가운데서
> 다시 산 자같이 하나님께 드리며
> 너의 지체를 의의 병기로
> 하나님께 드리라"
> (롬 6:11-13).

우리는 지금까지 말의 영적 전쟁이 무엇인지를 살펴보았다. 그것은 단순히 순화된 말의 사용이나 언어 표현 기법에 대한 것이 아니다. 그것은 '무엇이 우리의 마음을 다스리게 하는가'라는 영적 전쟁이다. 우리는 과연 주님께 순종함으로, 그분의 은혜로운 다스리심에 스스로를 내어맡기며, 모든 인간관계 가운데 그분의 영광을 나타내는가? 대부분의 사람들에게 이러한 생각은, 우리의 말이 하나님의 사역을 방해하는 자기중심적인 삶을 후회하는 정도로 보일 수 있다. 하지만 이러한 삶은 주님의 사역을 감당하는 것이 삶의 작은 부분이 아니라, 삶 전체라고 생각하고 그 사역에 헌신하는 것을 의미한다. 주님의 사역을 감당하는 삶의 방식은 매일의 생활 속에서 하나님의 대사가 되라고 하신 그분의 부르심을 나타낸다.

우리의 말은, 하나님께서 우리를 통해서 행하시는 일 속에서 사용하시는 주된 도구다. 그래서 우리는 자신의 이기적이고 우유부단한 마음을 고백한다(또 다른 뜻으로 '버린다', 엡 4:23-25). 그리고 우리의 부르심을 온전히 받아들여 새로운 말의 습관을 갖기로 결심한다('입는다').

그런데 여기 고민해야 할 문제가 있다. 이 말의 영적 전쟁에서 어떻게 해야 우리는 지속적인 승리를 거둘 수 있을 것인가?

말의 성격 – 파괴력

나는 첫 직장이었던 고등학교 교사 재직 시절에 처음으로 가장 난처한 문제에 직면한 적이 있었다. 직장 동료들이 도둑을 맞아서 큰 손해를 입었는데, 범인이 누구인지를 내가 알게 되었다. 난처했지만 이러한 일에 연루되고 싶지 않은 마음이 앞섰다. 한편으로는 내가 하지 않은 일에 대해서 오해를 받고 싶지도 않았다. 그렇다면 나는 상사에게 이 사실을 말해야 하고, 동료들을 생각해서라도 그래야 한다는 것을 알았다. 하지만 그렇게 하지 못했다. 나는 두려웠다. 용기를 내서 모든 상황을 아버지께 말씀을 드렸다. 그러자 아버지께서는 사람들에게 진실을 말해주어야 한다는 것에 동감하시면서 이렇게 말씀하셨다. "조심해라. 얘야. 말은 조심스럽게 해야 한다." 그 말씀은 하나님께서 주신 선한 목적을 가지고 그분의 다스리심 속에서 말한다는 것이 어떤 것인지 잘 표현해주는 말이었다. 아버지는 이렇게 말씀하셨다. "폴, 말은 중요하단다. 그것은 문제를 해결할 수도 있지만 더욱 상황을 어렵게 만들 수도 있단다. 조심스럽고도 주의를 기울여 말하도록 해라."

말의 영적 전쟁에서 이기는 것은 우리가 할 말을 조심스럽게 선택하는 것을 뜻한다. 그것은 단지 우리가 하려는 말에 대한 고민일 뿐만 아니라, 해서는 안 되는 말에 대한 고민이기도 하다. 말의 영적 전쟁에서 이기는 것은 적절한 순간에 가장 적당한 말을 하기 위해 준비하는 것이며, 이를 통해서 자신을 통제할 줄 아는 것이다. 이것은 우리의 말이 감정이나 개인적인 욕심에 따라 나오지 않도록 하는 것이며, 자신이 하나님의 선한 목적을 대신하려는 태도를 자제하는 것이다. 가장 적절한 순간에 하나님께서 하시는 일에 동참하기 위해 가장 필수적인 일은 바로 믿음으로 말하는 것을 훈련하는 것이다.

말의 영적 전쟁에서 승리한다는 것은

갈라디아서 5장은 말의 영적 전쟁에서 지속적인 승리의 의미가 무엇인지를 구체적으로 설명한다.

"형제들아 너희가 자유를 위하여 부르심을 입었으나 그러나 그 자유로 육체의 기회를 삼지 말고 오직 사랑으로 서로 종노릇하라 온 율법은 네 이웃 사랑하기를 네 몸같이 하라 하신 한 말씀에 이루었나니 만일 서로 물고 먹으면 피차 멸망할까 조심하라

내가 이르노니 너희는 성령을 좇아 행하라 그리하면 육체의 욕심을 이루지 아니하리라 육체의 소욕은 성령을 거스리고 성령의 소욕은 육체를 거스리나니 이 둘이 서로 대적함으로 너희의 원하는 것을 하지 못하게 하려 함이니라 너희가 만일 성령의 인도하시는 바가 되면 율법 아래 있지 아니하리라

육체의 일은 현저하니 곧 음행과 더러운 것과 호색과 우상 숭배와 술수와 원수를 맺는 것과 분쟁과 시기와 분냄과 당짓는 것과 분리함과 이단과 투기와 술 취함과 방탕함과 또 그와 같은 것들이라 전에 너희에게 경계한 것같이 경계하노니 이런 일을 하는 자들은 하나님의 나라를 유업으로 받지 못할 것이요

오직 성령의 열매는 사랑과 희락과 화평과 오래 참음과 자비와 양선과 충성과 온유와 절제니 이같은 것을 금지할 법이 없느니라 그리스도 예수의 사람들은 육체와 함께 그 정과 욕심을 십자가에 못박았느니라 만일 우리가 성령으로 살면 또한 성령으로 행할지니 헛된 영광을 구하여 서로 격동하고 서로 투기하지 말지니라

형제들아 사람이 만일 무슨 범죄한 일이 드러나거든 신령한 너희는

온유한 심령으로 그러한 자를 바로잡고 네 자신을 돌아보아 너도 시험을 받을까 두려워하라 너희가 짐을 서로 지라 그리하여 그리스도의 법을 성취하라"(갈 5:13-6:2).

1. 말의 영적 전쟁에서 승리한다는 것은 말의 파괴력을 충분히 인식하는 것이다(갈 5:15) ·· 바울은 우리들에게 경고한다. "조심하라, 그렇지 않으면 너희가 서로를 망하게 할 것이다." 에덴 동산 사건에서 우리는 뱀이 하와에게 선악과를 먹으라고 유혹하는 것을 보면서 말이 얼마나 삶을 파괴하는지를 보았다. 성경의 모든 곳에서는 우리가 한 말과 그 말을 어떻게 했느냐의 중요성을 언급한다. 그 영적 전쟁이 얼마나 치명적인 것인지를 간과한다면 우리는 결코 말의 영적 전쟁에서 승리할 수 없다.

하나님께서는 우리가 다른 사람에게 좋은 영향을 주는 사람들이 되기를 계획하셨다. 남편은 아내에게 영향을 주고, 아내는 남편에게 영향을 줄 수 있다. 부모는 자녀에게 영향을 줄 수 있다. 친구는 친구에게 영향을 줄 수 있다. 목사는 자신의 성도들에게 영향을 줄 수 있다. 또한 우리가 서로에게 영향을 줄 수 있는 가장 강력한 방법은 격려하고, 경계하며, 조언하고, 가르치며, 설명하고, 권면하며, 사랑하고, 연합하게 하며, 상담하고, 판단하며, 회복하고, 찬양하며, 덕을 세우는 말을 하는 것이다. 사람들은 어떤 식으로든 다른 사람에게 영향을 미치며 말은 다른 사람을 좌지우지할 능력이 있다. 그것은 바로 하나님께서 의도하신 일이다.

그러므로 우리는 언어 생활의 죄를 결코 가볍게 여겨서는 안 된다(예를 들면, "정말 그런 뜻으로 말한 것은 아니에요"). "때리는 것보다 더 견디기 힘든 것은 소리지르는 것이다. 바울은 우리에게 한 번 내뱉은 말은 어떤 식으로든지 결과를 낳는다는 점을 상기시켜준다. 우리는 항상 주님을 증거하는 사람들이다. 그분의 뜻과 방법과 인격에 반대되는 방식으로 말하는 것은 결코 용납될 수 없다.

나는 이 책을 쓰면서 집에서 주고받았던 많은 말들에 대해서 다시 곰곰이 생각해보았다. 그 말들은 바울이 보여주는 말과 관련된 중요성을 전혀 깨닫지 못하는 것이었다. 정말로 그랬다. 우리 가족이 '난장판으로 싸우는 듯한' 험한 말을 쓰지는 않았지만, 그 말들은 사려 깊지 못했고, 친절하지 못했으며, 신경을 거슬리는 것이었고, 매일같이 무심코 내뱉는 불평들이었다. 나는 우리가 대부분의 그리스도인 가정과 크게 다르지 않다고 생각한다. 우리는 말의 사소한 죄를 간과하고 있다. 왜냐하면 우리 집은 전혀 다툼이나 언쟁이 없었고 서로 이해하며 사랑하는 사이였는데도 그랬기 때문이었다. 하지만 바울의 말은 우리로 하여금 현실을 직시하게 한다. '서로 물고 뜯는' 말은 서로를 파괴하는 말이다. 그것들은 결코 좋은 것이 아니다. 그래서 하나님께서 우리가 '무익한 말'(마 12:36)을 하게 되리라고 말씀하신 것을 기억하면서, 우리는 성경이 보이는 말의 중요성을 항상 잊지 말아야 한다.

2. 말의 영적 전쟁에서 승리한다는 것은 그리스도 안에서의 자유를 더욱 확고하게 하는 것이다(갈 5:13) ·· 하나님의 은혜가 우리를 율법의 무게로부터 자유롭게 했다(1-6절)는 사실에 우리가 영광을 돌리는 것은 당연하다. 우리는 오직 예수 그리스도의 의로운 삶과 죽으심 그리고 부활하심에 근거하여 하나님의 자녀가 되었다. 그분의 의로우심이 우리의 의로움으로 여겨진다. 따라서 우리는 율법으로부터 자유로워지는 기쁨을 누린다.

그리스도 안에서의 자유를 더욱 확고하게 하는 것은 단지 '옛 습관을 벗는' 속성뿐만 아니라, '새로운 습관을 입는' 속성도 포함된다. 바울은 이를 다음과 같이 표현했다. "그러나 죄된 본성을 만족시키는 일에 너희의 자유를 사용하지 말라." 이 말은 예수님께서 우리를 율법에서 자유하게 하셨으니 우리는 원하는 대로 살 수 있다는 생각은 전혀 성경적인 것이 아니라는 말이다. 이런 생각은 복음의 목적을 완전히 오해하는 것이다. 바울은 우리에게 자유는 예전에 한 번도 그렇게 살 수가 없던 삶을 살도록 가능하게 해주는 것임을 상기시킨다. 우리는 실제로 주님을 기쁘시게 하는 방식대로 살 수 있고 말할 수도 있다.

우리는 율법에서 말하는 구원의 조건에서 자유로울 뿐만 아니라 매일의 삶 속에서 유혹받는 죄의 얽매임으로부터도 역시 자유롭다. 이 모든 율법의 짐으로부터 벗어나서 하나님 중심의 삶을 살 수 있다. 새로운 삶으로 우리를 부르셨음을 믿음으로 비로소 예전의 죄의 삶에서 구원하신 은혜에 감사하며 영광을 돌릴 수 있다(롬 6:1-14, 딛 2:11-14).

자기중심적이며 죄를 탐닉하는 말은 은혜의 자녀인 우리의 신분에 어울리지 않는다. 그것은 우리가 떠나왔던 죄의 얽매임 속으로 다시 들어가는 것일 뿐이다. 그런 말은 우리가 그리스도로부터 받은 새로운 신분을 망각하는 것이며 그분의 성령에 의해 받았던 능력을 버리는 것이다. 그래서 바울은 중요한 핵심을 우리에게 전해준다.

3. 말의 영적 전쟁에서 승리한다는 것은 죄된 본성에 대해 작별을 고하는 것이다(갈 5:13,14) ·· 이 말씀은 그리스도인이 타락한 세상에서 여전히 죄인으로서 살아간다는 것을 사실적으로 보여준다. 이것은 예수님을 믿는 가정에도 해당된다.

내가 열다섯 살이었을 때, 부모님이 일주일 동안 멀리 여행을 다녀오신 적이 있었다. 그때 형과 나는 우리 방이 너무 단조로워보여 꾸미기로 했다. 우리는 벽에 칠할 페인트가 있는지 살펴보기 위해 아버지의 작업실을 뒤졌다. 마침내 우리는 다양한 색깔의 페인트를 발견했다. 우리는 그 페인트를 잘 칠하기 위해서는 작은 종이컵에 담아서 벽에 뿌리는 것이 좋겠다고 생각했다. 한 30분 동안 형과 나는 벽에서 몇 미터 떨어져서 페인트를 엄청나게 많이 '칠했다.' 우리 눈에는 페인트로 칠한 벽이 매우 예술적으로 보였다. 그리고 아주 자랑스러웠다. 적어도 부모님이 집에 오시기 전까지는 말이다.

나는 집에 돌아오신 아버지가 그 '아름다운' 벽을 보셨을 때의 표정을 결코 잊지 못한다. 마치 감정의 폭발이 발 끝에서 시작해서 마침내 그의 입으로부터 터져나오는 것 같았다. 그의 눈은 불타오르고, 모든 혈관은 터질 것만 같았다. 아버지는 우리에게 집에서 나가 부랑자들처럼 살라고 소리를 지르셨다. 우리 중 한 사람이 우물거리면서 그래도 짐은 챙겨야 하지 않겠느냐고 중얼거렸다. 그러자 아버지는 완전히 폭발하셨다. 아버지가 내뱉은 말들은 이전에 내가 한 번도 들어본 적이 없는 끔찍한 말들이었다.

과연 자녀들이 저지른 어리석고 무책임한 행동에 대한 부모들의 바람직한 모습은 무엇인가? 남편을 절망하게 만드는 아내의 모습은 무엇인가? 아내가 남편을 올바로 섬기지 못하게 하는 남편의 잘못은 무엇인가? 부모를 오해하게 하고 심하게 대하도록 만드는 자녀의 잘못은 무엇인가? 형제나 자매의 마음을 상하게 하는 잘못은 무엇인가? 친구를 실족시키는 잘못은 무엇인가?

우리 가운데 누가 죄의 유혹에 미혹되지 않을 사람이 있는가? 우리 가운데 누가 이기심이나 분노나 질투나 탐욕에 이끌리지 않는 사람이 있는가? 우리 가운데 간절하게 갖고 싶은 것을 차지하기 위해서 서로 사랑하라는 말씀을 포기하지 않을 사람이 누가 있는가? 갈라디아서 5장은 죄악된 세상에 살고 있는 죄인들에 대한 말씀이다. 하지만 그 속에는 더 큰 의미가 담겨 있다. 이 말씀은 우리가 어떠한 유혹 속에서도 견딜 수 있는 그리스도 안에 능력이 있음을 선언한다.

바울은 죄의 본성에 굴복하지 말 것을 격려하면서 우리가 놓쳐서는 안 되는 복음의 실제적 능력을 말한다. "그리스도 예수의 사람들은 육체와 함께 그 정과 욕심을 십자가에 못박았느니라"(24절).

정이란 강렬한 감정이다. 욕심이란 마음이 간절히 바라는 어떤 것이다. 죄악된 세상에서 죄인으로 사는 우리는 이 둘을 모두 경험한다고 바울은 말한다. 그것들은 너무 강해서 그러한 감정들을 잘 다스리며 행동하는 것은 쉽지 않다. 그토록 강렬한 유혹을 견딜 수 있도록 우리를 돕기 위해 그리스도께서 주신 것은 무엇인가? 정말 우리가 느끼고 갈망하는 것에 의해 지배될 수밖에 없는가? 이러한 의문들을 푸는 열쇠가 바로 바울이 말하고자 했던 그리스도의 사역이다.

그리스도께서 십자가를 지셨을 때 그분은 우리를 위한 구원의 가능성과 기회를 얻으신 것이 아니다. 그분의 사역은 개개인에게 적용되고 결정적인 것이며 완전한 것이었다. 그 사역은 목적을 온전히 완수했다. 다시 말해서 그 사역은 구원을 단순히 선택 사항 정도로 만든 것이 아니었다. 예수님께서는 자신의 모든 자녀들의 이름을 가지고 십자가에 달리셨다. 그리스도께서 죽으셨을 때 우리도 함께 죽었다. 그분이 묻히셨을 때, 우리도 그분과 함께 묻혔다. 그분이 새로운 모습으로 부활하셨을 때, 우리도 그분과 함께 부활했다. 이것이 우리가 말의 영적 전쟁에서 끊임없이 승리하고자 할 때 반드시 붙들어야 하는 진리이다. 그리스도께서 십자가에 달리셨을 때 나의 죄된 본성은(그 정과 욕심까지도) 그분과 함께 십자가에 달렸다. 이제 우리는 더 이상 죄 가운데 얽매여 살지 않게 된 것이다. 더 이상 강렬한 감정과 죄된 본성의 강력한 욕구에 굴복하지 않는다.

우리에게 있는 죄된 본성의 비밀은 그리스도 안에서 온전히 깨어졌다. 처음으로 우리는 우리의 몸의 일부분을 의의 도구로 드릴 수 있게 되었다. 그리고 그 속에는 나의 입이 포함된다(롬 6:1-14). 그래서 바울은 구체적으로 설명했다(갈 5:13). "죄의 본성을 따르지 말라. 그 정과 욕심에 순종하지 말

라. 너희의 말이 강렬한 감정과 욕심에 의해 조절되지 않도록 조심하라. 기억하라. 그리스도께서 행하신 일들 때문에 너희는 이 모든 것을 거부할 능력이 있다."

마음의 영적 전쟁에서 승리하기 위해 붙들어야 할 진리 가운데 이보다 더 중요한 진리는 없다. 죄악 세상에서 사는 죄인인 우리들은 유혹받고 격동되기 쉽다. 그리고 순간적인 감정과 욕심이 우리를 사로잡는다. 하지만 그리스도와의 연합 때문에 우리는 이 모든 것을 거부할 능력이 있다. 우리는 극심한 유혹을 받으며 격동하게 되는 상황 속에서조차도 하나님의 대사로서 말할 수 있다. 만약 우리가 감정의 법과 욕심의 법 아래 산다면 우리는 구원자이신 주님의 은혜와 구속 사역을 부정하는 것이 된다.

한번은 아내 루엘라와 내가 피곤해서 깊이 잠들었는데 갑자기 전화 벨이 울려댔다. 간신히 일어나 전화를 받아보니 열차 역에 있던 아들 저스틴(Justin)이었다. 저스틴이 자기를 데리러 와달라고 전화를 한 것이었다. 루엘라가 내게 말했다. "당신이 좀 가줄래요?" 나는 그 즉시 강렬한 정과 욕심에 휩싸였다. 아들이 너무나 늦은 시간에 전화를 건 것에 대해 화가 났다. 그리고 올해 들어 가장 추운 밤에 이런 일을 해야 된다는 것에 너무나 짜증이 났다. 또한 이런 경우에는 항상 내게 그 일을 시켰던 같은 생각이 들었다. 나도 좀더 자고 싶었다. 가족들의 운전사 노릇은 이제 그만 좀 했으면 좋겠다는 마음이 들었다.

만약 내가 이러한 정과 욕심에 의해 내 마음이 지배당하도록 내버려둔다면 내가 감당해야만 하는 언어 생활은 결코 불가능하다. 나의 말은 이기적이고, 화를 내며, 남을 비난하고, 자기 연민으로 가득하다. 하지만 나는 이 순간을 위해 그리스도의 은혜를 받은 사람이다. 분명, 이것은 사소한 상황이지만 우리는 이러한 사소한 상황 속에서 매일매일 살고 있다. 그리고 그러한 상황에서 어떻게 대처하는지가 사실 우리의 언어 생활의 성격을 결정한다.

반면에 정말 심각한 상황도 있다. 존(John)은 집에 돌아왔을 때 너무나 놀랐다. 왜냐하면 침대와 전등과 부엌 식탁과 의자를 제외하고는 집이 텅 비어 있었기 때문이었다. 그의 아내는 몇 달 전부터 별거하기를 주장해왔다. 그리고 결국 그가 출근한 동안 모든 짐을 다 챙겨서 가버린 것이었다. 식탁 위에는 그녀의 변호사의 전화번호가 남겨져 있었다. 몇 주 전부터 그녀는 자녀 양육권에 대한 소송을 해왔었다.

존이 자신의 텅 빈 집을 바라보면서 그가 느꼈을 두려움과 분노, 괴로움과 슬픔은 견디기 힘든 것이었다. 한순간에 그의 모든 세계가 변해버렸다. 그제서야 그는 예전으로 돌아가기를 간절히 원했고 아내가 원하는 모든 것을 다 주고 싶었다. 텅 빈 집에 서 있으면서 그의 감정은 극도의 분노로 치달았고 그의 마음은 여러 가지 생각과 욕심으로 가득 찼다. 하지만 그 순간에 존의 유일한 소망은 오직 그리스도 안에서 발견할 수 있었다. 그는 자신의 감정을 넘어설 수 있었고, 욕심에 따라 말하지 않을 수 있었다. 심지어 이러한 심각한 상황 속에서도 그는 그리스도의 대사로 말할 수 있었다. 아내 때문에 당한 고통이 오히려 그를 화평하게 하는 자로 만들었다. 그는 사랑 안에서 진실을 말했고 선으로 악을 이겼다.

많은 사람들이 죄의 정과 욕심의 법 아래서 살아가는 데 익숙해 있다. 우리가 정과 욕심에 따른다면, 우리의 말은 애초의 문제와 더불어 인간 관계까지 어려움을 더하게 된다. 우리가 죄된 본성에 따른다면 우리는 전혀 개인적이지 않은 문제를 개인적으로 생각하며 하나님의 사역을 이룰 수 있는 순간을 분을 내는 순간으로 변하게 만든다. 우리는 자신의 죄된 본성을 충족하기 위해 처음에 섬기려 했던 사람들을 오히려 공격한다. 자기 탐닉적인 말은 하나님의 목적을 절대로 성취할 수가 없다. 그러한 말은 복음의 진리를 잊어버리게 하고 그리스도를 나타내는 우리의 정체성을 망각하게 만든다. 그러나 바울은 그리스도의 사역 때문에 우리가 더욱 나아질 수 있음을 깨닫게 한다.

말의 영적 전쟁에서 이긴다는 것은 자기 합리화나 남에게 책임을 전가하는 일이나 혹은 자기 변명적인 구차한 설명을 늘어놓는 행위들을 버리는 것이다.

내가 얼마 안 되는 성도들을 데리고 엄청나게 씨름하던 목회 초기 시절이 생각난다. 그때는 성도들이 가장 긴박하고 심각한 위기의 문제들로 끊임없이 전화를 걸어왔기 때문에 내게는 조금도 쉴 틈이 없다고 생각되던 때였다. 나는 밤중에 전화벨이 울리는 것을 끔찍이 두려워했고 심지어는 "여보, 당신 전화에요"라는 말을 듣는 것도 힘들었다. 알게 모르게 조금씩 성도들은 내가 원하는 삶에 방해가 되는 사람들일 뿐 아니라, 심지어는 하나님께로부터 내가 기쁘게 받은 목회의 일을 방해하는 사람들이라고 생각하게 되었다. 언젠가 한번은 전화 받으라는 아내에게 신경질적으로 소리쳤다. "도대체 이번엔 누구야?" 하지만 다시 전화기에 대고 목사 특유의 상냥한 목소리로 대답했다. "네, 여보세요."

어느 토요일 오후, 나는 집에서 아내와 두 아들과 함께 편히 쉬고 있었다. 그때 나는 매우 절박한 상황에 빠진 한 젊은 사람의 전화를 받았다. 그는 항상 낙심해 있었고, 도와달라고 요청하는 사람이었지만, 자기에게 오는 도움은 거절하는 사람이었다. 그를 위해서 할 수 있는 것이 별로 없었다. 그는 모든 것을 다 해보았지만 별 소득이 없다고 했다. 지금 한 모텔에 있는데, 이제는 자살하고 싶다고 했다. 자신이 살아갈 이유가 없으며, 늙기 전에 먼저 자살하고 싶다고 말했다. 나는 그가 있는 곳이 어디인지 확인한 후 아내에게 기도해달라고 부탁했다. 차를 타고 부랴부랴 그를 만나러 갔다.

나는 가는 동안에 계속 기도했고, 아내도 역시 집에서 기도했다. 하지만 내 속에서는 갈등이 시작되었다. 내 욕심과 하나님의 사명 사이에서 심각하게 고민하고 있었다. 나는 이 성도를 정말로 싫어했다. 늘 어깨를 움추린 그의 자세를 싫어했다. 그의 징징대는 말투를 싫어했다. 늘 누군가의 관심을 끌고 싶어하는 튀는 행동이 싫었다. 나는 토요일 오후 가족과의 단란한 한때를 빼앗아버린 그에 대해 분개했고 더 나아가 상담 사역에 대해 환멸을 느꼈다. 급기야 그를 다시 데리고와야 하는 내 모습에 대해서도 화가 나기 시작했다. 차를 몰고 가면서 내 마음은 목회적인 책임과 개인적인 분노 사이에서 밀고 당기는 영적 전쟁을 치르고 있었다.

모텔에 도착해서 담배 연기와 땀 냄새로 가득한 어두침침한 방에서 우리는 마주 앉았다. 그는 내게 자신의 길고 지루한 일상적인 푸념들을 늘어놓았다. 내가 복음의 진리를 말해주기 시작했을 때, 그는 내 말을 가로막더니 이렇게 말했다. "목사님은 그런 식상한 이야기들을 또 하시려는 건가요? 다른 새로운 말은 없나요?" 나는 내 귀를 의심했다. 나는 그를 생각해서 가족과의 단란한 한때를 포기하고 이곳까지 찾아왔다. 그런데도 그는 고마운 마음도 없고 돕고자 하는 나의 성의를 조롱했다. 나는 자제력을 잃고 말았다. 그리고 몇 주 동안 참고 참아왔던 분노에 내 마음을 맡겨버렸다. 나는 말로써 그를 조각조각 찢어버렸다. 성도들과 내가 그를 어떻게 생각하는지를 정확히 말해주었다. 할 수 있는 한 최대한으로 죄의식을 심각하게 느끼도록 만들었다. 스스로를 변화시키기 위해 무엇인가를 하라고 그의 궁둥이를 걷어차는 것처럼 촉구했다. 마지막으로 그를 위해 한 번 기도해주고 나서 그곳을 떠나 버렸다. 집에 돌아오는 내내 분이 풀리지 않아 씩씩거렸다.

하지만 얼마 지나지 않아 내가 했던 일에 대해서 자책하게 되었다. 또한 방금 전에 하고 돌아온 말들은 자기 합리화와 스스로를 변명하는 것이었음을 깨달았다. 그렇지만 적어도 집에 도착했을 때는 내가 죄악되고 거역하는 사람들에게 '여호와의 말씀'을 선포한 구약의 선지자 가운데 한 사람인 것 같은 생각이 들었다. 나는 하나님께서 그 사람의 인생에 온전한 변화를 이루시기 위해 나로 하여금 다소 극적인 진리를 깨닫게 만드는 말을 하게 하셨다고 믿었다.

집에 도착했을 때, 계속해서 기도하고 있던 루엘라는 어떻게 되었느냐고 내게 물었다. 그래서 나는 그녀에게 조심스럽게 선지자가 어떻게 죄를 깨닫게 했던가를 상기시키면서 목회하면서 다른 어떤 사람에게 했던 것보다도 강하게 말해주었다고 했다. 그녀는 내 이야기를 듣더니 조금도 주저하지 않고 이렇게 말했다. "그 말은 당신이 단단히 화가 났었고, 그 화를 거침없이 풀어버렸다는 이야기로 들리네요." 아내가 내게 그런 말을 하는 순간 그제야 나는 나 자신의 감정을 합리화했다는 사실을 깨달았다. 나는 후회로 가득 찼다. 그렇지만 다행스럽게도, 이 사람에 대한 나의 죄와 갈등을 고백하는 계속된 말들은 하나님께서 그를 변화시키기 시작하시는 도구로 쓰여졌다.

4. 말의 영적 전쟁에서 승리한다는 것은 사랑으로 섬기는 말을 하는 것이다(갈 5:13-14) ·· 우리는 정과 욕심의 지배를 거부할 수 있다. 그 이유는 그리스도께서 우리에게 능력을 주셨고, 우리는 섬김을 위해 부르심을 받은 사람들이기 때문이다. 죄악의 본성에 빠지지 않는다는 것은 "나는 결코 그런 일을 하지 않는 사람이야"라고 말하면서 스스로의 분노의 한계를 정하지 않는 것이다. 우리는 자기중심적인 말을 버리고 다른 사람들을 위한 사랑의 말을 하도록 부르심받았다.

바울은 여기서 이 부르심을 매우 강조한다. 그는 우리들에게 '온 율법'이 바로 이 한 가지 계명에 요약되어 있다고 말한다. 그것은 이웃을 자기 자신처럼 사랑하는 것이다. 다른 사람들을 섬기는 마음으로 말하는 것은 우리를 향하신 하나님의 뜻의 핵심이다. 그리고 그분의 특별하신 권능의 은혜가 사랑의 말을 가능하게 한다.

이 말씀에서 하나님께서는 그 아들의 형상을 닮도록 자신의 백성들을 격려하시는 성령의 역사하심을 통해 쉼 없이 일하신다. 그분은 목적을 성취하시기 위해 우리를 사용하기 원하신다. 우리는 말할 때마다 이러한 부르심에 동참해야 한다.

사랑 안에서 섬긴다는 것은 우리가 주변의 모든 사람들의 요구에 따라야 하는 종이 되는 것을 의미하지 않는다. 또한 우리가 자존심도 없는 사람이 되어야 한다는 것을 의미하는 것도 아니다. 정반대로 그것은 구속의 목적을 가지고 살아가는 것을 뜻한다. 사랑은 다른 사람에게 유익을 끼치기를 원한다. 내가 다른 사람에게 줄 수 있는 가장 큰 유익은 그가 그리스도를 닮아가도록 돕는 것이다. 다시 말하면, 성령의 열매를 맺는 것이다. 하나님께서는 이 사역을 매일의 삶의 일상적인 사건들과 관계들 속에서 행하신다. 그분은 모든 상황 속에서 유익을 얻도록 일하신다(롬 8:28-30).

에베소서 4장 29절은 사랑으로 말하는 것이 무엇인지를 보여준다. "무릇 더러운 말은 너희 입 밖에도 내지 말고 오직 덕을 세우는 데 소용되는 대로 선한 말을 하여 듣는 자들에게 은혜를 끼치게 하라."

여기서 '더러운 말'이란 다른 사람들을 전혀 의식하지 않고 오직 자신의 감정과 욕심에만 몰두하는 것을 뜻한다. 바울은 우리에게 이러한 더러운 말을 버리고 오직 선한 말을 하라고 말한다.

만약 우리가 말을 통해서 다른 사람을 섬기려고 결심한다면, 바울은 세 가지를 기억해야 한다고 말한다.

- 우리는 사람을 염두에 두어야만 한다('오직 덕을 세우는 데'). 그 사람에게 덕을 세우도록 고민해야 한다.
- 우리는 문제를 염두에 두어야만 한다('소용되는 대로'). 이 상황에서 이 사람에게 가장 유익한 것이 무엇인가와 유익을 위해 어떻게 말을 해야 할지를 생각해야 한다.

- 우리는 과정을 염두에 두어야만 한다('듣는 자들에게 은혜를 끼치게'). 우리는 아무 생각 없이 말을 하지 않는다. 우리의 언어 습관은 구속의 목적을 가져야 한다. 그것은 바로 듣는 자들에게 은혜를 끼치는 것이다.

우리의 능력으로는 어느 누구도 이런 일에 완전할 수는 없다. 죄는 우리를 지극히 이기적인 인간들로 만들어놓았다. 본능적으로 우리는 자신의 욕구와 소원에 대해서 생각한다. 우선적으로 자신의 만족을 위해 행동한다. 그러나 우리가 겸손하게 스스로의 이기심을 고백할 때 우리는 그리스도의 능력과 은혜에 감사할 수 있고 그 은혜를 의지한다. 그분은 우리의 죄악된 정과 욕심의 멍에를 끊어버리셨다. 그분은 자신의 대사로서 말하도록 성령을 통해 우리를 무장시키신다. 우리는 사랑으로 다른 사람들을 섬기는 헌신의 마음으로 말할 수 있다.

말의 영적 전쟁에서의 승리는 섬김으로부터 나온다. 또한 그 승리는 나의 정과 욕심에서 자유로워져서 기쁨으로 다른 사람을 섬기려는 언어 생활로부터 생겨난다.

5. 말의 영적 전쟁에서 승리한다는 것은 '성령으로 행하여' 말하는 것을 의미한다(갈 5:25).. 성령으로 행하는 것은 우리 속에서 그분의 사역을 나타내면서 또한 다른 사람에게 행하시는 그분의 사역을 더욱 독려하는 것을 뜻한다. 이 말씀에서 성령의 사역이 아주 분명하게 나타난다. 그분은 우리 속에 그리스도의 인격과 연합한 열매를 맺게 하시기 위해 일하신다. 그 열매는 사랑, 희락, 화평, 오래 참음, 자비, 양선, 충성, 온유, 절제의 열매이다. 믿음과 순종으로 우리는 성령의 열매에 합당한 언어 생활을 해야 한다. 어려운 환경일지라도 성령의 열매를 맺게 하시기 위해 하나님께서 주신 기회라고 생각해야 한다. 여러 문제들은 영적 성숙에 대한 장애물이 아니라 더욱 성

장했음을 깨닫게 하는 기회다.

몇 년 전에 나의 목회 방식에 상당히 비판적인 성도 한 사람이 있었다. 나는 이 사람을 볼 때마다 그리고 생각할 때마다 마음속에서 심한 갈등을 느끼곤 했다. 어쩌다가 예배 시간에 그 사람이 오지 않았을 때는 안도감을 느끼기도 했다. 그런데 이 사람이 나에 대한 자신의 불만을 자기 혼자만 간직하는 것이 아니라, 그의 생각에 공감하는 다른 사람들과 함께 나를 비난하기 시작했다는 것을 알았다. 우리 교회는 그렇게 크지 않았기 때문에 이러한 갈등은 점차 더욱 표면화되었다.

나는 이 사람과 개인적으로 만나서 담판을 지어야겠다고 결심했다. 내 계획에 대해서 아내에게 말하자 그녀는 만나서 무슨 말을 할 것인지 물었다. 내 생각을 아내에게 이야기했을 때 그녀는 내 계획에 부정적이었다. 그래서 나는 도대체 내 생각이 어디가 잘못되었느냐고 물었다. 그녀는 이렇게 말했다. "폴, 당신이 이 문제를 그 사람하고 다루기 전에 먼저 스스로를 살펴봐야 해요. 당신의 말은 마치 그 사람을 미워하고 있다는 듯이 들려요. 저는 당신 자신의 마음의 문제를 다루기도 전에 먼저 그 사람의 잘못을 다루려는 마음에서는 어떤 선한 것도 결코 나올 수 없다고 생각해요."

나는 루엘라가 나를 오해하고 잘못 판단한다고 생각하고 싶었지만, 그렇지 않았다. 나는 정말 그 사람을 미워하고 있었다. 나는 내게 모종의 압력을 주는 그가 미웠다. 다른 사람들도 내게서 돌아서도록 만드는 그가 미웠다. 목회 사역을 허물어뜨리는 그의 비판하는 방식이 미웠다. 나의 목회와 주님의 교회에 대한 꿈을 깨뜨리는 그가 미웠다. 그리고 나는 그의 얼굴에 나타난 교만한 비웃음을 증오했다. 나는 사실 정말로 그와 상대하기조차 싫었다. 그저 내 삶에서 그가 사라져주기만을 소망했다.

루엘라의 말이 옳았다. 나는 그의 삶 속에 성령의 사용하시는 도구가 되고자 하는 준비가 되어 있지 않았다. 나는 정말 나 자신을 먼저 살펴보아야 했다. 정말 내 마음을 돌아보고 내 속의 죄를 고백해야 했다. 그리고 성령께서 역사하심을 나타내는 열매를 맺을 수 있는 방법으로 말할 것을 결심해야 했다.

내 마음을 돌아보는 동안, 나는 이전에 생각했던 것보다도 훨씬 나 자신이 바뀌어야 할 부분이 많다는 것을 깨달았다. 나의 문제는 단지 미움과 분노로 가득한 것이 아니었다. 마음의 죄는 이미 심각한 수준에 도달해 있었다. 목회 사역에서 나를 끊임없이 자극하는 동기는 주님의 일이 아니라, 나의 개인적인 꿈이었다. 나는 목회하기 어려운 곳에서 그 누구도 할 수 없던 방식으로 성공적으로 목회하는 모습을 꿈꾸었다. 성장하는 성도들을 통해 크게 존경받는 모습을 꿈꾸었고, 그러한 존경을 전 교계로부터 받기를 원했다. 놀랄 만한 양적 증가와 거대한 교회 건물, 현대식 시설, 지역 사회를 이끌어가는 주도적인 교회를 꿈꾸었다. 그리고 무엇보다도 나 자신이 이 모든 것을 이룬 유일한 사람으로 널리 알려지기를 원했다.

나는 이 사람을 싫어했다. 왜냐하면 그가 옳았기 때문이었다. 그는 내 목회의 잘못에 대해 반응하는 방법에 있어서는 옳지 않았지만, 그러나 나의 꿈이 헛된 것임을 말하는 데는 옳았다. 나는 정말로 모든 환상 가운데 머물러 있기를 원했다. 나는 모든 일에 대한 나만의 주장과 확신이 있었다. 그래서 누군가 내 꿈이 이루어지는 일에 방해가 될 때 크게 마음이 상할 수밖에 없었다. 그래서 모든 일이 더디게 이루어지는 것을 싫어했고 목회에 대해 부정적인 사람들을 미워했다. 그리고 이 힘든 상황 속에 나를 밀어넣으신 하나님께 늘 불만이 있었다.

내가 싫어했던 그 사람이 이제는 하나님께서 쓰시는 구원의 도구가 되기 시작했다. 그 사람으로 인해 숨겨졌던 나의 이기적이고 교만한 소원이 드러나고 그것을 다루기 시작한 것은 바로 그 사람 덕분이었다. 이러한 고난 속에서 하나님께서는 전혀 새로운 방법으로 내 마음속에 있는 죄를 깨닫게 하셨다. 나는 며칠 동안 이러한 상황과 내 마음에 대해서 깊이 생각하면서 내가 미워했던 그 사람을 오히려 고맙게 생각하기 시작했다. 이것은 그가 지은 죄에 대해서 고맙게 생각한 것이 아니라, 하나님께서 내 삶에서 그를 사용하신 방법에 대해 감사하게 생각했다는 말이다. 내가 더욱 감사한 마음이 들면서 그 사람이 나에 대해서 했던 말과 말하는 방식을 진지하게 생각했다. 그리고 그의 말의 의미를 곰곰이 생각하면서 하나님께서 내게 배우기를 원하시는 부분이 있음을 깨달았다. 하나님께서는 이렇게 강퍅한 사람을 통해서도 그 뜻을 알게 하신다. 내가 그 사람이 자신의 생각을 말하는 방법에 대해서 주의 깊게 생각했을 때, 나는 그 사람과 내가 아주 많이 비슷하다는 것을 깨달았다. 그는 매우 교만하고, 독선적이며, 말이 많고, 인내심이 별로 없었다. 그런데 내가 싫어했던 이 모든 모습들이 바로 내 속에서도 그대로 나타났다.

그 사람 때문에 고민하는 동안 하나님께서는 내게 한 영혼에 대한 순수한 목회적인 사랑을 품게 하셨다. 그리고 마침내 그 사람과 만나서 이야기를 나누었을 때 나는 온화하고, 친절하며, 사려 깊고, 평화로우며, 절제 있는 태도로 그와 이야기를 나눌 수 있었다. 그리고 그를 통해서 성령께서 내 마음에서 행하신다는 귀한 진리를 깨달았을 때, 오히려 기쁨으로 대화를 나눌 수 있었다.

성령을 따라 말하는 것은 성령께서 내 안에 일하심을 나타내는 방식으로 말하는 것뿐만 아니라, 다른 사람 안에 성령의 열매가 생겨나도록 격려하면서 말하는 것이다. 솔직히 말해서 나는 처음에 하나님께서 그 사람의 삶 속에서 나를 사용하시는지에 대해서 별 관심이 없었다. 나는 단지 두 가지만을 생각했다. 하나는, 오직 그 사람이 잘못되었다는 것을 밝히는 것이었고, 다른 하나는 우리 교회와 나를 제발 좀 가만히 내버려 두라는 것이었다. 다시 말하면, 나의 싸움은 '혈과 육'(엡 10:6-12)에 관한 것이라고 단정했다.

나는 그 사람을 나의 적으로 보았고 이 힘든 관계 이면에서 진행되는 영적인 싸움에 대해서는 새까맣게 잊어버렸다. 나는 한 영혼을 섬기려 하지 않았다. 그저 내 꿈을 지지하는 사람이기를 바랄 뿐이었다. 그의 담임 목사였지만 내 머릿속에서는 그에 대해서 구원의 도구가 되어야 한다는 생각을 하지 못했다. 사실 나는 내 계획을 루엘라에게 털어놓기 전까지는 어떻게 내가 그의 삶에 성령께서 일하시는 도구가 될 수 있을지 전혀 생각하지 못했다.

마침내 단 둘이 만났을 때, 나는 예전에 아내에게 분노에 찬 계획을 털어놓던 모습과는 전혀 다른 모습이었다. 나는 더 이상 '이기려고' 하지 않았다. 더 이상 그의 입을 다물게 하고 내 꿈을 실현시키려 하지 않았다. 나는 정말로 그의 삶에서 성령의 열매를 맺도록 격려하기 위해 하나님께 쓰임받기를 원했다.

그 사람은 처음에는 단단히 싸울 준비를 하고 나와 만났다. 그가 어떻게 나를 공격할 것인가 그리고 어떻게 내 말을 받아칠 것인가를 단단히 준비했다는 사실은 너무나 분명했다. 하지만 우리 사이에 언쟁은 전혀 없었다. 나는 그에게 그를 통해 성령께서 정말로 내 마음을 열어보이심을 알았다며 감사했다. 그리고 그의 용서를 구했다. 이어서 그에 대한 나의 변화된 마음을 다 말하기도 전에 그는 이렇게 말했다. "목사님, 저도 잘못했습니다. 저는 솔직히 목사님이 미웠습니다. 그래서 다른 사람들 앞에서 늘 목사님을 비판할 기회를 노렸습니다. 저는 사실 이 교회로 인도하신 하나님과 목사님이 원망스러웠거든요. 하지만 다 제 잘못입니다. 저를 용서해주십시오."

그날 밤, 우리는 성령과 동행하여 오랫동안 이야기를 나눴다. 그리고 성령께서는 우리 각 사람 속에 새로운 성장이 일어나도록 역사하셨다. 여기서 중요한 점은 내가 다른 사람의 죄를 직면하게 하기 전에 먼저 나 자신의 마음을 점검하고 돌아보아야 한다는 것이다. 성령으로 행하는 말은 듣고, 살펴보며, 숙고하고, 말하기 전에 시간을 들인다는 것을 의미한다. 이것이 우리의 삶과 다른 사람들의 삶 속에서 성령의 은혜의 사역이 더욱 역사하게 하는 방법으로 말하는 것이다.

6. 말의 영적 전쟁에서 승리한다는 것은 회복을 목적으로 말하는 것이다(갈 6:1-2) ·· 바울은 이렇게 말한다. "형제들아 사람이 만일 무슨 범죄한 일이 드러나거든 신령한 너희는 온유한 심령으로 그러한 자를 바로잡고…" 우리가 이 말씀을 잘 이해하는지 확인해보자. 바울은 "만일 무슨 범죄한 장면을 캐내거든…" 이라고 말하지 않았다. 그는 잘못을 행하는 현장을 캐내기 위한 뒷조사를 말하는 것이 아니다. 죄를 저지를 수 있는 인간으로서 죄에 빠지게 된 상태에 대해서 이야기한다. 다시 말하면 죄에 얽매였고 갇히게 된 것이다.

죄는 우리를 속인다. 사탄은 우리가 하는 일이 옳다는 것을 믿게 하기 위해서 우리 귀에 '공교한 말' (골 2:4)로 속삭이는 교활한 자다. '공교한 말' 을 정말 믿을 때 우리는 올가미에 걸려 '함정' 에 빠진다. 그리고 공교한 말로써 우리가 한 일을 합리화시키고 정당화시킨다. 우리는 이런 사실을 알고 나서야 비로소 자신이 예상했던 것보다 훨씬 더 심각하게 죄에 빠진 사람임을 깨닫는다. 뿐만 아니라, 우리는 대부분 자신도 모르게 죄에 물들게 되었는지도 모른다.

우리 모두는 하나님의 백성으로 살아가는 영광스러운 삶의 다른 한편에서 죄를 짓고 있다. 분노, 자존심, 자기 연민, 질투, 복수심, 자기 의, 고통, 탐욕, 이기심, 두려움, 의심 등에 '사로잡혀' 있다. 그리고 우리가 죄에 사로잡혀 있는 것도 모르고 우리 자신을 어떻게 구원해야 할지조차 모른다. 이렇게 우리 모두는 어떤 식으로든 항상 삶의 어떤 부분에 '사로잡혀' 살아간다. 우리가 깨닫지 못하는 죄의 영역이 있다. 그리고 우리는 그 죄와 특별히 대항해서 싸워야 한다. 언젠가는 모든 죄의 올가미에서 벗어나 그리스도와 함께 영원토록 거하게 되는 때가 올 것이다. 그러나 그 전까지 우리의 본질은 죄인이며 언제든지 죄에 '사로잡혀' 살 수 있음을 잊지 말아야 한다. 그래서 우리는 서로를 세워주고 붙들어주어야 한다.

이제 바울은 말한다. "신령한 너희는 온유한 심령으로 그를 바로잡고…" 그가 어떤 신령하고 굉장한 능력이 있는 특별한 집단에 대해 말하는 것인가? 아니다. 결코 그렇지 않다. 이 '신령한'이라는 말은 영적으로 성숙한 사람들만을 가리키는 데 사용되는 말이 아니다. 이 말은 모든 성도들을 포함한다. 갈라디아서 5장 25절로 되돌아가보면, 바울은 우리가 '성령 안에서 행할 것'을 말했고, 그 말은 우리와 다른 사람들 속에서 역사하시는 성령에 민감해지라는 것이다. 우리가 '성령 안에서 행할' 때 우리는 그분이 사용하시는 회복의 도구로 다른 사람들을 섬길 수 있다. 만약 우리가 주님의 부르심에 합당하게 산다면 우리 모두는 우리 자신을 하나님의 구원과 회복을 전하는 도구가 될 수 있다.

말의 영적 전쟁에서 승리한다는 것은 회복의 목적을 이루는 것이며 우리의 모든 관계가 회복을 향해 나아가도록 만드는 것이다. 우리에게 있는 죄의 미혹은 모든 관계가 우리들 자신에게 속해 있다고 잘못 믿게 만든다. 그러면 우리는 다른 사람들을 자신의 소유물처럼 본다. 특히 부모들이 자녀들에 대해 이런 오해에 빠지기 쉽다. 그러면 자녀들이 청소년기에 실수라도 하면, 부모들은 자신의 분노를 극복하지 못하고 자녀들에 대한 회복의 사명을 포기해버리는 것이다.

우리는 다른 사람들이 자신의 행복을 위해 존재한다고 생각하기 쉽다. 남편과 아내는 각각 자신의 배우자의 책임이 자신을 행복하게 해주는 것이라고 생각한다. 서로를 향해 끊임없이 뭔가를 요구하면서 배우자를 바라본다. 매일의 삶은 배우자의 기준에 합격해야 하는 시험이 되어버리고, 그들이 바라던 행복은 더 멀어져만 간다. 우리는 주변 사람들을 대할 때 그들이 내게 어떻게 대하는가, 그들이 내게 어떤 일을 해주는가에만 초점을 맞추는 경향이 있다. 우리는 상대방으로부터 존경과 사랑과 감사와 용납과 명예를 바란다. 그리고 그런 것들이 없는 관계는 가능한 빨리 끝을 내려고 한다.

바울은 우리가 이 부분에서 완전히 다른 모습을 나타내야 한다고 말한다. 그는 우리가 모든 인간 관계에서 이 책에서 말하는 새롭고 더욱 고상한 목표로 나아가도록 부르심을 받았다고 말한다. 이 새로운 목표는 우리의 관계와 그 관계 속에 있는 사람들이 자신에게 속해 있는 것이 아니라 하나님께 속해 있음을 깨닫는 데서 비롯된다. 주님은 창조주로서 우리들을 소유하시고 구원자로서 우리들에게 선포하신다. 그리스도께서는 저주받은 집, 곧 우리들을 자신의 피 값으로 구속하셨다. 그분은 그 집에 들어가서서 완전히 새롭게 만드시는 일을 하신다. 이것이 교회에서 성도들 간의 관계에 대한 기초다. 자신의 임무에 대한 이해는 필수적인 일이다. 우리는 자신을 위해 인간 관계들을 소유하지 않았고, 소유할 수도 없다. 그저 진정한 소유주이신 하나님의 손에 의해 사용되는 도구일 뿐이다. 그분은 회복의 역사를 이루시기 위해 지금도 일하신다.

일단 우리가 인간 관계를 하나님의 관점으로 보는 것을 배우면 우리 주변에 회복되어야 할 사람들이 있다는 것을 깨닫기 시작할 것이다. 당신이 가족들과 함께 휴가를 떠나 차를 타고 가는데 자녀들이 뒷좌석에 앉아서 계속 싸우고 있다면, 황금 같은 시간이 망쳐지는 것보다도 더 심각한 일이 일어나고 있음을 알아야 한다. 자녀들 간에 관계 회복의 필요성이 나타나는 것이다. 당신은 이러한 상황에서 그저 짜증만 내는 부모가 될 수 있고 혹은 위대한 회복자이신 하나님에 의해 쓰임받는 화목하게 하는 자가 될 수도 있다. 당신이 친구와 커피를 마시는데 친구가 또다시 자신의 직장 상사에 대해서 불평과 비난을 늘어놓으면서 왜 하나님께서 자신을 도와주시지 않는지 투덜댄다면, 기분 좋아야 하는 시간을 망쳐버리는 것보다도 더 중요한 일이 있음을 알아야 한다. 하나님께서는 헛된 시간을 보내고 있다고 생각하는 것 이상을 원하신다. 그분은 당신을 회복의 사명자로 지명하셨다.

남편과 아내가 예전에 한 번 싸웠던 문제를 가지고 다시 싸우게 될 때, 그들은 자신들이 잘못 결혼했다느니, 도저히 소망이 없다느니 라고 말하면서 일어난 일 이상의 부정적인 말들을 한다. 이러한 다툼이 계속되면 서로의 관계에 있어서 회복이 절실히 필요하다. 그들은 자신들이 죄에 '사로잡혀' 있다는 것을 깨달아야 한다. 그리고 서로를 대할 때 자신에게 필요한 것이 무엇이라는 생각이 아니라 상대방을 어떻게 회복시켜주어야 하는가를 생각하면서 대해야 한다.

청소년 자녀를 둔 부모는 자식과의 관계가 냉랭해지고 소원해지며 억압과 반항적인 것이 되었다고 해서, 수년 동안 자식을 위한 수고가 존경이나 감사로 돌아오지 않는다는 자기 연민과 푸념으로 모든 것을 포기해서는 안 된다. 또한 자녀와의 관계를 단절한다든지 언쟁으로 문제를 해결해보겠다는 생각을 해서도 안 된다. 그때는 무엇보다 회복의 필요성을 깨달아야 한다. 청소년 자녀는 죄에 '사로잡혀' 있는 것이다. 아마 부모 역시 무엇인가에 사로잡혀 있을 것이다. 따라서 회복의 필요성이 절박하게 요구된다. 그러나 자녀가 항상 부모의 기대와 만족을 충족시켜주기만을 고집하는 부모는 결코 자녀를 위한 회복의 도구로 사용될 수 없다.

만약 당신의 가정에서 저녁 식사 시간이 자녀들 간의 갈등과 싸움으로 전쟁터처럼 변해버렸다면, 그 자리를 박차고 일어난다든지 다른 곳에서 저녁을 먹고 들어온다든지 해서는 안 된다. 아이들은 자신들이 죄에 '사로잡혀' 있음을 나타내는 것뿐이다. 그러므로 당신은 하나님께서 그 시각에 회복의 사역을 행하도록 부르심받았다는 것을 알아야 한다.

말의 영적 전쟁에서 이긴다는 것은 구속적으로 말하는 것이며, 구속적으로 말한다는 것은 무너진 관계를 회복시키는 목적을 가지고 말하는 것이다. 인간 관계의 목적은 행복을 누리기 위함이 아니다. 그것은 하나님과의 관계를 회복시켜 그분의 아들의 형상을 회복하게 하는 것이다.

말의 영적 전쟁에서 승리하는 것은 자신의 정체성을 잊어버리지 않는 것을 의미한다. 우리가 하나님의 은혜만으로 현재의 모습이 될 수 있었음을 잊어버리지 않을 때, 하나님의 회복하게 하시는 도구로써 온유와 겸손의 모습으로 말할 수 있다. 그럼에도 불구하고 서로 주고받는 우리의 대화는 얼마나 자주 온유와 겸손을 잊어버리는가! 우리는 자신이 누구이며 주변 사람들에 대해 한 일이 무엇인지를 잊어버리기 때문에 구속적으로 말하는 일에 실패하곤 한다. 또한 우리가 누구이며 하나님의 은혜로만 살아갈 수 있음을 잊어버리기 때문에 온유와 겸손으로 말하는 일에 실패하는 것이다.

승리하는 삶

갈라디아서 5장은 끊임없이 영적 전쟁에서 승리하는 사람들의 모습을 보여준다. 그들은 단순히 자신들이 영적 전쟁을 한다는 것에 초점을 맞추지 않고 도움이 필요한 사람들이 누구인가에 끊임없이 초점을 맞추는 사람들이다. 이것이 바로 갈라디아서 5장의 결론이기도 하다(6:2). "너희가 짐을 서로 지라"는 말로써 바울은 하나님의 부르심을 구체적으로 제시한다. 말의 영적 전쟁에서 승리하는 것은 죄에 사로잡힌 사람을 구하는 것뿐만 아니라, 당신이 어려움을 겪게 될지도 모르는 모든 상황을 미리 피하는 것이기도 하다. 삶의 여정에서 우리는 자신의 짐을 지고 견뎌나가는 일만 생각하는 것이 아니라 다른 사람의 어려움을 돌아보기도 한다. 우리가 무거운 짐으로 인해 애쓰는 다른 사람을 볼 때, 우리는 그 짐을 나누어지라는 부르심을 받은 것이다. 이것이 요한복음 13장 34절에서 예수님께서 말씀하는 사랑이고, 야고보서 2장 8절에 나타나는 '황금률'이다. 그리스도께서 요구하는 삶은 결코 이기적이거나 자신의 유익을 구하는 것이 아니다. 그리스도의 사랑은 이타적이며 다른 사람을 배려하는 것이며 자기 희생적이다.

우리는 타락한 세상에서 살아갈 때 서로 돌아보라고 부르심을 받았다. '서로 짐을 진다' 는 생각으로 배려하는 말을 하도록 부르심을 받았다. 그래서 자신의 연약함으로 힘들어하는 사람들을 볼 때 우리는 그들이 그리스도 안에서 더욱 강건해지도록 도와야 한다. 또한 진리를 알지 못하고 어리석게 행하는 사람에게는 지혜를 주는 진리의 말을 해주어야 한다. 두려움에 가득 찬 사람에게는, 모든 어려움 중에 언제나 도움이 되시는 하나님에 대해서 말해야 한다. 슬픔에 빠진 사람에게는 위로를 해주어야 한다. 낙심한 사람에게는 소망의 말을 해주어야 한다. 외로움을 느끼는 사람에게는 성도의 사랑과 그리스도의 늘 함께하심을 알게 해야 한다. 분노로 가득 찬 사람에게는 하나님의 의로우심과 그분의 심판과 공의로우심을 말해주어야 한다. 갈등과 고민 속에 있는 사람에게는 화평하게 하며 회복하게 하는 자로서 말해야 한다. 불안에 떠는 사람들에게는 그리스도께서 그분의 자녀들에게 주신 평안과 안식에 대해 말해주어야 한다.

말의 영적 전쟁에서 승리하는 것은 열린 눈을 가지고 살아가는 것이며 자신의 어려움만 생각하는 것이 아니라 다른 성도들도 우리와 같은 짐을 지고 애를 쓰며 살아간다는 것을 깨닫는 것이다. 그렇게 살아갈 때 우리 모두는 혼자가 아님을 알 수 있다. 그리스도께서는 자신의 백성들이 감당하기 어려운 짐을 감당할 수 있도록 서로 협력하기를 원하신다. 우리는 절망하거나 도망치거나 혹은 주님으로부터 멀리 떠나 죄 가운데 빠져 살아갈 필요가 없다. 오히려 더욱 강건해지고 용기백배하여 삶의 여정을 계속 걸어갈 수 있다.

영적 전쟁에서 승리하는 것은 할 말을 주의 깊게 선택하는 것을 의미한다. 우리는 우리의 말이 죄된 본성의 정과 욕심에 따르도록 조금의 여지도 남겨두어서는 안 된다. 스스로의 자만심과 질투 속에서 다른 사람들이 죄를 짓기를 원해서는 안 된다. 말로 서로 물고 뜯어서도 안 된다. 정반대로 우리의 모든 말이 사랑으로 서로를 섬기는 것이 되도록 해야 한다. 우리 자신이 다른 사람과의 관계 속에서 성령께서 역사하심에 따라 말해야 한다. 성령의 열매가 더욱 풍성하도록 격려의 말을 해야 한다. 결국, 우리는 회복의 사역자로 그리고 하나님의 사랑의 법에 따라 살기로 헌신하고 서로 짐을 지는 자로서 온화하고 겸손하게 말해야 한다.

만약 우리가 하나님의 부르심에 순종함으로 우리 삶 속의 모든 관계에서 승리한다면 얼마나 획기적인 부흥과 관계 회복과 화목함이 일어날지 생각해보라! 만약 우리가 끊임없이 하나님께서 기뻐하시는 언어 생활에 헌신한다면 우리의 삶이 얼마나 놀랍게 변하겠는가! 만약 우리가 서로 구속적으로 하나님께서 원하시는 말을 한다면 우리의 여러 관계들은 얼마나 더욱 성숙되겠는가! 말의 영적 전쟁에서 승리하겠다는 결심을 통해 우리는 할 말 하나하나를 주의 깊게 선택하게 된다.

Getting Personal   더 깊은 묵상을 위하여

영적 전쟁에서 이기기 위한 전략

1. 당신의 언어 생활 가운데 당신은 어떤 면에서 그리스도 안에서의 자유를 잊어버리고 죄된 본성의 유혹에 얽매이게 되는가?(배우자, 상사, 부모, 자녀, 이웃, 친척, 성도들과의 관계에 있어서 당신의 개인적인 갈등 상황이 어떤 것인지를 곰곰이 생각해보라.)

2. 당신이 거부해야 하는 강렬한 정과 욕심이 어떤 것인지 나열해보라(감

정의 예들: 분노, 실망, 두려움/ 욕심의 예들: 복수, 존경, 감사, 지배력, 성공, 사랑).

3. 하나님께서 사랑으로 다른 사람을 섬기라고 당신을 부르시는 특별한 삶의 영역은 어떤 것인가?

4. 당신의 삶 속에서 성령의 열매는 무엇이며 언어 생활에 가장 지속적인 영향을 미칠 수 있는 열매는 무엇인가?(오래 참음, 절제, 양선, 희락…)

5. 당신의 삶에서 회복의 사역이 이루어지기 원하는 영역은 어느 부분인가? 당신의 말이 그 사역에 어떻게 도움이 되는가? 당신이 하나님께서 다른 사람들 속에서 역사하시는 일들에 조력자가 되어야 하는 매일매일의 기회들은 어떤 것인가?

기억하라. 그리스도께서 행하신 일들로 인해 우리는 죄된 본성의 정과 욕심에 따라 살지 않을 수 있다. 그래서 우리는 가장 극심한 죄의 유혹 속에서도 사랑으로 서로를 섬길 수 있다.

13장 당신이 할 말을 선택하라

> 내 사랑하는 형제들아 너희가 알거니와
> 사람마다 듣기는 속히 하고 말하기는
> 더디 하며 성내기도 더디 하라"
> (약 1:19).

나는 방에 앉아서 속으로 분을 삭이고 있었다. 도대체 믿을 수가 없었다. 지금까지 그토록 친밀한 관계였음에도 불구하고, 그 입장을 이해하고자 했던 모든 노력에도 불구하고, 서로의 신뢰를 허물어뜨리지 않기 위한 그 모든 시도에도 불구하고, 그 녀석은 하룻밤 사이 모든 관계를 헌신짝처럼 날려버렸다.

아들은 나를 똑바로 쳐다보면서 거짓말을 했다. 나는 너무나 화가 났다. 나는 내가 당했던 대로 그 녀석에게 갚아주고 싶었다. 그에게 응분의 대가를 지불하게 할 생각이었다. 마음속으로는 그의 죄를 하나하나 지적하고 '직면하게' 하는 말들이 생각났다(물론, 주님의 이름을 내세울 것이었다). 또한 나는 아들의 생활을 확실히 바꿀 몇 가지 처벌 조치들도 생각했다. 나는 아내에게 말했다. "그 녀석이 그런 거짓말을 한 것을 뼈저리게 후회하게 만들 거야!"

나는 여전히 분을 가라앉히려고 애쓰고 있었는데, 그것은 아버지인 내게 감히 거짓말을 한 아들이 어디론가 나가고 없어 당장 혼낼 수 없다는 사실 때문은 아니었다. 방금 아내가 내가 아들 녀석에게 하려 했던 일들에 완전히 반대하고 나섰기 때문에 씩씩거리고 있었던 것이다. "루엘라는 너무 관대해." 나는 스스로에게 그렇게 말했다. "이번에야말로 하나님께서 나를 이 집의 영적인 가장으로서 부르신 사명을 감당해야 할 때야. 진정 올바른 것이 무엇인지를 가르쳐줘야만 해! 이 집에서 일어난 잘못에 대해서 강하게 꾸짖어야 할 사람이 필요한 거야."

그러나 내 분노를 스스로 합리화하면서 아들에게 내리려는 각종 처벌들을 생각하면 할수록, 이상하게도 내 결심은 더욱 약해져만 갔다. 하나님께서는 놀라우신 은혜 속에서 마침 그 시각에 당사자인 아들을 집에 없도록 섭리하셨다. 그리고 그분은 내 생각에 간섭하시기 위한 도구로 아내를 보내주셨다. 하나님께서는 아들의 삶에 대해서 나를 사용하시기 전에 먼저 나를 깨우치시기 원하셨다.

내가 아들에 대해서 생각하는 것을 그만두고 나 자신에 대해 생각하기까지는 그렇게 오랜 시간이 걸리지 않았다. 그리고 내가 깨달은 것에 대해 스스로 적잖이 충격을 받았다. 그렇게 오랫동안 성경 공부를 하고 목회를 한 후에도, 그렇게 오랫동안 상담을 하고 가르치는 일을 했어도, 그렇게 오랫동안 성경을 읽고 기도하는 삶을 살았음에도 불구하고 여전히 나는 분노를 주체하지 못하고 흥분하고 말았단 말인가? 나 자신이 상처를 받았다고 해서 또다시 상처를 주려고 했단 말인가?

그날 오후 나는 혼자 있으면서 다시 한 번 잊기 쉽고 간과하기 쉬운 원리들을 되새겨보았다. 그것은 우리의 마음속에 있는 죄의 존재와 능력이다. 나의 성화의 과정은 아직 끝나지 않았다는 것을 다시 기억했다. 내 마음속의 심각한 영적 전쟁은 여전히 진행 중이다. 그러나 이와 함께 하나님께서 능력 가운데 역사하신다는 사실도 다시 한 번 깨달았다. 그분은 상황을 통제하셨고 아내로 하여금 내 마음의 동기와 행동을 다시 점검할 수 있는 시간을 갖도록 했다. 나는 내가 처음 예수님을 믿던 날만큼이나 지금도 여전히 하나님의 은혜가 필요하다는 사실을 깨달았다.

아마도 나는 그날 그리스도인의 삶 속에서 가장 대표적인 감정의 극단적인 일치를 경험했다. 슬픔은 기쁨에 겨워 눈물을 흘리는 것과 극단적으로 일치하고, 절망은 하나님께 대한 소망을 갖는 것과 극단적으로 일치한다. 그러한 감정의 극단적인 일치는 죄가 넘치는 곳에 은혜도 넘친다는 진리를 보여준다. 나의 은밀한 죄에 대한 심각한 자성은 그 죄가 아무리 클지라도 하나님의 용서하시며 구원하시는 은혜에 대한 깨달음에 압도되었다. 은혜의 영광스러움에 대한 이해는 내 속에 있는 죄의 심각성과 강렬함을 깨닫지 못하고서는 결코 얻을 수 없다.

영적 전쟁은 계속된다. 이것이 우리가 할 말을 조심스럽게 선택해야 하는 이유다. 우리는 갈대와 같이 흔들리는 자들이다. 자신의 분노의 감정에 압도되어버리기도 한다. 여전히 죄악된 본능에 의해 사로잡히기 쉬운 자들이다. 사탄의 속이는 말로 인해 언제든지 죄에 빠질 수 있는 자들이다. 그 속이는 말들은 우리가 복음을 의지하는 마음을 빼앗도록 우리를 유혹한다.

적절한 말을 선택하기 위한 준비

다음 날 밤에 아들이 집에 들어왔을 때 나는 이미 달라져 있었다. 이 상황을 다루기 위해서 나는 네 가지 원리들을 스스로 준비했다.

1. 나는 내가 바라는 것을 하나님께 고백했다 ·· 내가 당면한 상황이 단지 다른 사람의 영적인 잘못을 드러내줄 뿐만 아니라, 자신의 영적인 잘못도 나타내준다는 점에서 중요했다. 만약 우리가 하나님의 변화의 도구로 쓰임받고자 하는 마음으로 말한다면, 우리 자신에게 얼마나 하나님의 은혜가 필요한지를 먼저 충분히 인식하는 것에서부터 출발해야 한다. 우리의 능력으로는 하나님께서 원하시는 모습이 될 수 없고, 그분이 우리에게 행하라고

부르시는 일들을 할 수 없다. 오직 주님의 은혜를 통해서만, 죄로 인해 마음이 격동되는 순간에도 온전한 말을 할 수 있는 소망이 있다. 우리는 주님께서 우리를 통해서 이루시고자 하는 사역에 늘 방해가 되는 우리의 연약함을 고백하는 것에서부터 시작해야 한다.

2. 나는 내게 주시는 하나님의 은혜를 깨달았다 ·· 우리에게 진정한 변화는 불가능하다는 잘못된 생각에 휩쓸려서는 안 된다. 이것은 우리가 믿고 증거하는 복음을 정면으로 부인하는 것이다. 우리 능력의 근원되신 하나님의 은혜에 대한 깨달음이 신앙에 따라 살아갈 수 있는 용기를 준다. 또한 더 나아가서 결단하고 실천할 수 있게 만든다. 하나님의 은혜를 받아 누리는 자임을 깨닫지 못할 때 우리는 아무 능력도 없고 열매도 없기 마련이며 삶 속의 문제 앞에서 도망쳐버리거나 비참한 실패를 거둘 뿐이다(벧후 1:8-9). 은혜를 깨닫는 것은 하나님께서 이미 우리에게 그리스도 안에서 필요한 모든 것을 주셨음을 믿으면서 살아간다는 것을 뜻한다. 이는 영원한 삶을 위해서 주신 것이 아니다. 타락한 세상에서 경건하게 살아갈 수 있도록 주신 것이다(벧후 1:3-4). 분노로 들끓었던 그날 밤 나는 하나님의 은혜를 깨닫는 것이 필요했다.

3. 나는 "그래서는 안돼!"라고 나 자신에게 말했다 ·· 만약 우리가 자신의 욕구가 무엇인지를 깨닫고 그리스도의 은혜의 풍성함이 얼마나 큰지를 안다면 그 다음에는 죄악된 본성의 정과 욕심에 대해서 단호하게 거부할 수 있음도 안다(갈 5:13-15, 24-25). 우리는 더 이상 죄의 지배 아래 살지 않는다. 죄는 더 이상 우리의 주인이 아니다(롬 6:1-14). 그래서 우리는 죄의 정과 욕심을 '죽일 수' 있다(롬 8:1-17). 하나님께서 우리 안에 이루기를 원하시는 것들로부터 우리를 멀어지게 만드는 정과 욕심이 무엇인지를 구별해야

한다. 그리고 주님께 더욱 헌신할 것을 다짐해야 한다. 그럴 때 정과 욕심이 우리의 말과 행동을 지배하는 주인이 될 수 없다. 이런 면에서 아내가 한 말은 옳았다. 나는 아들에게 말하기 전에 스스로가 불경건한 태도와 모습으로 치우치는 것을 자제해야 했다.

4. 나는 하나님께 "감사합니다"라고 고백했다 ·· 하나님께 "감사합니다"라고 고백할 때 우리는 다른 사람의 삶 속에서 그분이 행하시는 일에 참여하도록 부르신 기회를 깨달을 수 있고 우리를 부르신 목적을 알 수 있다. 은혜의 성령께서는 그런 기회들이 우리 자신의 것이 아니라 하나님의 것임을 깨닫게 해주신다. 하나님께서는 자신의 대사가 되도록 많은 사람들 가운데서 우리를 특별히 선택하셨다. 이것은 굉장한 특권이다. 이 은혜 속에서 우리의 삶은 영원한 의미와 목적을 갖는다. 우리는 매일 아침마다 다시 일어나야 하는 이유가 있다. 그분의 위대한 구원 계획에 동역할 기회를 얻은 것이다. 이 얼마나 놀라운 신분인가! 주님의 은혜에 대한 유일한 화답은 오직 그분을 경배하는 것이다.

우리가 서로에게 말할 것을 미리 준비할 때 폭풍과 같이 휘몰아치던 감정은 하나님께 경배드릴 때 오는 평안과 소망에 의해 잔잔해진다. 하나님께서는 바로 이 곳에 계시다. 하나님께서는 벌써 일을 행하고 계시며 그 은혜는 충만하다. 죄가 더 이상 우리를 다스릴 수 없다. 주님은 우리를 이 일로 불러 주셨고 특별히 우리를 삶의 자리에 집어넣으셨다. 그리고 갈등의 상황 가운데서 강건하게 하시는 그분의 도움을 받아 우리는 주님께서 행하라고 명하시는 일들을 능히 해낼 수 있다. 풍랑은 거칠게 일어났지만, 메시아되신 우리 주님은 우리와 함께 배 안에 계셨다. 바로 그곳에 나를 위한 그리고 우리들을 위한 소망이 있다. 이러한 안식과 소망이 우리가 지혜롭게 할 말을 선택할 수 있도록 도와준다.

당신이 할 말을 선택하라

당신은 이렇게 생각할 수도 있다. '할 말을 선택해야 한다고 말할 때 그게 무슨 뜻인지 저는 잘 모르겠습니다. 우리가 말하려는 내용들을 일일이 구체적으로 미리 연습을 해봐야 한다는 뜻인가요? 그건 너무 비현실적이지 않겠어요?'

그건 맞는 말이다. 할 말을 선택한다는 것이 대화할 때마다 말할 것을 대본처럼 적어보는 것을 뜻하는 것은 아니다. 좀더 구체적으로 말하자면, 할 말을 선택한다는 것은 구속적으로 말하려고 노력하는 것을 의미한다. 말하려는 의도가 하나님의 대사로서 말하는 것에 합당하다면 그 다음에는 실제 상황에서 어떤 말이 적합한지를 고민해야 한다. 우리가 한 말로 인해 겪는 많은 아픔들은 미리 준비하지 않기 때문에 일어나는 것이다.

에베소서 4장은 우리의 할 말을 지혜롭게 선택하는 것에 대해서 간단하면서도 실제적인 도움을 준다. 다른 사람 속에서 행하시는 하나님의 사역에 더욱 협력할 수 있는 말이 무엇인지를 잘 알려준다. 우리가 반드시 해야 하는 말들은 무엇인가?

진리의 말을 하라

바울은 에베소의 성도들에게 하나님의 사역으로 그들이 부르심을 받았다는 사실을 상기시킬 때, "사랑 가운데서 진리의 말을 하라"고 했다. 우리는 바울이 말한 것의 핵심을 자주 놓친다. 전통적으로 이 말은 두 사람이 서로 간에 사랑이 넘치는 진실한 자세로 대하라는 말로 받아들인다. 물론 그것도 중요한 일이다. 하지만 이 말씀에서 본질적으로 가르쳐주는 내용을 이 명령이 포함되어 있는 앞뒤 말씀과 함께 살펴보자.

"이는 우리가 이제부터 어린아이가 되지 아니하여 사람의 궤술과 간사한 유혹에 빠져 모든 교훈의 풍조에 밀려 요동치 않게 하려 함이라 오직 사랑 안에서 참된 것을 하여 범사에 그에게까지 자랄지라 그는 머리니 곧 그리스도라"(엡 4:14-15).

바울은 불성실의 위험에 대해 초점을 맞추는 것이 아니라, 거짓말의 위험에 초점을 맞추고 있다. 바울은 에베소 교회가 하나님의 진리를 따를 때만 얻을 수 있는 안정적인 성장을 원한다. 바울은 사탄이 하나님의 자녀들로 하여금 거짓된 교훈의 풍조와 서로 분열하게 하는 궤술에 빠지게 하는 교활한 자임을 알았다. 여기서 바울의 당부는 겉으로만 상당히 종교적인 모임이 되도록 하지 말고, 매일의 삶 속에서 우리의 생각하는 방식을 형성해주는 성경의 가르침을 따르라는 것이었다. 그의 관심은 참된 진리의 말을 할 수 있을 정도로 자라나는 것이었고 우리 자신의 관점과 의견보다도 성경의 진리를 나누는 데 더욱 열정이 있는 자들이 되기를 원하는 것이었다.

하나님께서는 진리의 말씀을 주셨다. 우리로 하여금 그 진리를 따르며 살게 하신다. 주님은 우리 스스로의 힘으로는 인생을 올바르게 이해할 수 없다는 것을 아신다. 또한 타락한 세상에는 늘 온갖 주장들과 정말 그럴듯해 보이는 것들과 사실인 것처럼 보이는 여러 가지 설명들이 있지만, 이 모든 것들은 진실과는 전혀 관계가 없는 것을 알려줄 뿐이라는 사실도 아신다. 하나님의 말씀은 모든 혼란과 과장된 삶의 해석을 피할 수 있는 다림줄이 된다. 우리는 서로에게 매일 성경의 진리를 말하면서 살아야 한다. 그럴 때 우리는 그리스도 안에서 더욱 성숙한다.

이것이 우리의 사명임을 깨달을 때 몇 가지 질문을 해보자.

1. 이 상황을 해석하고 설명해주는 성경의 진리는 무엇인가? ·· 첫번째 질문은 매우 중요하다. 왜냐하면 우리는 직면한 상황의 사실들에 근거해서 반

응하는 것이 아니라, 그러한 사실들에 대한 해석에 따라서 반응하기 때문이다. 따라서 우리는 일어난 일들을 성경적으로 주의 깊게 해석하고 다른 사람들도 그렇게 하도록 도와야 한다. 나는 상담할 때 이점을 다른 어떤 것들보다도 중요하게 다룬다. 종종 사람들이 스스로의 힘으로 일하는 것을 거부할 때 나는 마음이 아프다. 왜냐하면 안타깝게도 그 결과는 그들의 삶 속에서 분명하게 나타나기 때문이다.

2. 하나님께서 이 사람에게 하나님에 대해 보이시기를 원하는 것이 무엇인가? 그분의 사랑과 은혜인가, 그분의 의지인가, 그분의 진실하심인가? ·· 만약 하나님께서 우리의 모든 상황 속에서 항상 함께하시며 도우시는 구원자로 계시면 모든 상황은 그분에 대한 것들을 나타낸다. 어떤 상황에서든지 문제는 하나님께서 계시지 않거나 능력이 없으시다는 것이 아니라 우리가 그분의 존재하심과 역사하심에 무지하다는 사실이다. 우리는 때때로 엘리사를 포위했던 적군들로 인해 두려워 떨었던 사환의 마음과 같을 때가 있다. 나는 두려워 떨던 사환에게 했던 엘리사의 말을 좋아한다. 그는 이렇게 말했다. "두려워하지 말라 우리와 함께한 자가 저와 함께한 자보다 많으니라."

그리고 이렇게 기도했다. "여호와여 원컨대 저의 눈을 열어서 보게 하옵소서." 사환이 다시 보았을 때 그는 언덕 위가 하나님의 불말과 불병거로 가득 찬 것을 보았다(왕하 6:8-23).

종종 사람들은 내게 이렇게 말한다. "저는 하나님께서 왜 제 삶에 역사하시지 않는지 이해할 수가 없어요. 왜 주님은 제 기도에 응답하시지 않지요? 왜 그분은 저를 도우시지 않는 것일까요?" 이러한 질문들은 주님의 존재하심과 사역에 대한 무지함을 보여준다. 우리는 다른 사람들이 주님을 올바로 보고 성경적인 관점으로 자신들의 상황을 깨닫도록 도와야 한다. 그리고 우리는 이 일을 겸손함으로 해야 한다. 우리 자신의 영적 둔감성과 우리에게도 그러한 일이 필요함을 깨닫는 마음으로 말이다.

3. 하나님께서 그 사람 자신에 대해서 보이기를 원하시는 것은 무엇인가? ·· 삶의 여러 정황들은 주님을 드러낼 뿐만 아니라 우리 자신의 모습도 보여준다. 하나님께서는 우리가 죄의 속임수에 걸려 미혹되지 않고 성경적인 기준으로 자신을 바라볼 수 있도록 이러한 상황들을 사용하신다. 성경적으로 스스로를 정확히 평가할 때 나타나는 판정이 괴롭기는 하지만 우리 모두에게 꼭 필요한 것이다. 그것은 절친한 친구만이 줄 수 있는 고통스러운 '책망'이다(시 27:6). 우리는 사람들이 자신을 명확하게 바라보도록 돕기 위해서 그들 앞에 하나님의 말씀이라는 거울을 놓아두어야 한다. 우리가 그들에 대해서 어떻게 생각하는지는 별로 중요하지 않다. 오직 성경이 그들 자신에 대해서 말씀하는 것만이 진실이며 본질이다. 우리는 자기 기만이라는 벽을 허물어 버리고자 하시는 하나님의 도구로 사용되기를 소원한다. 그리고 이것은 일회적인 사건으로 그치는 것이 아니라 지속적인 변화의 과정임을 깨닫는다. 우리는 점진적으로 성화를 이루도록 다양한 기회를 주시는 주님께 감사드릴 수 있다.

4. 하나님께서 다른 사람들에 대해서 보이기를 원하시는 것은 무엇인가? ·· 다른 사람들에 대한 시각도 죄 때문에 왜곡되어 있다. 우리는 사람들이 성경적인 명료성을 가지고 다른 사람들을 어떻게 생각하는지를 점검하도록 도와주어야 한다.

5. 하나님께서 이 사람에게 행하도록 요구하시는 일은 무엇인가? ·· 우리는 사람들이 기쁨을 가지고 자신들만의 독특한 상황 속에서 하나님의 뜻을 행

하도록 인도해주어야 한다. 이 사람에 대한 하나님의 계획은 무엇일까? 그분께서 이 사람이 생각하고 바라며 행하기를 원하시는 것은 무엇인가?

6. 나는 이 사람이 모든 것들을 이해할 수 있도록 어떻게 도울 수 있는가? ·· 실제적인 부분을 생각하는 것은 방법론적으로 생각한다는 것이다. 그렇지만 지나치게 세심한 교육은 오히려 역효과를 내는 법이다. 성경적인 원리들을 설명하지도 않고 적용해보지도 않고서 무작정 반복하는 것은 역효과다. 대개 말하는 '내가 너라면 이렇게 했을 텐데' 라는 말은 무의미하다. 우리가 가장 먼저 해야 하는 일은 주님의 놀라운 사랑을 삶에서 실제로 나타내는 것이다(골 3:12-14). 우리는 이를 통해서 사람들이 주님을 바라보고 그분 안에서 평안과 안식을 얻으며 그분을 따라가기를 원하다.

이 모든 준비를 한 후에, 우리는 성경의 진리와 특정한 상황 사이를 연결하는 이해의 다리를 세워야 한다. 어떻게 해야 그 다리를 잘 세울 수 있을까? 어떤 질문을 해야 할까? 어떤 성경 말씀이 도움이 될까? 어떻게 이야기를 풀어 나갈까? 이해를 돕기 위해 어떤 것을 예로 들까? 이 상황에서 현명하게 이야기를 이끌어갈 수 있도록 도움을 얻기 위해 이 사람에 대해 더 알아야 할 것은 무엇일까? 예수님께서는 이 일에 대해 놀라운 능력을 보이셨다.

우리는 진리의 말을 하기로 결심해야 한다. 이것은 정직하게 된다는 것 이상의 의미가 있다. 이것은 바로 우리가 다른 사람들을 대하는 태도에 있어서 분명하게 성경적인 입장이 되는 것이다.

사랑의 말을 하라

바울은 진리의 말을 하는 것, 곧 성경적인 관점을 갖는 것은 사랑 가운데서 말하는 것이라고 구체적으로 설명한다. 이보다 더 중요한 설명은 없다. 사랑 가운데서 말하지 않는 진리는 더 이상 진리가 아니다. 왜냐하면 그렇지 않을 때 진리는 인간의 성급함과 괴로움과 분노로 왜곡되기 때문이다.

사랑 안에서 진리를 말하기로 헌신하는 것은 죄된 본성의 정과 욕심에 흔들리지 않고 진리를 지키겠다는 결심을 뜻한다. 또한 다른 사람의 삶 속에서 행하기를 원하시는 성령의 사역에 동참하겠다고 결심하는 것을 의미한다. 그러므로 자신의 소원보다도 그분의 사역에 더 충실해진다. 이렇게 기꺼이 스스로 죽고자 할 때 비로소 자신의 말을 통해서도 하나님을 위해 살 수 있다.

사랑의 말을 어떻게 선택할 것인지에 대한 문제는 고린도전서 13장에서 바울이 말한 사랑의 정의가 가장 실제적인 방향을 제시한다.

> "사랑은 오래 참고 사랑은 온유하며 투기하는 자가 되지 아니하며 사랑은 자랑하지 아니하며 교만하지 아니하며 무례히 행치 아니하며 자기의 유익을 구치 아니하며 성내지 아니하며 악한 것을 생각지 아니하며 불의를 기뻐하지 아니하며 진리와 함께 기뻐하고 모든 것을 참으며 모든 것을 믿으며 모든 것을 바라며 모든 것을 견디느니라"(고전 13:4-7).

이러한 말씀에 따라 살라는 부르심은 신약 곳곳에서 발견된다. 예수님께서 십자가에 달려 죽으시기 전에 제자들에게 하신 마지막 말씀은, 주님께서 사랑하신 것같이 서로 사랑하라는 '새 계명'이었다(요 13:34-35). 이 사랑의 모습이 그들을 예수님의 제자로 구별되게 만들었다. 이러한 구별은 선으로 악을 이기라는 로마서 12장 9-21절의 말씀에서도 나타난다. 또한 바울이 우리를 "모든 겸손과 온유로 하고 오래 참음으로 사랑 가운데서 서로 용납하라"고 한 에베소서 4장 2절에서도 이 말씀을 발견할 수 있다. 그리고 이 계명에 대한 방법은 빌립보서 2장 1-4절에서 나온다. 우리는 "아무 일에든지 다툼이나 허영으로 하지 말고 오직 겸손한 마음으로 각각 자기보다 남을 낫게 여기라"는 부르심을 듣는다. 골로새서 3장에서 바울은 "너희는 하나님의 택하신 거룩하고 사랑하신 자처럼 긍휼과 자비와 겸손과 온유와 오래 참음을 옷 입고 누가 뉘게 혐의가 있거든 서로 용납하여 피차 용서하되 주께서 너희를 용서하신 것과 같이 너희도 그리하고…"(골 3:12-13)라고 말한다.

당신의 집에서 이루어지는 대화에 귀를 기울여보라. 얼마나 성급하며 강퍅한 말이 많은가? 얼마나 자주 이기심과 개인적인 욕심에 따라서 말하는가? 얼마나 쉽게 분노하는가? 얼마나 자주 과거의 잘못을 들먹이는가? 얼마나 쉽게 소망을 잃어버리는가? 얼마나 쉽게 스스로를 무너뜨리는가? 지금까지는 참아왔지만 앞으로는 그러지 않을 거라고 얼마나 자주 협박했던가? 이제 이 모든 일들을 중단하고 이 말씀을 생각해보라. 그러면 당신은 지금까지 본 사랑의 기준에 따라서 말하는 것이 얼마나 우리에게 필요한지 그리고 우리가 말로 고백하는 진리들이 우리의 죄로 인해 얼마나 자주 왜곡되는지를 알 수 있다.

이제 우리 모두가 사랑으로 말하는 것이 어떤 것인지 알지 못했음을 고백해야 한다. 우리의 말은 강퍅하며 주님의 일에 협력하는 것이 아니었다. 죄악된 본성의 정과 욕심에 따라 지배되었으며 그리스도의 인격을 나타내지 못했다. 우리는 그분의 대사로서 사랑의 말을 할 수 있게 해달라고 은혜를 간구해야 한다.

내가 아들과의 대화를 준비할 때, 내 말이 성경에서 말하는 사랑의 기준에 일치하게 해달라고 기도했다. 나의 분노와 조급함과 자존심을 고백했다. 그러자 내 마음은 놀랍게 변했다. 나는 소망을 가지고 아들의 방에 들어갔고, 커다란 부담감이 사라졌으며, 마음은 한결 평안했다. 여전히 그 아이의 나쁜 일을 미워했고 그 일에 대해 분명히 그냥 넘어가지 않겠다는 생각을 했지만 나는 조용하게 말할 수 있었고 분노를 다스릴 수 있었다. 그래서 지난 밤의 아들의 거짓말이 나의 분노보다 더욱 분명하게 나타났다. 나는 이로 인해 더욱 하나님께 감사드렸다. 그리고 아들도 마찬가지였다.

신중한 말을 하라

가장 중요하면서도 간과되는 성경적인 인격의 자질은 '절제'다. 말로 인한 너무나 많은 문제들은 절제하지 못하는 것과 연관된다. 결코 해서는 안 되는 말을 했다고 하자. 분명 그 말들은 잘못된 시간에 잘못된 장소에서 전혀 통제되지 않는 감정으로 한 것이다. 침묵이 더 경건하고 사랑으로 행하는 상황이었지만 입 밖으로 말을 하게 되었다. 말이란 다른 사람들에 대한 필요성과 하나님에 대한 목적보다는 자신의 정과 욕심에 따라 행해지기 쉽다. 그 결과는 무엇일까? 성령으로 말미암는 절제와 인내심에 결핍이 생긴다. 바울은 이렇게 말한다. "만일 너희 속에 하나님의 영이 거하시면 너희가 육신에 있지 아니하고 영에 있나니 누구든지 그리스도의 영이 없으면 그리스도의 사람이 아니라"(롬 8:9).

절제는 성령의 열매다. 우리는 죄된 본성의 욕심에 따라 이끌려 살아서는 안 된다. 그리고 절제의 삶은 분명 우리의 말에도 적용된다.

우리 안에 거하시는 성령의 사역 속에서 믿음의 행동으로 진리와 사랑의 말을 하기로 결심하고 신중하게 말하는 것도 작정해야 한다. 그러한 말들은 성령께서 우리에게 주시는 절제의 은혜로부터 나오는 것이다. 바울은 신중하게 말하는 것에 대해서 에베소서 4장에서 매우 중요한 것을 제시했다.

> "그런즉 거짓을 버리고 각각 그 이웃으로 더불어 참된 것을 말하라 이는 우리가 서로 지체가 됨이니라 분을 내어도 죄를 짓지 말며 해가 지도록 분을 품지 말고 마귀로 틈을 타지 못하게 하라"(25-27절).

여기서 바울은 이렇게 말한다. "너희가 말할 때 하나님의 자녀들로서 너희에게 주어진 절제를 나타내라. 죄악된 본성의 정과 욕심에 이끌리지 말라. 너희는 그리스도 안에서 새롭게 된 자들이다. 이제 그 새로움을 나타낼 기회가 주어졌다. 죄의 유혹 중에서 더욱 신중하게 말을 하라"

바울은 신중한 말은 다음과 같은 것이라고 가르쳐준다.

1. **신중한 말은 정직하게 말하는 것이다** ·· 바울은 분명하게 말했다. "거짓을 버리고 참된 것을 말하라." 이것은 사랑을 나타내는 유일한 방법이다. 우리가 정직하지 않거나 진실을 왜곡하거나 조작한다면, 하나님과 다른 사람들보다도 자기 자신을 더 사랑하는 것이다. 진리를 왜곡하는 것은 말해야 할 것을 말하지 않는 것이다. 부정직은 이기적인 생각이다. 우리는 다른 사람들의 존경이나 관심을 받기 원한다. 그래서 자신의 실수를 감추기 위해 진리를 왜곡하는 것이다. 우리는 사람들의 신뢰와 믿음을 얻기 원한다. 그래서 자신의 실패에 대해서 정직하게 말하지 않는다. 죄를 직면하는 일이 그리 유쾌한 일이 아님을 안다. 그래서 갈등이 일어날 수 있는 이야기는 가급적 하지 않으려고 한다. 우리가 다른 사람으로부터 얻고자 하는 것이 있을 때 자신의 이익에 장애가 되는 것들은 숨기기 마련이다. 우리는 다른 사람에게 잘못을 고백하는 부끄러움을 경험하고 싶어하지 않는다. 그래서 과거의 일들을 자신에게 유리한 쪽으로만 해석한다. 우리가 다른 사람들을 마음 아프게 했던 사실이 알려지기를 원하지 않는다. 그래서 그럴듯한 변명들을 꾸며낸다. 다른 사람을 사랑하는 것보다 자신을 더 사랑할 때 진실은 희생된다.

우리는 자기 보호와 유익과 편리와 변명과 용납과 승인과 사랑을 얻고자 하는 자신의 욕구가 얼마나 강력한 것인지를 알아야 한다. 우리는 얼마나 많은 관심의 대상이 되기 원하고, 갈등 없이 살기 원하며, 자신의 욕구와 꿈이 모두 실현되기를 바라는 자들인가!

하지만 진실을 말한다는 것은 자기 사랑에 대한 강력한 유혹을 거부하며 스스로를 절제한다는 것을 의미한다. 또한 개인적인 유익을 위해서 개인적인 진실을 훼손하지 않겠다는 의지를 뜻하기도 한다. 위조 지폐로는 원하는 것을 살 수 없다. 이제 그 대신 죄된 본성의 욕구에 대해서 절제라는 은사를 사용해야 한다. 하나님의 강권적인 역사하심에 스스로를 맡겨야 한다. 정직한 말을 해야 한다. 그 결과가 무엇이든지 정직해야 한다. 신중하게 말한다는 것은 정직함으로 자신을 통제한다.

관계에서의 정직성은 사랑하라는 명령에 순종하는 것이다. 때때로 '정직'이라는 말은 '사랑'이라는 말과는 거리가 먼 것이 되곤 했다. 오히려 정직하다는 것이 점차 과도해지고 파괴적인 논쟁에 있어서 보복적인 무기로 사용되곤 한다. 정직은 결코 세우는 것이 아니다. 왜냐하면 본질적으로 찢어내는 것이기 때문이다. 그 목적은 결코 돕는 것이 아니라 관계의 싸움에서 승리하고자 하는 것이다. 이런 '정직'은 바울이 우리에게 말하는 것과는 너무나 거리가 멀다.

2. 신중한 말은 분노에 의해 지배되지 않는다 ·· 그리스도께서 우리 속에서 역사하시는 능력에 대한 바울의 믿음이 이 말씀에 잘 드러나 있다. 그는 분노가 치밀어 오르는 순간에도 우리가 자제할 수 있다는 것을 확실하게 믿었다. 때로 도저히 감당하기 어려워보이는 시험을 사탄이 줄 때가 있지만, 바울은 사탄의 사악한 미혹은 폐하여지고 하나님의 역사하심은 완성될 수 있음을 확실히 믿었다. 그는 죄를 짓지 않고서 분을 낸다는 것이 가능함을 알았다. 모든 분노가 죄악된 것은 아니다. 이에 대한 바울의 설명은 이렇다. "주체할 수 없는 감정이 솟구칠 때 만약 자제력을 잃어버렸다는 생각이 든다면, 그 마음에 대해 하나님의 자녀로서 부여받은 절제의 은사를 따르라."

우리는 얼마나 절망적인 생각에 빠지기가 쉬운가! 또한 성령께서 우리 속에 거하심을 얼마나 잘 잊어버리는가! 한 어머니가 있다고 가정해보자. 이 어머니는 청소년 자녀와 한바탕 고래고래 소리를 지르며 싸움을 벌이고 있었다. 그때 마침 전화벨이 울린 것이다. 어머니는 도저히 감정 조절이 되지 않아 심하게 야단을 치고 소리를 지르다가 갑자기 최대한 상냥한 목소리로 바꾸어 전화기에 대고 말한다. "여보세요?" 그 어머니는 비록 지극히 이기적인 이유였지만 언제든지 자신 안에 내재된 절제의 모습을 보였다. 또한 전화를 받기 바로 직전에 자기 자식과 맹렬하게 벌이던 싸움 속에서 나타난 죄된 본성의 정과 욕심을 중지하기까지 하였다. 우리는 여기서 그리스도께서 우리에게 그분의 뜻대로 말하도록 주신 능력을 깨닫는다. 그분께 의지하라. 절제는 하나님 안에서 발견된다. 절제는 대화법을 가르쳐주는 강의에서 얻을 수 있는 기술이 아니다.

바울은 자기 절제에 대한 하나님의 부르심과 관련해서 두 개의 대표적이면서 정반대되는 분노의 발산 방식에 대해 언급한다. 첫번째 방식의 사람들은 화가 날 때 그 화를 폭발시킨다. 분노에 찬 감정을 드러내면서 아무 절제 없이 마구 험한 말을 뱉어낸다. 나에게도 이런 경향이 있다. 나는 아무 말도 하지 않아서 다른 사람의 마음을 아프게 하는 사람이 아니다. 오히려 나는 말이 많은 사람이고 인간 관계에서 씨름하는 대부분의 문제들도 역시 말이 많아서 생기는 것들이다.

하지만 나는 잠시 상황을 피하는 것과 기다리는 것 그리고 준비하는 것의 중요성에 대해서 배우고 있는 중이다. 나는 아내와의 관계를 통해서 몹시 흥분했을 때조차도 내적으로는 절제할 수 있다는 것을 배웠다.

어느 날 오후 우리 부부는 부엌에서 이런저런 이야기를 나누다가 내가 먼저 화를 내며 싸우기 시작했다. 그러자 루엘라는 우리가 좀더 감정을 절제하기 위해서 잠시 휴전을 하자고 제의했다. 그리고는 거실로 가겠다고 했다. 나는 계속 논쟁하면서 그녀를 따라서 거실로 갔다. 그 다음에는 2층 침실로 가겠다고 했다. 이 정도는 이미 예상을 한 상태였다. 역시 따라서 침실로 갔다. 여전히 더 핏대를 올려 이야기를 하면서 말이다. 그런데 이번에는 아내가 욕실에 가겠다는 것이다. 나는 다시 한 번 그녀를 따라갔다. 그러자 이번에는 나를 바라다보며 싱긋 웃으며 이렇게 말하는 것이었다. "당신 아직도 내가 왜 이러는지 모르겠어요? 나는 우리가 더 이상 심한 말을 하지 않기 위해서 당신으로부터 좀 떨어져 있으려는 거예요. 제발 그만 좀 따라와요. 생산적인 대화를 하려면 우리는 둘 다 생각하고, 기도하며, 자신에 대해 절제할 수 있는 시간이 필요해요." 그때서야 비로소 나는 더 이상 그녀를 따라가지 말아야겠다고 생각했다. 그녀가 옳았다. 그리고 하나님의 자녀들에게 자기 절제는 중요한 덕목이라는 것을 깨닫게 해주었다. 우리는 우리 속에 거하시는 성령의 능력을 잃어버리거나 주님 안에서 받은 자기 통제력을 행하지 않을 때 커다란 상처를 입는다는 것을 기억해야 한다.

우리는 상처를 주는 말이 얼마나 여운이 오래 남는지를 잘 알고 있다. 그리고 우리가 조급하고 이기적이며 자존심을 지키려는 마음과 늘 싸워야하는 자임을 고백해야 한다는 것도 배웠다. 분노의 순간에 심한 말을 해버리고 싶은 충동은 그리스도께서 다시 오시기 전까지 남아 있을 것이다. 반복해서 말하지만 그럴 때마다 스스로에게 꼭 이렇게 말해야 한다. "안돼! 그러면 안돼! 기다려. 기도하고, 생각한 다음에 말해." 자기 절제의 훈련은 우리가 그리스도께 받은 사명이다.

이와 정반대되는 두번째 분노의 경향은 입을 다물어버리는 것이다. 어떤 사람들은 싸우는 것보다 그냥 멀어지는 것이 더 자연스럽고 편하다고 생각한다. 당신도 이렇게 화를 낼 때가 있을 것이다. 그러면서 자신의 머릿속에서는 가장 고통스러웠던 장면이 반복해서 떠오를 것이다. 그리고 더 흥분하며 분노가 치밀어 오르는 것을 느낄 것이다. 그 다음에는 매우 능숙하게 자신의 침묵을 통해 다른 사람들에게 앙갚음을 한다. 그렇다면 당신도 역시 죄악된 본성의 정과 욕심에 이끌려 행동하는 것이다. 당신 역시 그리스도 안에서 우리가 받은 자기 절제를 이루지 못하는 것이다. 당신도 분노를 자제하기 위해서 잠시 머리를 식히는 것이 필요하다. 상황을 잠시 멈추고 이성적으로 바라보아야 한다. 그리고 그에게 사랑이 담긴 진리의 말을 해주어야 한다. "안돼! 잠깐! 기다려. 기도하고, 생각한 다음에 말해." 당신이 죄의 유혹에 빠져 스스로를 완전히 통제하지 못하게 되기 전에 그렇게 해야 한다.

바울은 당신에게 이렇게 말한다. "해가 지기 전까지 분을 품지 말라." 우리 부부는 결혼하고 나서 앞으로의 결혼 생활에 대한 서약으로 화해하지 않는 한 잠을 자지 않는다는 약속을 한 적이 있다고 앞에서 말했다. 이 약속은 우리 결혼 생활 초기에 몇 가지 우스운 장면을 만들어주곤 했다. 어느 날 우리는 둘 다 매우 화가 나 있었고 서로 용서를 구하기에는 자존심이 너무 강했다. 그렇지만 우리가 한 약속을 분명히 기억했다. 침대에 같이 눕기는 했지만 상대편이 먼저 자존심을 포기하고 자신이 잘못한 것을 인정하고 용서해달라고 말할 때까지 서로 기다리곤 했다. 그래서 때로는 상대편이 "아직 안 자? 내가 잘못했어"라고 말할 때까지 온밤을 뜬눈으로 지새우기도 했다.

우리가 이 약속을 어떻게 해서든지 지키려고 했을 때 해가 지기 전까지 분을 품지 말라는 말씀의 중요성을 깨달았다. 이후 우리 부부의 관계에 있어서 갈등은 바로 그날 해결하는 매우 단시간적인 것이 되었다. 대개 몇 분 후에는 둘 중 누군가 잘못을 인정하고 용서를 구한다. 우리는 그 문제를 별 것 아닌 상황에서 해결했기 때문에 그 해답도 역시 쉽게 나왔다. 하지만 부정적인 감정이 점차 커지고 또 커지도록 내버려두면, 결국 사탄에게 일하도록 기회를 주는 것이다.

여기서 사탄의 하는 일이 무엇인지 아는가? 그것은 속이는 것이고, 분열시키며, 파괴시키는 것이다. 사탄은 우리의 분노가 더욱 파괴적이고 치명적이기를 노리면서 숨어 기다린다. 그는 우리의 단순한 불쾌감을 원한으로 만들고, 감당할 수 없는 고통으로 만들며, 죄 사함에 대한 완고한 거부를 조장하며, 복수에 대한 잔인한 생각이 들게 한다. 그는 원한의 씨앗들을 자라게 해서 깨어진 인간 관계, 극도의 거부감, 냉소주의 그리고 끝없는 의심이라는 열매를 맺게 한다. 그래서 바울은 말했다. "너희가 말하기 전에 사탄의 악한 계획이 있음을 깨달으라. 가능한 문제를 빨리 해결하라. 그에게 어떤 죄 지을 기회도 주지 말라. 그의 악한 계획을 무너뜨리기 위해 할 수 있는 한 모든 일을 행하라."

우리가 분노를 나타내는 방법이 사탄에게 역사할 틈을 주는 것임을 잊지 말라. 우리는 자신의 분노를 주로 어떻게 나타내는가? 분노를 밖으로 터트리는가, 아니면 속에서 태우는가? 분노를 다스리기 위한 변화의 모습은 어떤 것인가? 어떤 일들이 우리를 분노하게 만드는가? 그것들이 어떻게 우리 마음속의 은밀한 생각들을 드러내는가? 피조물이 그 모든 것을 만드신 창조물보다 더 중요할 수 있는가?(롬 1:25)

우리에게 성령을 주셔서 힘을 얻게 하신 하나님을 찬양하라(엡 3:14-20). 그분으로 인해 우리는 이전에 우리를 지배했던 것들을 다시 다스릴 수 있다.

은혜를 끼치는 말을 하라

은혜를 끼치는 말은 성도들 간의 대화에서 가장 숭고한 목표다. 즉 우리의 말이 주 예수 그리스도의 은혜의 통로가 되어야 한다. 그럴 때 정말로 우리는 다른 사람의 삶 속에서 역사하시는 하나님의 일에 동참하려는 것에만 초점을 맞추게 된다. 또한 주님의 목적만이 우리를 지배하도록 자신의 꿈과 목표와 욕심을 버릴 수 있다. 그리고 하나님의 대사로서의 관점으로 인간 관계를 바라본다. 이것이 의미하는 바는 인간 관계가 우리에게 속해 있는 것이 아니라는 것이다. 사람들은 우리의 행복과 만족을 위해 존재하는 자들이 아니다. 정반대로 하나님께서는 그들에 대한 자신의 강력한 사랑을 전하시기 위해 우리들을 그 사랑의 전달자로 임명하셨다(고린도후서 5장 11-21절, 이 구절의 자세한 뜻을 다시 살펴보기를 원한다면 7장을 읽어보라).

은혜를 끼치는 말을 하도록 우리를 부르시는 하나님의 말씀을 살펴보자.

> "무릇 더러운 말은 너희 입 밖에도 내지 말고 오직 덕을 세우는 데 소용되는 대로 선한 말을 하여 듣는 자들에게 은혜를 끼치게 하라 하나님의 성령을 근심하게 하지 말라 그 안에서 너희가 구속의 날까지 인치심을 받았느니라"(엡 4:29-30).

바울은 은혜가 충만한 말을 위한 다섯 가지 요소를 강조한다.

1. 깨끗하고 순전한 말을 할 것을 확고하게 다짐하라('무릇 더러운 말은 너희 입 밖에도 내지 말고') ·· 바울이 '더러운 말은 너희 입 밖에도 내지 말라'고 했을 때, 단지 저주하거나 맹세하거나 상스러운 말이나 욕설 등을 하지 말라는 것이 아니다. 사실, 이런 식으로 본문의 뜻을 광범위하게 생각하는 것은 오히려 그 의미를 축소하는 것이다. 바울에게 있어서 더러운 말이란 자기 자신의 소원, 욕심, 꿈 그리고 필요 이외에 다른 어떤 목적도 없이 오로지 자기중심적인 말이었다. 더러운 말은 현재적이고 개인적이며 세속적인 욕심에 의해 지배되는 마음으로부터 나온다. 그런 말들은 자신을 기쁘게 하고 자신의 목표를 이루어주기 때문에 한다. 그리스도의 왕되심이나 그분의 대사로서 부르심을 받은 것에 대한 인식 없이 오직 자기가 원하는 것만을 이루고자 하는 시도다.

나는 이혼의 아픔을 겪은 부부를 많이 상담했다. 그들은 단순히 이 원리를 따르기만 하면 문제를 해결할 수 있었지만 안타깝게도 그렇게 하려고 하지를 않았다. 만약 자기중심적이고 욕구 충족만을 원하는 언어 습관이 하나님의 대사로서의 대화("이 상황에서 주님께서 원하시는 것은 무엇일까", "내가 어떻게 해야 하나님께 영광을 돌리는 방법으로 말할 수 있을까?")로 좀더 일찍 변했다면, 그들의 결혼 생활은 헤어지는 비극적인 상황까지 가지 않았을 것이다.

우리 각 사람은 마음속에서 매우 강력한 욕구의 싸움을 겪는다. 우리는 얼마나 쉽게 오직 자신의 즐거움만을 위해 말하게 되는가! 우리는 마치 주님과 그분의 사역과 그 은혜의 도구가 되라는 부르심을 전혀 모르는 것처럼 함부로 말해버리는 자신의 모습을 깨달아야 한다.

그렇다면 온전한 말은 무엇인가? 그것은 주님의 존재, 사랑, 긍휼, 은혜 그리고 부르심에 기초하는 다른 사람을 중심으로 한 언어 생활이다. 그런 말은 주님의 계획을 나타낸다. 그분의 기준에 합당한 말을 한다. 그리고 이타적인 말을 한다. 그러한 언어 생활은 다른 사람들 속에서 역사하시는 하나님에 의해 사용되는 말의 의미를 발견하고 기쁨을 준다.

온전한 말은 다른 사람들의 필요를 채워주기 때문에 타인 중심적이다. 그런 말은 듣는 사람의 유익을 위해 주의 깊게 말한다. 온전한 말은 무엇보다도 하나님을 더 사랑하며 이웃을 자신의 몸과 같이 사랑하는 마음에서부터 나온다. 만약 우리 마음이 자신의 욕심과 목표, 소원이나 필요로 가득 차 있다면 결코 이타적인 말을 할 수 없다.

오직 우리가 스스로를 주님의 다스리심 속에 맡길 때 비로소 자유롭게 말할 수 있다. 자신의 이기심과 의심 그리고 두려움 속에서는 말로 지배력을 확인하려 하고, 마음이 원하는 것들을 얻을 수 있는지를 확인하려 한다. ("나는 그가 나를 존경해주었으면 좋겠어", "나는 이러한 직업을 갖고 말테야!", "그녀는 나를 얼마나 힘들게 했는지를 알아야만 해!", "나는 어떻게 해서든지 그가 내 말을 듣도록 가르칠 거야", "내가 이번 말싸움에서 이기지 못한다면 삶은 더욱 괴로울 거야", "내 말을 잘 듣는 순종적인 아내로 만들고 말 거야", "한 번만 더 이렇게 하면 어떻게 된다는 것을 보여주겠어.")

온전한 말은 하나님께서 주신 부르심과 이웃이 원하는 필요 모두를 만족시킨다.

2. 당신이 말하는 사람이 어떠한 사람인지를 생각하라('오직 덕을 세우는 데') ·· 우리는 듣는 사람들에게 어떻게 덕을 세울 것인지를 생각하면서 말해야 한다. 우리가 말하는 사람들이 누구인가? 그들은 남자인가, 여자인가, 소년인가 소녀인가? 자신보다 더 어린 사람인가, 더 나이 많은 사람인가? 오랜 친구인가, 얼굴만 아는 사람인가 아니면 처음 보는 낯선 사람인가? 가족인가, 먼 친척인가, 아니면 가까이 사는 이웃인가? 그 사람은 믿는 성도인가, 초신자인가, 아니면 불신자인가? 그 사람의 성경에 대한 지식과 경험은 어떠한가? 내 생각에 이 사람은 얼마나 협조적인가? 이러한 질문에 대한 대답이 무슨 말을 해야 할지를 알게 해준다.

3. 당신이 말하도록 부르심을 받았다는 것을 생각하라('소용되는 대로 선한 말을 하여') ·· 이런 생각은 스스로에게 다음의 질문들을 하는 것이다. 이 순간 유익은 무엇인가? 우리에게 필요한 하나님의 은혜는 무엇인가? 나는 어떻게 은혜를 전하는 도구로서 말할 수 있는가?

사랑 가운데 직면하게 해야 하는 어떤 특정한 죄가 있는가? 분열과 나뉨이 있기 때문에 화목하게 하는 사역이 필요한가? 희망이 사라졌는가? 하나님에 대한 끊임없는 의심이 있는가? 많은 상담자로부터 받은 조언들이 서로 모순 되는 혼란을 겪는가? 두려움, 불안 그리고 공포가 있는가? 분노, 악의, 고통, 원한 같은 것이 있는가? 성경적 지식과 지혜와 통찰이 부족한가? 하나님께 대한 직접적인 반항의 습관이 있는가? 깨어져야 하는 이기심, 자존심

혹은 자기 의가 있는가? 책임감을 회피하려는 마음이 있는가? 감사하고, 찬양하며, 경배를 드려야 하는 필요성을 알지 못하는가?

올바른 목표는 언어 생활에 있어서의 본질적인 변화를 가져다준다. 예를 들면 아이들과 이야기를 할 때마다 하나님의 사역에 동참하겠다는 목표가 아니라 벌 주려고만 하는 목표를 갖는 부모가 있다고 하자. 그런 부모들은 잘못을 지적하고(대개 부모 자신의 기준이나 기호에 따른 잘못들), 책망하는 것 이외에는 할 수 있는 일이 없다. 그들은 본질적인 질문을 잊어버린 것이다. 그것은 '하나님께서 나를 통해 이 아이들의 마음속에서 행하기를 원하시는 일은 무엇일까?'라는 것이다. 이러한 원리에 의존할 때만이 인간 관계에서 놀라운 변화가 일어날 수 있다.

4. 과정을 염두에 두라('듣는 자들에게 은혜를 끼치게 하라') ·· 바울은 이것을 골로새서 4장 6절에서 다음과 같이 설명했다. "너희 말을 항상 은혜 가운데서 소금으로 고루게 함같이 하라 그리하면 각 사람에게 마땅히 대답할 것을 알리라."

우리의 언어 생활에 대한 하나님의 목표는 은혜다. 즉 우리 말이 듣는 사람에게 영적인 유익을 주어야 한다. 이것은 단지 '하지 말라'는 소극적인 뜻이 아니고, 강력하게 '하라'는 적극적인 뜻이다. 하나님께서는 우리가 잘못 말하면 어쩌나 두려워하면서 의기소침한 것을 원하시지 않는다. 우리는 모든 인간 관계와 모든 상황 속에서 왕의 대사로서 당당하게 생각하고 말할 수 있도록 믿음의 용기를 내라고 부르심을 받은 자들이다. 우리는 보이지 않는 영적인 실체를 볼 수 있어야 하고, 우리의 말을 듣는 사람에게 영적인 유익을 끼칠 수 있도록 말해야 한다.

우리가 은혜를 끼치고자 하는 하나님의 목표인 영적인 유익에 초점을 맞출 때, 그 목표에 도달하는 가장 좋은 방법이 무엇인지를 스스로에게 물어야 한다. 나와 이야기를 나누는 사람이 하나님께서 계획하신 유익을 얻을 수 있도록 말을 하는 가장 좋은 방법, 가장 좋은 장소 그리고 가장 좋은 시간은 언제인가?

다시 한 번 부모 자식 간의 관계를 예로 들어보겠다. 종종 부모들은 자녀들에게 잘못된 일을 깨닫게 하고자 훈육한다. 문제는 이것이 잘못된 과정을 거친다는 것이다. 부모가 훈계를 할 때 자녀들은 두 가지 반응을 보인다. 첫째로, 조심스럽게 자신을 변호하고 자신의 생각을 내어놓는다. 둘째로, 초조하게 '그 시간'이 끝나기 만을 잠자코 기다린다. 어쩌면 당신은 자녀들이 한참 훈계를 듣고 있다가 끝날 무렵에 이렇게 말하는 것을 들어본 적이 있을 것이다. "이제 다 하셨어요?" 이런 말은 결코 잘못을 뉘우치는 태도가 아니다. 만약 가장 효과적인 대화의 과정을 잘 준비한 부모라면 이렇게 할 것이다. 나는 자녀에게 가장 필요한 것은 죄를 깨닫고 회개할 수 있는 은혜라는 것을 염두에 두면서 자녀의 방에 들어간다. 그리고 그를 죄의 고백으로 이끌 수 있도록 말을 한다. 이것은 내 생각을 그에게 전달하는 것보다 그 아이가 자신의 상황과 생각과 동기와 행동들을 돌아보도록 하는 개방형 질문들을 많이 한다는 뜻이다. 그렇지만 나는 그 아이가 내 생각에 동의하리라고 생각하지 않는다. 단지 그 아이가 하나님의 말씀의 거울 앞에서 정확하게 자신을 볼 수 있기를 원할 뿐이다. 그리고 나에게 잘못을 고백하지 말고 하나님께 잘못을 고백하기를 원한다.

각 상황마다 나는 스스로에게 이렇게 질문한다. 하나님의 은혜라는 목표를 이루기 위해 내가 해야 하는 가장 좋은 말은 어떤 것인가? 여기에 대한 대답은 관련된 상황과 사람에 따라서 달라진다.

5. **자신의 말이 성령의 사역을 방해하지 않게 하라**('하나님의 성령을 근심하게 하지 말라 그 안에서 너희가 구속의 날까지 인치심을 받았느니라') ·· 성령

의 가장 우선적인 사역은 무엇인가? 그것은 우리를 거룩하게 하시는 것이다. 이러한 점진적이고도 일생 동안 진행되는 성화는 모든 상황과 모든 관계 속에서 진행된다. 그분은 우리의 유익을 위해 '모든 삶' 가운데 역사하신다. 그래서 우리는 아들의 형상을 닮아간다(롬 8:28-30). 가장 끔찍한 것은 우리의 이기적이고 더러운 말이 그 앞을 가로막는다는 것이다.

이것이 사도 바울이 하나님께서 구속의 날을 위해 우리들에게 인을 치셨다는 것을 깨우쳐주는 이유다. 인을 친다는 것은 소유권에 대한 표시다. 처음 거듭났을 때부터 우리는 더 이상 우리 자신에게 속한 자가 아니다. 우리의 말도 마찬가지다. 바울은 이 원리를 고린도전서 6장 19절에서 반복해서 말한다. "너희 몸은 너희가 하나님께로부터 받은 바 너희 가운데 계신 성령의 전인 줄을 알지 못하느냐 너희는 너희의 것이 아니라." 그리고 여기에 한 가지를 더하면 그것은 바로 우리의 말이다.

하나님께서는 이렇게 말씀하신다. "너희는 내 것이며 다른 사람의 삶 속에서 거룩함을 이루려는 나의 사역의 일부분이 되도록 너희를 선택했다. 그러므로 나의 사역에 방해가 되지 마라!" 우리는 주님의 사역에 방해가 되지 않도록 우리의 말에서 비통함, 원한, 분노, 말다툼, 잔인함 그리고 악의를 완전히 제거해야 한다. 이러한 것들이 바로 내 마음이 이기적인 정과 욕심에 의해 지배받고 있으며, 내 삶에 대한 소유권을 하나님으로부터 빼앗았다는 증거이다. 우리가 이런 것들에서 벗어나 하나님께서 원하시는 방법으로 살기 원한다면 반드시 우리가 하나님에 의해서 이미 구속되었고 인쳐진 자들임을 기억해야만 한다.

용서의 말을 하라

예수님께서 말씀하신 것 가운데 주님이 우리를 용서하신 것같이 다른 사람을 용서하라는 것보다 더 어려운 것은 없다. 바울의 말을 들어보자.

> "서로 인자하게 하며 불쌍히 여기며 서로 용서하기를 하나님이 그리스도 안에서 너희를 용서하심과 같이 하라 그러므로 사랑을 입은 자녀같이 너희는 하나님을 본받는 자가 되고 그리스도께서 너희를 사랑하신 것같이 너희도 사랑 가운데서 행하라 그는 우리를 위하여 자신을 버리사 향기로운 제물과 생축으로 하나님께 드리셨느니라"(엡 4:32-5:2).

용서의 말은 다음의 요소들을 포함한다.

1. 법적인 용서의 의미로 다른 사람들의 죄를 대하라 ·· 법적으로 죄를 용서한다는 것은 마음을 준비하는 단계다. 나는 내게 죄를 지은 자를 용서하고, 죄를 깨닫게 하시며, 공의를 알게 하시는 하나님의 사역에 그를 맡기겠다고 주님께 언약했다. 베드로는 그리스도에 대해서 이렇게 말했다. "욕을 받으시되 대신 욕하지 아니하시고 고난을 받으시되 위협하지 아니하시고 오직 공의로 심판하시는 자에게 부탁하시며"(벧전 2:23). 그리스도는 복수하지 않으셨다. 왜냐하면 그분께서는 아버지 하나님을 순전하게 의지하셨기 때문이다. 이는 우리에게 자신에 대해 죄를 지은 사람들을 용서한다는 것은 항상 하나님께 대한 믿음의 표현임을 가르쳐준다. 주님을 믿는 믿음이 복수하고 싶은 생각에서 화해하는 생각으로 우리 마음을 변화시키고, 판단하는 마음에서 사랑하는 마음으로 변하게 만든다. 이 모든 것이 우리로 하여금 용서의 다음 단계로 나아가도록 준비시킨다.

2. 관계적인 용서의 의미를 가지고 다른 사람들의 죄를 대하라 ·· 관계적인 용서는 내가 정말로 원하기 전까지는 제공할 수 없다는 점에서 법적인 용서

와 다르다. 왜냐하면 관계적인 용서의 측면에서는 마음의 문제를 다루지 않았기 때문에 우리는 상대방이 화해를 원할 때 관계적인 용서의 준비가 전혀 되어 있지 않다. 우리는 여전히 화가 나 있고 복수의 생각을 떨쳐버리지 못한다. 그래서 우리가 힘들어하는 것은 처벌하고 싶은 사람을 용서해주는 것이다.

이러한 두 가지 측면의 용서는 그리스도인의 삶에서 아주 중요하다. 우리 주변에는 이 세상을 떠나지 않는 한 언제나 우리에게 죄를 짓는 사람들로 가득할 것이다. 어떤 식으로든지 주변의 사람들로부터 해를 받지 않는 날이란 거의 없을 것이다. 다른 사람들이 무심코 저질렀던 사소한 피해에서부터 끔찍한 상처를 남기는 심각한 피해에 이르기까지 죄인인 인생들은 서로에게 죄를 짓고 산다. 그러나 이보다 더한 것이 있는데, 죄인들은 자신에게 죄를 지은 자에 대해서 더 큰 죄악으로 앙갚음하는 것이다. 이것이 바로 용서가 필요한 이유다. 이것은 단순히 상대방을 위한 것이 아니라, 우리 자신의 유익을 위한 것이다. 그렇지 않으면 우리의 마음은 분노와 고통과 원한에 의해서 지배되며 사탄에게 자신의 악한 일을 행할 기회를 준다.

성경은 만약 우리가 다른 사람을 용서하지 않는다면 그리스도 안에서 받은 놀라운 용서의 은혜를 즐거워할 수가 없을 것이라고 분명하게 말한다(마 18:21-35). 성경은 다른 사람의 죄를 용서해주겠다는 결심은 한 번만으로 그만두는 것이 아니라 계속해서 실천하겠다는 것임을 분명하게 말한다. 비록 그것이 한 사람에게 몇 번씩 반복해서 하는 것이라도 말이다(눅 17:1-6). 결국, 하나님의 말씀은 용서란 단순히 잠깐 눈감아주는 것이 아니라 계속해서 서로에게 죄를 용서해준다는 말을 분명하게 해야 한다는 것을 강조한다. 용서에 대한 최고의 모범은 주님이시다. 그분은 자신의 용서를 우리가 완전히 이해했다고 생각하지 않으셨다. 그래서 말씀 속에서 이 용서의 사실을 끊임없이 반복해서 말씀하셨다. 관계적인 용서는 항상 자신에게 죄를 지은 자에게 죄를 용서해준다고 분명하게 말한다.

자신에게 죄를 지은 사람에게 성령의 도움으로 "괜찮아" 혹은 "걱정하지 마" 정도로 말하는 것은 별로 도움이 되지 않는다. 분명한 용서가 있어야 한다. 이미 주님께서는 죄인으로 하여금 자신이 저지른 일이 결코 옳은 일이 아니었음을 깨닫게 하셨다. 또한 이제 용서라는 선물을 주어 죄인의 마음이 평안에 이르기를 원하신다. 이런 의미에서 우리들은 다음과 같이 말해야 한다. "나는 당신을 용서한다. 나는 이미 다시는 이 문제를 기억조차 하지 않겠다고 결심했다. 나 자신에게나 너에게나 아니면 다른 어떤 사람에게도!" 이 말은 두 가지를 이룰 수 있다. 대적 사탄의 사역을 막는다. 그리고 성령께서 이미 시작하신 성화와 회복이라는 두 가지 사역을 더욱 촉진시킨다.

우리에게 잘못을 저지른 누군가에게 용서의 말을 분명히 해주지 못하는 것은 성령의 사역을 방해하고 사탄에게 기회를 주는 가장 일반적인 방법이다. 용서의 말은 단지 인간 관계를 회복시키는 것 이상의 효과가 있다. 그 말은 하나님의 사역을 도와서 우리가 그리스도를 닮아가게 한다.

3. 축복의 말로 다른 사람들의 죄를 대하라 ·· 용서는 인생을 살아가면서 그 사람의 존재를 다시 한 번 더 간신히 견뎌보겠다는 호의를 베푸는 것이 아니다. 용서는 적극적인 것이다. 그것은 미움을 사랑으로 변화시킨다. 그것은 악의를 동정으로, 괴로움을 기쁨으로, 복수하고자 하는 마음을 축복하는 마음으로 바꾸어버린다. 주님께서 우리를 용서하실 때 그분은 단순히 우리와 자신과의 관계가 다시 회복되는 것을 참아주시는 것이 아니다. 그분은 자신의 축복을 우리에게 부어주신다. 그분은 우리에게 매일 새로운 긍휼하심을 베풀어주신다. 그분은 우리의 잔을 넘치도록 채워주신다. 진정한 용서의 말은 항상 축복의 말과 연결된다.

우리는 주님의 모범을 따르라고 부르심을 받았다. 하나님께서는 단순히 우리를 주님의 자녀로 받아들이실 뿐만 아니라, 우리를 통해서 사랑이 넘치는 사역을 행하시며, 우리를 사랑하는 마음으로 거리낌 없이 축복을 말을 할 수 있도록 만드신다. 그분은 상처에 바르는 약과 같이 우리 영혼을 치료하시는 말씀으로 축복하신다. 우리가 다른 사람에게 피해를 입고도 용서한다면, 이젠 서로에게 축복의 말을 해줄 수 있는 기회를 찾아야 한다. 그러한 말들은 사랑과 위로와 은혜와 인내와 온유와 친절 그리고 사랑과 격려의 말이다. 그 말들은 분노의 불길에 쏟아 부어지는 물과 같다. 갈등의 폭풍을 잔잔하게 하기 위해 하나님에 의해서 사용된다. 자신에게 불의한 자들에게, 악을 행한 자들에게 축복하라는 하나님의 부르심에 따른다(눅 6:27). 그 말들은 우리가 죄된 본성의 정과 욕심에 따라 싸움을 일으키지 않고 말과 행동에서 선으로 악을 이기는 주님의 방법으로 악한 것을 물리쳐야 함을 깨우쳐준다(롬 12:9-21). 오직 주님의 강력 안에서 우리가 축복을 말할 수 있음을 다시 한 번 인정하도록 만든다. 우리가 다른 사람들의 죄에 대해서 짜증과 조급함과 비난과 협박으로 반응함으로써 대적에게 얼마나 많은 기회들을 주는지 생각해보라. 우리가 하나님의 방법으로 죄에 대응할 것을 준비하지 않는다면 더 크고 심각한 죄의 유혹들이 우리를 넘어뜨릴 것은 자명하다.

설리(Shirley)와 짐(Jim) 부부에 대해서 이야기하려고 한다. 짐이 외도를 했을 때, 설리는 그를 무참하게 짓밟았다. 그녀는 남편의 체면을 망가뜨릴 수 있는 모든 사람에게 이 사실을 알렸다. 그리고 아버지에 대한 자녀들의 모든 존경을 다 무너뜨렸다. 설리가 왜 이렇게 했을까? 왜 그녀는 짐의 죄에 대해서 하나님의 방법으로 대할 준비하지 못했을까? 그녀는 커다란 인생의 위기에서 단지 일상생활에서 작은 잘못들에 대해서 항상 갚아주던 대로 그렇게 했을 뿐이었다. 이런 상황에서 그녀는 용서나 축복의 말은 절대 생각하지 않았다. 그 대신 그녀는 남편에게 할 수 있는 가장 고통스러운 대가를 지불하게 했다. 그래서 그녀는 복수하는 데 열중했고, 주위 사람들과 함께

짐이 저지른 죄악에 함께 참여하게 되었다.

우리는 '작은 일에 충성한 자가 큰 일에 충성한다'는 원리를 알아야 한다. 사소한 죄는 하나님께서 우리를 위해 예비하신 훈련 도구다. 이를 통해 우리는 하나님의 방법으로 죄를 다루는 법을 배울 수 있다. 그럴 때 우리는 죄가 다가오면 올바른 것을 행하고 말할 수 있게 된다. 우리의 말은 성령의 사역을 능력 있게 하며 사탄의 거짓되고 파괴적인 사역의 기회를 주지 않을 것이다.

악의 세상으로 내버려둘 것인가, 아니면 선의 도구가 될 것인가?

우리는 심각한 말의 영적 전쟁에 대한 고찰의 막바지에 이르렀다. 처음 에덴 동산에서 뱀의 거짓말로 시작된 영적 전쟁은 지금까지 치열하게 진행되고 있다. 그 피해는 직장의 사무실, 가정의 부엌, 거실 그리고 자동차 안에서 찾아볼 수 있다. 그러나 그곳이 치열한 싸움이 일어나고 있는 것은 아니다. 말에 있어서의 싸움은 사실 마음속에서 일어나는 싸움이다. 마음을 다스리는 것이 무엇이냐에 따라 그 마음으로부터 나오는 말이 결정된다. 혀는 '온 인생을 불사를 수 있는' 위험한 것이면서, '듣는 사람에게는 은혜를 끼칠 수 있는' 것이기도 하다. 그것은 잔인하게 갈기갈기 찢어버릴 수도 있고, 사랑에 충만하여 세워줄 수도 있다. 비난하고 정죄할 수도 있고 생명을 줄 수도 있다. 사랑과 용서로 죄를 대할 수도 있고 미움과 복수로 대할 수도 있다. 그리스도의 주권에 따를 수도 있고 죄된 본성의 정과 욕심에 따라 지배될 수도 있다. 주의 사역을 감당하는 삶을 살게 할 수도 있고, 자기애에 빠져 다른 사람들이 자신의 욕심과 기대에 따라 꼭두각시처럼 움직이게 할 수도 있다. 진리를 발견하는 것이 될 수도 있고, 거짓을 더욱 퍼뜨릴 수도 있다. 평화를 가져올 수도 있고 전쟁을 일으킬 수도 있다. 저주할 수도 있고 찬양할 수도 있다.

이 모든 것 중에서 혀는 이미 한 방향으로 가기로 작정된 마음을 주인으로 섬긴다. 지금은 우리의 혀에 대해서 왕되시고 구원자되신 주님의 가르침을 따라야 한다. 이전보다도 더욱 우리는 그분의 영광을 위해 말하려는 결심이 필요하다.

우리가 그렇게 행할 때 진리와 사랑과 인내와 은혜와 그리고 용서의 말을 해야 함을 배운다. 심지어 강렬한 죄의 유혹과 대면할지라도 그러한 말을 해야 한다. 우리는 하나님의 자녀로 부르심을 받았다는 그 영광에 대해서 감격할 것이다. 그리고 놀라운 것은 바로 하나님께서 우리를 자녀 삼아 주셨다는 사실이다. 그런데 그보다 더욱 놀라운 것은 하나님께서 지상에서 그분을 나타내시고 자기 자신에게 얽매여 있는 이 세상 사람들에게 사랑에 넘치는 부르심을 전하도록 우리를 그분의 대사가 되라고 부르셨다는 것이다!

말의 영적 전쟁은 오직 하나님께서 우리의 마음을 다스리실 때만 승리할 수 있다. 그래서 우리는 기쁨으로 끊임없이 하나님을 위해 말할 수 있는 것이다. 그리고 하나님께서 우리를 도우시기를 기도한다. 그럴 때 이 죄악 된 세계는 구속의 은혜로 충만할 것이다. 그분께서 우리의 마음에서 일어나는 전쟁에서 승리하시기를 기원한다. 그렇게 될 때 말의 거친 전쟁터는 선한 열매가 가득한 낙원이 될 것이다. 그곳에서 평화의 씨앗이 끊임없는 의의 열매를 맺게 될 것이다(약 3:18).

 더 깊은 묵상을 위하여

1. 당신이 이 책을 읽으면서 마음의 생각과 동기에 대해서 배운 것은 무엇인가?

2. 당신의 언어 생활의 문제에 대해서 배운 것은 무엇인가?(부부, 부모 자식, 친구, 가족, 성도들 등)

3. 하나님께서 당신에게 회개하라고 깨닫게 하시는 부분은 어떤 것인가?
    • 버려야 할 것들:

    • 취해야 할 것들:

4. 다른 사람의 삶 속에서 하나님께서 하시는 일의 동역자로 섬기도록 당신에게 주시는 특별한 기회들은 무엇인가?

5. 당신이 하나님의 부르심에 순종하도록 격려하는 복음의 약속은 무엇인가?

영혼을 살리는 말, 영혼을 죽이는 말

1쇄 인쇄 2003년 4월 15일
10쇄 발행 2020년 1월 20일

지은이 폴 트립
옮긴이 윤홍식
펴낸이 고종율

펴낸곳 주) 도서출판 디모데 〈파이디온선교회 출판 사역 기관〉
등록 2005년 6월 16일 제 319-2005-24호
주소 서울특별시 서초구 서초대로 141-25(방배동, 세일빌딩)
전화 마케팅실 070) 4018-4141
팩스 마케팅실 031) 902-7795
홈페이지 www.timothybook.com

값 10,000원
ISBN 978-89-388-1067-0 03230
Copyright ⓒ 주) 도서출판 디모데 2003 〈Printed in Korea〉